郑克强 罗序斌 张蓉 王志平 徐丽媛 金恩焘◎著

管理科学与工程的实证问题研究

知识产权出版社
全国百佳图书出版单位
—北京—

图书在版编目（CIP）数据

管理科学与工程的实证问题研究/郑克强等著 . —北京：知识产权出版社，2020.11
ISBN 978-7-5130-7255-7

Ⅰ.①管… Ⅱ.①郑… Ⅲ.①管理工程学—研究 Ⅳ.①C93-05

中国版本图书馆 CIP 数据核字（2020）第 203461 号

内容提要

管理科学与工程是理论与实践紧密结合的学科，本书主要运用管理科学技术和方法探讨了经济、社会、法律等领域在发展过程中面临的一些实际问题，不仅体现了管理科学交叉学科特征、丰富了管理科学研究内容，也体现了培养适应国民经济和社会发展需要的管理科学人才的定位目标。

责任编辑：栾晓航	**责任校对**：谷　洋
封面设计：回归线（北京）文化传媒有限公司	**责任印制**：孙婷婷

管理科学与工程的实证问题研究

郑克强　罗序斌　张蓉　王志平　徐丽媛　金恩焘　著

出版发行：知识产权出版社有限责任公司		网　　址：http://www.ipph.cn	
社　　址：北京市海淀区气象路 50 号院		邮　　编：100081	
责编电话：010-82000860 转 8382		责编邮箱：luanxiaohang@cnipr.com	
发行电话：010-82000860 转 8101/8102		发行传真：010-82000893/82005070/82000270	
印　　刷：北京建宏印刷有限公司		经　　销：各大网上书店、新华书店及相关专业书店	
开　　本：720mm×1000mm　1/16		印　　张：18	
版　　次：2020 年 11 月第 1 版		印　　次：2020 年 11 月第 1 次印刷	
字　　数：350 千字		定　　价：89.00 元	
ISBN 978-7-5130-7255-7			

出版权专有　侵权必究
如有印装质量问题，本社负责调换。

■ 作者简介

　　郑克强，1949年11月出生，青年时期下乡务农、入伍当兵、进厂学徒。毕业于吉林大学法律系、中央党校培训班（正规）第一期，研究生学历，研究员职称。曾在江西省公安厅、江西省委宣传部等单位工作；先后担任《争鸣》杂志主编、江西省社会科学联合会专职副主席、江西省政府副秘书长（兼江西省政府发展研究中心主任）、南昌大学党委书记；退休后担任南昌大学中国中部经济社会发展研究中心主任、管理科学与工程博士点导师，兼任江西省围棋协会主席（业余五段）。先后主持国家社科基金、省部级科研项目10余项，发表论文100余篇，出版著作10余部，获得省社会科学优秀成果一等奖5项、二等奖2项、国家发展研究三等奖1项。2007—2010年在南昌大学工作期间，开通博客"唔对前湖畔"，发表博文百余篇，与师生交流互动；2010年7月，先后应邀在新浪微博、腾讯微博实名开博，发表原创微博近百万字，粉丝总数超过80万。

▲ 2019年11月1日，五位博士生为导师郑克强庆贺七十大寿。

序 FOREWORD

我与中华人民共和国同龄，2019年11月，当我满七十周岁时，曾写了一首《自度曲——七十抒怀》，其中写道：……尚未及束发，发配鄱阳湖旁，初与耕夫同劳作，继以杂技蹚营房，复至洪州铁牛场，再举贡生习律法，改名克强。十年坎坷，吃糠咽菜，披风沥雪，北国学成返家乡。入职，府衙听差，礼部代笔，而立之年推任著作郎，孜孜矻矻，伤痕累累，其程艰辛备尝。明公识荆，阐幽探微，剔诬言拔为州牧侍郎，始行走于省府大堂。爬格子、谋新章，勘废墟、断疑殇，巡灾域、救急荒，辟新区、筑学廊，官至白鹇一路忙。年接耳顺，白楼委新任，前湖理浑汤，三年转瞬过，老牛卸轭氅。……沿途故事，旅枕残梦，反映了我们这一辈人曲折而丰富的人生经历，其实那都深深地烙着共和国艰难前行的印记。

1988年，我在担任《争鸣》杂志主编时曾被评聘为副编审，1995年又转评为江西省社科院的研究员，但这个正高职称在到省政府工作时却没啥用了。一直到十二年后，我被省委紧急调入南昌大学"救火"，在职业生涯的最后一站，才又有机会重拾学术研究，并借此担任了博士生导师。

南昌大学有一个"管理科学与工程"博士点，人才济济。其中，胡振鹏讲授合作组织理论，周绍森讲授现代经济增长概论、知识管理，陈东有、尹继东讲授人力资源管理理论前沿，贾仁安讲授系统科学前沿、反馈动态复杂性分析，黄新建讲授经济学前沿，甘筱青讲授现代物流管理，刘耀彬讲授区域与城市经济学，傅春讲授资源管理前沿，刘卫东讲授系统可靠性工程，陈斐讲授区域与产业经济学，涂国平讲授博弈论，邓群钊讲授管理研究方法论，何宜庆讲授金融投资理论与实证方法等。我在那个博士点开展了几个有关政府管理与社会管理的专题讲座：高校新区建设与债务风险化解、突发事件的现场处置与原则、政府的社会服务职能研究、新媒体的特征与应急管理等，由于在讲课中辅以大量政府工作时的亲历案例，很受同学们欢迎。

我担任博导迄今正好十年，先后指导了五位博士生研究课题，并写出博士论文。

罗序斌，博士论文题目《地方高校新区建设债务风险研究》；读博士期间主持和参与的课题主要有教育部人文社会学研究规划基金项目"地方高校新区建设债务风险化解的途径与对策研究"、江西省人文社会科学重点研究基地招标项目"地方高校新区建设债务问题研究"、教育部人文社会科学重点研究基地招标项目"中国革命老区（贫困地区）经济社会发展比较研究"、国家社科基金项目"中部地区人力资本先导模式和技术赶超模型及实证分析"、国家软科学重点计划招标项目"科技进步对经济发展贡献率研究"、教育部人文社会科学重点研究基地招标项目"中部地区农民收入长效增收机制研究——农村人力资本提升与科技服务体系构建"、国家发改委招标项目"中部地区经济增长方式与产业结构优化升级研究"、江西省软科学"社会主义新农村建设中科技支撑体系研究"、教育部规划司规划处委托课题"教育支持中部地区崛起研究报告"。

张 蓉，博士论文题目《网络民意表达推进社会管理创新研究》；读博士期间主持和参与的课题主要有江西省高校人文社科规划基金项目"民意调查与社会管理互动机制研究"、江西省高校人文社会科学重点研究基地招标项目"和谐校园建设与大学生满意度互动研究"、江西省教育科学"十二五"规划重点课题"网络环境下的民意表达与社会管理创新研究"、国家社科基金项目"中部地区产业结构服务化拐点预测与政策准备"、江西省教育科学"十二五"规划重点课题"地方高校信访问题研究"。

王志平，博士论文题目《江西非物质文化遗产保护利用与产业发展研究》；读博士期间主持和参与的课题主要有江西省社会科学"十一五"规划重点项目"江西非物质文化遗产保护利用与文化产业发展研究"、江西省艺术科学规划重点项目"鄱阳湖生态经济区非物质文化遗产保护和利用研究"、国家社科基金项目"中部地区产业结构服务化拐点预测与政策准备"、江西省高校哲学社会科学研究重大项目"江西现代服务业发展研究"。

徐丽媛，博士论文题目《中部贫困地区经济社会发展竞争力比较研究——基于130个贫困老区》；读博士期间主持和参与的课题主要有教育部人文社会科学重点研究基地重大项目"中部革命老区（贫困地区）经济社会发展比较研究"、江西、福建和广东三省发展改革委联合发布的中央苏区振兴重大研究项目"中央苏区集中连片特殊困难地区扶贫开发与新农村建设"、江西省社科规划项目"赣江水资源保护与流域生态补偿法律制度研究"、教育部人文社会科学研究青年基金项目"'共同但有区别责任'原则下生态补偿财税责任差异化的法律机制"。

  金恩焘，博士论文题目《数字乡村战略下农产品流通体系创新研究》；读博士期间主持和参与的课题主要有科技厅软科学计划项目"'互联网+江西特色产业'格局下众创空间促进大众创新创业研究"、江西省社科'十二五'规划项目"'互联网+直升机'产业链延伸电子商务园研究——基于系统动力学仿真"、江西省人文社科项目"网络舆论的形成、扩散机制与应急管理研究"、教育部人文社科重点研究基地南昌大学中国中部经济社会发展研究中心专项"中部地区政务新媒体应用与社会治理研究"、江西省艺术规划项目"新媒体时代艺术陶瓷市场诚信体系研究"、南昌大学研究生创新项目"基于迭代创新X.0理论的'互联网+'文创产业研究"、江西省知识产权局应急项目"新媒体环境下知识产权保护对策研究"、江西省社科重点项目"加强江西新媒体代表人士统战工作研究"、江西省社科重点项目"大数据时代新媒体舆情衍生规律与政府应急管理研究"。

  这些同学通过刻苦努力地学习钻研，都顺利通过答辩，获得了博士学位。在读博期间，每位同学都发表了一些有分量的学术论文，他们常常会把我的名字放在文章前面。虽然在完成论文写作时，我曾给予必要的指导，但真正的第一作者应该是他们自己。这次成书把他们都列为第一作者，是实至名归的，当然也蕴含着"青出于蓝而胜于蓝"的意思。我与同学们还合作写过一些对策性文章，均获得省委、省政府领导的肯定性批示，这是我刻意安排的学习环节，进行理论联系实际的训练，使他们获益很多。

  本书汇集了五位同学读博期间写作和发表的部分论文，以及若干获得省委、省政府领导批示的对策性咨询报告。这本书记载了同学们刻苦学习、勤奋钻研的成果，也是对我担任博士生导师工作的一个总结。现在，五位博士都供职于高校教学科研岗位，工作上均为骨干，学术上有新的进步，生活上更是幸福美满。"芳林新叶催陈叶，流水前波让后波"，祝愿他们在未来继续努力，取得更多更大的成绩，超过老师。

  是为序。

郑克强
2019年12月30日

目 录 CONTENTS

高校新区建设投资对经济增长的贡献研究 ………… 罗序斌 郑克强 / 003
地方高校债务化解衍生风险的基模分析及管理对策 … 罗序斌 郑克强 / 010
我国高校预算软约束的成因及治理
　　——基于"债务危机"的思考 ……………… 罗序斌 郑克强 / 019
地方高校债务化解的"2+1"模式
　　——基于国企债务重组经验的启示 ………… 罗序斌 郑克强 / 027
中部地区地方高校债务风险化解的思路与对策 ……… 罗序斌 郑克强 / 032
长江经济带内文化产业连片发展的科技传导机制与
　　跨域协同模式研究 …………………………… 罗序斌 郑克强 / 041
徐畈村文化调查——问题、成因与对策 ……………… 罗序斌 郑克强 / 051
试论微博在创新社会管理中的作用 …………………… 张　蓉 郑克强 / 063
民意调查与公共决策负反馈机制研究 ………………… 张　蓉 郑克强 / 072
公共政策制定过程中的公众参与分析
　　——基于系统动力学视域 …………………… 张　蓉 郑克强 / 079
基于学生满意度的和谐校园建设调查研究 … 张　蓉 郑克强 何仁飞 / 089
产业结构服务化与江西非物质文化遗产产业发展 …… 王志平 郑克强 / 101
江西非物质文化遗产产业发展的 SWOT 分析 ………… 王志平 郑克强 / 112
鄱阳湖生态经济区非物质文化遗产禀赋评价与
　　保护利用模式 ………………………………… 王志平 郑克强 / 122

基于DEA方法的工艺陶瓷产业发展动态实证分析
　　——以景德镇工艺陶瓷产业为例 …………… 王志平　郑克强 / 133
论地方高校对区域非物质文化遗产的传承 ………… 王志平　郑克强 / 144
基于准公共品性的非物质文化遗产适度开发研究 …… 王志平　郑克强 / 150
中部革命老区（贫困地区）发展竞争力的阶段定位与
　　对策研究 ……………………………………… 徐丽媛　郑克强 / 161
中部革命老区（贫困地区）经济社会发展的
　　SWOT分析 …………………………………… 徐丽媛　郑克强 / 174
江西25个贫困县（市、区）发展水平比较与
　　"摘帽"排序建议 ……………………… 郑克强　李　晶　徐丽媛 / 187
生态补偿式扶贫的机理分析与长效机制研究 ……… 徐丽媛　郑克强 / 196
生态补偿式扶贫的合作博弈分析 …………………… 徐丽媛　郑克强 / 206
新时代农村电商治理机制、模式与路径 …………… 金恩焘　郑克强 / 217
21世纪以来中国城乡福祉差距的时空分异与
　　政策研究 ………………… 金恩焘　郑克强　王圣云　姜　婧 / 224
加强江西新媒体代表人士统战工作刍议 …………… 金恩焘　郑克强 / 242
我国粮食安全与生态安全空间包容性实证研究
　　——以粮食主产区为例 ……… 金恩焘　郑克强　宋　焱　罗海平 / 248
中国农业生产效率区域差异演变及其
　　驱动因素 ………………… 金恩焘　郑克强　林玉娟　王圣云 / 259

跋 ………………………………………………………………………… 278

■ 个人简介

罗序斌，男，1981年出生，江西九江人，副教授。2011年毕业于南昌大学管理科学与工程专业，获管理学博士学位。2011年至今先后在江西师范大学财政金融学院、学报杂志社工作，研究方向为教育经济、产业经济、农村经济。主持国家社科基金1项，博士后面上基金1项，教育部规划基金1项，省级课题5项；参与国家社科基金重大招标2项、国家软科学重大招标1项，其他国家社科和自科基金多项；合著（参著）作品7部，在《现代经济探讨》《科技进步与对策》《学术界》《江西社会科学》等重要学术期刊发表论文40篇，其中CSSCI数据库收录21篇，人大复印资料《区域与城市经济》全文转载1篇。

学术简介

学术研究主要聚焦于三个方面，一是高校新区建设债务风险化解方面的研究。化解债务风险是当今学术和实践领域的热点。基于此，以地方高校新区建设债务风险为研究对象，对地方高校新区建设投资与经济增长的关系、地方高校新区建设债务规模及债务风险类型、地方高校新区建设债务风险的内在机理、地方高校新区债务风险评估以及地方高校新区建设债务风险化解对策等内容进行了全面系统的研究，产生了系列成果。本书主要围绕高校新区建设投资能否拉动经济增长、地方高校债务规模到底有多大以及具体的债务风险类型有哪些、债务风险形成的内在机理是什么、是否有可资借鉴的债务风险化解经验，以及具可操作性的债务风险化解措施等问题，选取了《高校新区建设投资对经济增长的贡献研究》《地方高校债务化解衍生风险的基模分析及管理对策》《我国高校预算软约束的成因及治理——基于"债务危机"的思考》《地方高校债务化解的"2+1"模式——基于国企债务重组经验的启示》《中部地区地方高校债务风险化解的思路与对策》等相关文章。这些文章基本阐明了他们对地方高校新区建设及其债务风险的态度以及如何化解的深入思考。二是从科技创新的视角研究探索产业转型，特别是文化产业升级之间的关系，选取的研究成果是《长江经济带内文化产业连片发展的科技传导机制与跨越协同模式研究》。三是农村贫困内生治理路径方面的研究。中国的农村贫困问题是一个长远话题。其中，文化贫困是多维致贫返贫的一个重要因素。习近平总书记强调，扶贫先扶志，扶贫必扶智。然而，无论是"志"还是"智"，说的都是文化。对此，撰写了一篇调研文章《徐畈村文化调查——问题、成因与对策》，该文获得了省委、省政府领导肯定批示。

高校新区建设投资对经济增长的贡献研究

/ 罗序斌 郑克强 /

【摘　要】 近年来，高等教育投资对经济增长的影响成为人们研究和探索的热点。随着我国高等教育的跨越式发展，全国各地掀起了一股大规模建设高校新区的浪潮。改进的经济增长模型实证分析了高校新区建设投资对经济增长的贡献，结果表明：高校新区建设投资对经济增长的贡献率为3.05%，弹性系数为0.03。高校新区建设投资对经济增长的拉动作用较小。

【关键词】 高等教育；基本建设投资；经济增长；贡献

一、引　言

近年来，高等教育投资对经济增长的影响成为人们研究和探索的热点。伴随着我国高等教育的跨越式发展，全国各地掀起了一股大规模建设高校新区的浪潮。比较有代表性的观点是，这种大规模的高校新区建设投资能够有效启动国内需求，刺激消费，带动教育相关产业的发展，进而成为推动经济增长的重要手段。那么，高校新区建设投资究竟可以在促进经济增长发挥多大作用？其是否会成为我国经济新一轮增长的引擎？对此，将依据改进的经济增长模型，实证分析高校新区建设投资对经济增长的贡献，以便于为我国今后的高等教育投资决策提供依据。

二、模型设定

目前，计算高等教育投资对经济增长贡献的计量模型主要有 Feder 模型和 C-D 生产函数模型。Feder 模型是菲德（Gershon Feder）1983 年提出的一个两部门模型，最初用来估算一国出口对经济增长的贡献，后被推广应用于教育经济领域；C-D 生产函数模型是美国数学家柯布（C. W. Cobb）和经济学家保罗道格拉斯（Paul H. Douglas）于 20 世纪 30 年代，在研究 1899—1922 年美国制造业劳动和资本对生产的作用时得出的一个生产函数，后成为西方众多学者估算教育投资对经济增长贡献的基础。本文采用 C-D 生产函数来估算高校新区建设投资对经济增长的贡献。

然而，随着时代的发展和进步，人们对 C-D 生产函数进行了许多改进，其突出表现在经济增长影响因素方面。以亚当·斯密为代表的古典经济理论学者认为资本、劳动和土地是促进经济增长的主要因素。这一思想被柯布-道格拉斯全面接受，并在其生产函数中得到了充分的体现。人力资本理论创始人西奥多·舒尔茨认为促进经济增长的主要因素除传统的"三要素"之外，还有人力资本。人力资本是对人进行投资的结果，体现为人们后天所获得的健康、知识、技能和能力等素质；人力资本投资是人口质量提高，经济长期持续增长的重要源泉。新古典经济增长理论的代表人物罗伯特·索洛认为促进经济增长的因素包括资本、劳动力、土地和技术进步。爱德华·F. 丹尼森把经济增长因素划分为两类，一类是"生产要素"投入，包括劳动力和资本等；另一类是全要素生产率，即能提高生产率的因素，包括资源配置、规模节约、知识的进展和应用等项目。全要素生产率又称为广义技术进步，这一思想是对索洛理论的应用和发展。20 世纪 80 年代，以罗伯特·卢卡斯及保罗·罗默为代表的新增长理论学者对经济增长影响因素进行了集成，认为物质资本、劳动力、人力资本和技术进步是促进经济增长的主要因素。

根据上述理论研究成果以及我国经济发展的现状，我们将影响经济增长的因素分为投入生产要素和全要素生产率两大部分。投入生产要素包括物质资本（物质资本存量与全社会固定资产投资）和劳动力；全要素生产率包括人力资本和科技进步，其中，科技进步主要表现在研究与开发和单位能源效益这两项指标上。同时，考虑到高校新区建设投资属于全社会固定资产投资的范畴以及本文的研究目的，我们又把全社会固定资产投资分为高校新区建设投资和除高校新区建设投资之外的其他全社会固定资产投资（以下简称其他全社会固定资产投资）。基于此，我们建立了改进的 C-D 生产函数模型来测算高校新区建设投资对经济增长的贡献。

$$Y = AK_{-1}^{\alpha} I_1^{\beta} I_2^{\gamma} L^{\tau} H^{\delta} R^{\rho} N^{\mu} e^{\varepsilon} \tag{1}$$

写成对数形式为：

$$\ln Y = \ln A + \alpha \ln K_{-1} + \beta \ln I_1 + \gamma \ln I_2 + \tau \ln L + \delta \ln H + \rho \ln R + \mu \ln N + \varepsilon \tag{2}$$

式中：Y 为国内生产总值，单位：亿元；A 为常数；K_{-1} 为上年末的物质资本存量，单位：亿元；I_1 为高校新区建设投资，单位：亿元；I_2 为其他全社会固定资产投资，单位：亿元；L 为全社会就业人员总量，单位：万人；H 为就业人员的人力资本，单位：年；R 为研究与开发（R&D）投入，单位：亿元；N 为单位能源经济效益,用国内生产总值与消耗的标准煤总量的比值来表示,单位:亿元/万吨;ε 为随机扰动项。

三、样本空间选取和数据处理

(一) 样本空间选取

本文样本空间确定为 1980—2008 年。其原因主要包括两个方面,其一,高校新区建设投资项目主要包括教学及辅助用房、教职工住宅、行政办公用房、生活服务用房、其他用房用地和校园占地面积等,这些都属于高校基本建设投资的范畴。改革开放至 1999 年前,我国高校的基本建设投资一直处于稳定增长的状态,这有利于模型的稳定。其二,时间跨度长可以提高模型测算的精确度,增强结果的说服力。

(二) 数据处理

1. 国内生产总值(GDP)。该项指标反映我国经济产出的总体水平。人们衡量经济产出一般都用数量指标,诸如社会总产值、国民生产总值(GNP)、国内生产总值(GDP)、国民收入等的增长值、增长率或人均增长值。其中,GDP 的增长是最为常用的指标。GDP 是指一个国家(地区)所有常住单位在一定时期内(通常为 1 年)生产活动的最终成果。之所以选择 GDP 作为衡量我国经济增长的指标,是因为从我国目前的统计资料来看,GDP 的数据统计最全面,且数据较易获得。GDP 时间序列值可直接通过查阅历年的《中国统计年鉴》得到。为了消除价格因素的影响,本指标采用 GDP 平减之后的可比价。

2. 物质资本存量。该项指标反映我国物质资本积累情况。在现有研究文献中,测算物质资本存量的方法是 Goldsmith(1951)的永续盘存法,现在已被 OECD 国家广泛采用。物质资本存量的测算主要取决于基年物质资本存量、当年投资形成额和折旧率的估算。其中,对基年物质资本存量的估算最为复杂,目前我国学术界对基年的选择一般分为 1952 年或 1978 年两类,基年的选择越早,基年物质资本存量估计的误差对后续年份的影响就会越小。本文的基期选定为 1978 年,其物质资本存量数据采用复旦大学张军(2004)的估算结果。同时,为了与张军估算物质资本存量的方法保持一致,本文也采用当年固定资产形成额来反映当年投资形成额,当年固定资产形成额用 GDP 平减指数转化为可比价。而对于固定资产折旧率,由于统计资料的限制,本文采用固定折旧率的方法,固定折旧率取 10%。

3. 高校新区建设投资。该项指标反映了我国高校的基础设施建设水平，也可以在一定程度上反映我国高校的整体办学水平。高校新区建设投资历年的序列值可以通过查阅《中国教育统计年鉴》《新中国五十五年统计资料汇编》等得到，为了消除价格因素的影响，同样用 GDP 指数平减转化为可比价。

4. 其他全社会固定资产投资。该项指标主要反映高校新区建设投资之外的其他社会固定资产投资情况。本项指标数据可通过全社会固定资产投资总额扣减高校新区建设投资总额得到。全社会固定资产投资指标数据可通过查阅《中国统计年鉴》得到，为了消除价格因素的影响采用可比价。

5. 全社会就业人员数。该项指标反映我国劳动力投入情况。其序列值可通过查阅历年的《中国统计年鉴》得到。

6. 人力资本。该项指标反映就业人员的素质以及劳动质量。在度量人力资本存量方面，目前一般使用就业人员人均受教育年限。但是，这种方法不能反映知识的积累效应。联合国一项研究结论显示，以文盲人员的劳动生产力为基数，小学文化程度能提高 43% 的劳动生产力；中学文化程度能提高 108% 的劳动生产力；大专以上文化程度能提高 300% 以上的劳动生产力。可见，各级教育对劳动生产力的作用是不同的。因此，为了更加充分、更为精确地反映我国人力资本存量水平，我们采用从业人员受"初等教育等效年"衡量。本项指标的原始数据资料来源于历次人口普查数据和 1998 年至今的《中国劳动统计年鉴》，缺失数据用线性内插与线性外延的方法估计。

7. 研究与开发。该项指标反映我国自主创新能力情况。研究与开发是科技创新活动的核心，是科技创新的源泉。根据联合国教科文卫组织的定义，研究与开发是为增长知识的总量以及运用这些知识去创造新的应用而进行的系统的、创造性的工作。研究与开发主要包括基础研究、应用研究和实验开发三种活动。在现有的研究文献中，测度研究与开发强度一般用 R&D 投入经费指标来表示。1987—2008 年，我国 R&D 投入数据可通过查阅《中国科技统计资料汇编》得到，1980—1986 年数据可通过已有数据进行指数回归估算得到，为了消除价格因素的影响采用可比价。

8. 单位能源经济效益。该项指标反映了我国科技进步的水平。单位能源效益的提高是科技进步的重要体现。改革开放以来，我国经济快速增长，各项建设取得巨大成就；但也付出了巨大的资源和环境代价，经济发展与资源环境的矛盾日趋尖锐。这种状况与增长方式粗放直接相关，只有科技进步，通过设备更新、技术改进，实现节约发展、清洁发展、安全发展，才能实现经济又好又快发展。为此，我国提出了节能减排的战略目标，这是贯彻落实科学发展观、建设资源节约型、环境友好型社会的必然选择；是推进经济结构调整，转变增长方式的必由之路。科技进步能够提高能源的利用率，提高单位能源的经济效益；反过来讲，单位能源效益的提高又会加大对科技进步的需求，因而单位能源经济效益提高是反映科技进步的重要因素。本项指标用 GDP 与消耗的标准煤总量的比值表示，消耗的标准煤数据可以通过查阅《中国统计年鉴》得到。

四、实证分析

（一）参数估计

分别取生产函数各变量的对数，代入方程（2），利用强迫引入最小二乘法进行回归，发现只有物质资本积累、其他全社会固定资产投资和全社会从业人员这三个变量的系数通过了检验，高校新区建设投资等其他因素的回归系数都不显著。初步判定方程存在多重共线性，通过 SPSS 13.0 进行多重共线性诊断，发现高校新区建设投资、全社会就业人员和单位能源经济效益的方差膨胀因子大于 10，其中，物质资本积累、人力资本的方差膨胀因子竟大于 1000；其他全社会固定资产投资和研究与开发的方差膨胀因素也都大于 100，由此可以判断模型存在着严重的多重共线性。针对模型存在的多重共线性，我们采用岭回归的方法来加以解决。方程岭回归结果如表 1 所示。

表 1　各因素对经济增长贡献参数估计结果（1980—2008）

	估计值	t 统计量	Sig.
α	0.168	23.25	0.000
β	0.034	3.11	0.003
γ	0.137	15.17	0.000
τ	0.562	9.28	0.000
δ	0.799	30.07	0.000
ρ	0.100	15.86	0.000
μ	0.298	9.10	0.000
$\ln A$	-1.087	-1.73	0.049
$\lambda = 0.098$		$R^2 = 0.9971$	$F = 1045.64$

从岭回归结果来看，方程可决定系数达到了 0.9971，接近 1，F 统计量为 1045.64，非常大，且各参数的 t 统计量较大，显著性概率值均小于 0.005，即拒绝总体回归系数为 0 的原假设，方程拟合效果显著。

（二）各因素贡献份额测算

方程中，各生产要素对经济增长贡献的核算公式如下：

$$C_i = \frac{w_i x_i}{y} \times 100\% \tag{3}$$

式中：C 为生产要素贡献份额；

w 为生产要素的弹性系数；

x 为生产要素的增长率；

y 为 GDP 增长率。

根据以上回归结果及方程式（3），可得到高校基本建设投资对经济增长的贡献，如表 2 所示。

表 2 各因素对经济增长贡献份额（1980—2008）

		年均增长率（%）	弹性系数	贡献份额（%）	
	Y	10.07	—	100	100
生产要素	K_{-1}	10.77	0.17	18.18	54.18
	I_1	10.23	0.03	3.05	
	I_2	14.98	0.14	20.83	
	L	2.18	0.56	12.12	
全要素生产率	H	2.09	0.80	16.60	45.82
	R	15.62	0.10	15.51	
	N	4.14	0.30	12.33	
	其他	—		1.38	

五、结论和建议

1980—2008 年间，我国生产要素投入对经济增长的贡献份额为 54.18%，其中，物质资本的贡献就达到了 42.06%，包含物质资本积累的贡献 18.18%、高校新区建设投资的贡献 3.05% 和其他全社会固定资产投资的贡献 20.83%；全要素生产率对经济增长的贡献份额为 45.82%，其中，人力资本的贡献为 16.60%，研究与开发的贡献为 15.51%，单位能源经济效益的贡献为 13.71%。这表明我国的经济增长主要还是通过大量的物质资本投入和积累来实现的，仍然是一种粗放型的增长方式。尽管资本投入和积累在经济发展中发挥着重大的作用，但是物质资本积累和固定资产投资的弹性系数较人力资本和科技进步等弹性系数要小，说明单纯依靠物质资本投入的扩张带来经济增长的经济效益不高，而且还会带来严重的生态环境破坏，不利于可持续发展。因此，必须转变经济增长方式，依靠提高全要素生产率，即依靠提高人力资本和科技进步内生驱动经济发展。

1980—2008年间，我国高校新区建设投资呈快速增长的发展态势，年均增长率达到10.23%，比从业人员数量、人力资本、单位能源经济效益分别高8.05、8.14、6.09个百分点，仅比物质资本积累、其他全社会固定资产投资、研究与开发经费支出少0.54、4.75、5.39个百分点。特别是1999年高校扩招政策实施以来，我国高校新区建设投资迅猛攀升，年均增长率达到21.91%，比1980—1999年间的年均增长率8.86%高13.05个百分点，也比1980—2008年间的年均增长率10.23%高11.68个百分点。但是，从高校新区建设投资对经济增长的贡献份额来看，1980—2008年间，高校新区建设投资贡献仅为3.05%，远低于其他要素对经济增长的贡献，且弹性系数非常小，仅为0.03，普遍低于其他要素的弹性系数，这说明高校新区建设投资对经济增长的拉动作用是比较小的。因此，把高校新区建设投资作为一种经济手段，通过扩大投资规模，拉动经济增长是不符合客观规律的。高校新区建设投资要适应高等教育发展的客观需求，严控投资规模，禁止重复建设、盲目建设、相互攀比和铺张浪费。

■ 参考文献

[1] 丁小浩，陈良焜．高等教育扩大招生对经济增长和增加就业的影响分析 [J]．教育发展研究，2000（2）．

[2] 罗序斌，周绍森．中部地区经济增长因素贡献的定量研究 [J]．晋阳学刊，2010（2）．

[3] 肖红叶，郝枫．资本永续盘存法及其国内应用 [J]．财贸经济，2005（3）．

[4] 张军，吴桂英，张吉鹏．中国省级物质资本存量估算：1952—2000 [J]．经济研究，2004（10）．

[5] 胡德龙，周绍森．中部地区的经济增长方式及崛起路径研究 [J]．科技进步与对策，2007（11）．

[6] 于俊华．计量经济学 [M]．北京：对外经济贸易大学出版社，2007．

（原文出处：The 2nd International Conference on Engineering and Business Management，2011年3月）

地方高校债务化解衍生风险的基模分析及管理对策

/ 罗序斌 郑克强 /

【摘 要】 地方高校债务是我国高校债务的主体，其化解是一项艰巨而又复杂的系统工程。目前，在地方高校债务化解过程中由于方法不当，考虑欠妥，衍生了诸多风险。通过系统基模分析技术，研究发现地方高校债务化解的衍生风险主要包括舍本逐末风险、饮鸩止渴风险和富者愈富风险。为了规避这些风险，必须进行系统思考，统筹规划，严格控制高校新增贷款；遵循量入为出的原则，强化预算管理；选择适当的"节流"途径；积极拓宽办学资金来源渠道；建立债务化解财政转移支付制度。

【关键词】 债务化解；衍生风险；基模分析；管理对策

一、引 言

随着我国高等教育筹资体制的改革，银行贷款作为高校筹资模式之一，逐步被广大地方高校所接受，尤其是1999年高等教育大规模扩招之后，通过银行贷款筹资建设新校区，成为众多承担扩招重任的地方高校的普遍选择。地方高校通过银行贷款筹资建设新校区有利于弥补我国财政投入严重不足的状况，有利于拓展地方高校发展的空间，从硬件和外延上为地方高校的未来发展奠定基础。但在地方高校新区建设规模迅速扩大的过程中，出现了盲目贷款、超量贷款，使得如今地方高校群体性陷入沉重的债务之中。

当前，地方高校背负的沉重债务负担已引起了各级政府及教育行政部门的高度重视，并相继把化解高校债务作为高等教育工作的重点。然而，由于地方高校债务化解是一项复杂的系统工程，我国各级政府及教育行政部门至今尚未探索与总结出一套行之有效的合理方案，很多地方高校在债务化解过程中存在诸多误区，衍生了诸多风险。这些风险如不及时加以控制，势必会造成地方高校债务状况的进一步恶化，严重影响地方高校健康发展。因此，我们有必要系统分析地方高校债务化解的衍生风险，并采取有针对性的管理对策进行规避。

二、地方高校债务现状

关于我国高校债务总体规模，很多研究者做出过表述。比如，熊丙奇认为2005年部属高校贷款总额已高达336亿元；杨东平研究发现，我国大多数高校都向银行贷款，2005年全国高校银行贷款总额达到了1500亿~2000亿元；厦门大学邬大光教授分析得出，全国公办高校贷款规模实际高达2000亿~2500亿元；九三学社中央副主席邵鸿认为，全国高校债务已达4000亿元；全国政协常委朱永新认为高校扩招后，全国高校共投入5000亿元，其中政府投入仅为500亿元，其他都是高校通过贷款和收费解决的，截至2007年，高校债务规模为4500亿~5000亿元；而陈忠斌通过建立计量模型对我国高等教育债务规模进行了测算，结果表明，扩招后全国高等教育资金投入缺口总量为2780.88亿元，估计实际债务总量为6730亿元。然而，这些数据多指全国高校整体或部委院校债务规模，对地方高校的债务则没有进行完整的统计。究其原因，第一，相对于地方高校而言，部委高校的债务风险更为人们所关注；第二，地方高校数量较多，债务统计较难。

经过全面的调查和分析，我们获得了有关全国地方高校债务规模的第一手资料。截止到2007年年末，地方高校银行贷款总额达到了2113亿元，占全国普通高校银行贷款的78.6%，平均每所地方高校银行贷款1.4亿元，其中，贷款规模在50亿元以上的省区达到了19个，占全国行政区划总数的61.3%，且由于部分地方高校的基建任务尚未完成，仍然需要大量后续资金的投入；部分地方高校还有一部分基建工程欠款，迫使高校继续贷款。这两大因素的客观存在，使得地方高校债务规模还有进一步增长的可能。

三、地方高校债务化解衍生风险系统基模分析

彼得·圣吉（Peter M. Senge）在其《第五项修炼——学习型组织的艺术与实务》一书中创建了系统基模分析技术，总结构建出了现代管理系统中"反应迟缓的调节""环路""成长上限""舍本逐末""目标侵蚀""共同悲剧""饮鸩止渴""成长与投资不足""恶性竞争"以及"富者愈富"九种基模，并通过这些基模的分析找出症状的表现形式，提出相应管理方针，即杠杆解。这是一种能够较全面分析动态性复杂系统的有效工具，有利于了解系统中变量之间的关联结构及系统与环境的关系。如前文所述，地方高校债务化解是一项复杂的系统工程，当前地方高校债务化解衍生出的一系列风险就足以证明这点。为了更加清楚了解地方高校债务化解系统的衍生风险，

以便于更好地制定相应的管理对策,我们利用彼得·圣吉建模分析技术来对其进行系统基模生成。具体来说,地方高校债务化解的衍生风险基模主要有以下几种:

(一) 地方高校债务化解的舍本逐末风险基模

通过调查分析,我们可以得到两条负反馈环,即还贷压力问题→+借新债还旧债→-还贷压力问题,还贷压力问题→+实行量入为出的预算制度→-还贷压力问题;一条正反馈环,即还贷压力问题→+借新债还旧债→+期望借新债还旧债解决还贷压力问题→-实行量入为出的预算制度→-还贷压力问题。系统的动态性复杂如图1所示。

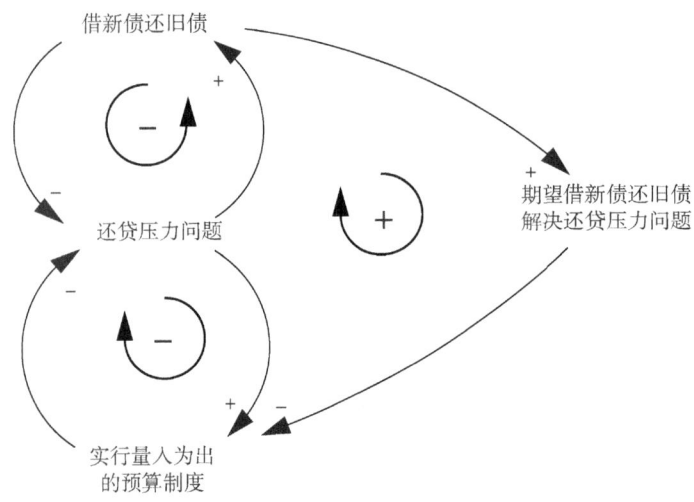

图1 地方高校债务化解的舍本逐末风险基模

两条负反馈环分别是地方高校解决债务压力问题的症状解和根本解。症状解,即还贷压力问题→+借新债还旧债→-还贷压力问题,说明地方高校面对当前巨大的还贷压力,会选择借新债还旧债、拆东墙补西墙的方式来进行化解;根本解,即还贷压力问题→+实行量入为出的预算制度→-还贷压力问题,表示地方高校充分认识造成学校当前沉重债务压力的根本原因在于过度融资、盲目建设,要彻底解决这个问题,必须实行量入为出的预算制度,提高融资风险意识,适度贷款。

正反馈环是关于地方高校过于依赖症状解,忽视根本解,导致还贷压力问题越来越重的增强环路,表示随着地方高校债务的压力越来越大,为了解决这个问题,许多高校往往倾向于选择向银行借新债还旧债的治标方式来处理学校还贷压力问题,虽然这种方式短期内产生了正面而立竿见影的效果,一定程度上缓解了地方高校的债务压力，但是如果这种暂时消除症状的方式使用得越多，那么实行量入为出的预算制度，提高融资风险意识，进行适度贷款这种治本措施的使用也就相对越来越少。长此以往，将导致对"症状解"更大的依赖，使得学校上项目、铺摊子的意识越来越强，贷款规模越来越大，债务越积越多。一旦学校资金链断裂，后果十分严重，不仅影响学校实力的提升，甚至还可能影响学校的生存。因此，为防患于未然，学校应注重根本解。

（二）地方高校债务化解的饮鸩止渴风险基模

通过调查分析，我们可以得到一条负反馈环，即学校还贷压力→+限制或扣减教师科研奖励、福利保障支出→-学校还贷压力；一条正反馈环，即学校还贷压力→+限制或扣减教师科研奖励、福利保障支出→-教师工作积极性→+教学科研质量→+生源吸引力→-学校还贷压力。系统的动态性复杂如图2所示。

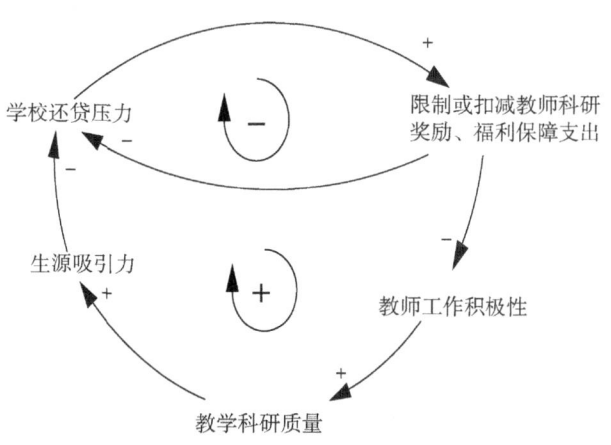

图2 地方高校债务化解的饮鸩止渴风险基模

负反馈环是关于地方高校化解还贷压力的环路，表示随着地方高校的过度融资，学校的债务压力越来越重，为解决这个问题，部分学校会选择限制或扣减教师科研奖励和福利保障支出的相对极端的"节流"方式，这种方式短期内起到了缓解学校债务压力的作用。

正反馈环是关于地方高校还贷压力的增强环路，表示随着地方高校限制或扣减教师科研奖励、福利保障支出的极端"节流"措施的实施，尽管在一定程度上缓解了学校的还贷压力，但这种措施同时也产生了很大的负面影响，衍生了巨大的风险。教师科研奖励和福利保障直接影响着教师的生活水平和幸福指数，一旦降低，将大大打击教师工作的积极性，容易导致优秀师资的大量外流，影响教学水平和科研质量的提高，影响毕业生的就业能力，影响学校对学生的吸引力，进而影响学费的收入，会使学校债务状况恶化，还贷压力更为沉重。因此，要避免地方高校债务化解的饮鸩止渴风险，应立足长远，寻求更妥善的解决方案。

(三) 地方高校债务化解的富者愈富风险基模

通过调查分析，我们可以得到两条正反馈环：发达地区相对于欠发达地区的地方高校资源优势→-欠发达地区的地方高校还贷表现→+欠发达地区的地方高校发展机会→-发达地区相对于欠发达地区的地方高校资源优势；发达地区相对于欠发达地区的地方高校资源优势→+发达地区的地方高校还贷表现→+发达地区的地方高校发展机会→+发达地区相对于欠发达地区的地方高校资源优势。系统的动态性复杂如图3所示。

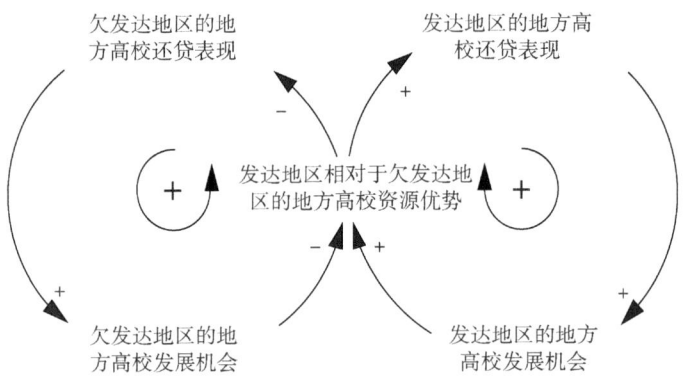

图3　地方高校债务化解的富者愈富风险基模

左边反馈环表示在地方高校债务偿还过程中，发达地区相对于欠发达地区的地方高校资源优势越大，换句话说，相对于发达地区，欠发达地区的地方高校资源优势越少，那么欠发达地区的地方高校银行贷款偿还表现相对就较差，未来获得的发展机会就越少，竞争实力也就相对越低，以致欠发达地区与发达地区的地方高校资源之间的差距更大，从而形成一个恶性循环；右边反馈环表示发达地区相对于欠发达地区的地方高校资源优势越大，那么这些地区的地方高校债务偿还表现就越好，未来获得的发展机会就越多，竞争实力也就相对越强，资源优势更为明显，从而形成一个良性循环。如果不采取相应的有效措施，长此以往，将会导致富者愈富、弱者愈弱的两极分化，进一步拉大发达地区与欠发达地区高等教育发展水平的差距，拉大发达地区与欠发达地区经济发展水平的差距以及人们生活水平的差距，这与我国当前追求教育公平、社会公平的原则是不相符的,与社会主义和谐社会构建的主题是不相协调的。

事实上,由于我国东中西部地区发展的不平衡,在地方高校债务化解的过程中,经济发达的东部地区各省级财政实力较强,纷纷采取了各种措施来化解高校债务,成效显著,比如,财力雄厚的广东省已经为地方高校的债务全部买了单;浙江省政府财政拿出40亿元,直补大学贷款利息;江苏省政府拿出三四十亿财政资金直补高校贷款。但是,财政实力相对薄弱的中西部地区对地方高校债务化解有心无力,使这些地区高校债务化解的进程相对缓慢。因此,为了避免地方高校债务化解可能衍生的两极分化风险,中央政府有必要对欠发达地区高校债务化解进行适度的财政援助,促进高等教育的协调发展。

四、规避地方高校债务化解衍生风险的管理对策

从上述分析可知,在地方高校债务化解过程中,我们不能孤立地看待地方高校债务化解,不能孤立地制订债务化解方案,而应进行系统思考,统筹规划,在化解地方高校债务的同时,要防范由于采取措施不当或考虑欠妥可能带来的衍生风险。针对当前地方高校债务化解所存在的衍生风险,可采取以下措施加以规避,具体管理对策如下:

1. 严格控制高校新增贷款。一是严格把关新增贷款的审核。地方高校新增贷款均需要报地方教育主管部门、财政部门审批。地方教育主管部门、财政部门要全面了解高校当前债务规模及偿还状况,对新增贷款项目的必要性、可行性以及风险性进行充分论证。对尚未还清贷款的高校,原则上一律停止新增债务,坚决制止高校举新债还旧债行为。商业银行等金融机构要根据《商业银行法》《中华人民共和国合同法》等法律规定,增强贷款风险和效益意识,严格按照规定程序,在放贷前对高校新增贷款的用途、学校未来可预期收入、偿还能力和还贷信用等进行认真评估,控制高校新增贷款规模。二是建立告诫制度。对那些已超出偿债能力、无视财务风险,仍然盲目扩大举债规模进行新开工项目的高校,主管部门要及时告诫,要求其调整建设规划、停止举债;也可通过扣减财政专项资金的拨款、不予考虑学校一把手职位升迁、不予考虑高校升格及更名申请等方式进行严肃处理。

2. 遵循量入为出的原则,强化预算管理。一是量入为出,合理安排预算。要根据学校财力状况,分清轻重缓急,在优先保证人员经费和必需的教学科研等业务经费支出的情况下，量力而行进行项目建设，防止过分追求高标准、大规模和高档次造成的盲目投入和重复建设，防止建设华而不实的"面子工程"和"形象工程"。二是严格预算的执行、监督和检查。要细化预算资金支出的编制，一经确定，严格执行，实行专款专用，任何单位和个人不得随意超支预算，不得擅自改变预算方案、挪用预算经费；要加强预算资金使用的监督检查，特别是重大项目预算，学校财务部门要定期对其资金使用进行跟踪检查和监督，并及时向学校相关领导反馈预算执行情况。三是实行预算资金使用责任人制度。按照管理层次逐级建立预算资金使用管理责任制，责任到人，各负其责。各预算单位负责人必须严格按照预算计划使用资金，对于预算执行不力的单位和个人，可以通过削减预算经费、罚款、公告等方式来保证预算资金落到实处。

3. 选择适当的"节流"途径。一是防止浪费现象发生。把节能降耗当作大事来抓，按照水电经费总额包干、节支留用、超支自负的原则，改革水电管理制度，杜绝浪费；规范基建维修管理，降低维修成本和频率；严格限制接待费，行政业务费，公车购置和使用费，考察费及会议、庆典支出，领导职数及职务津贴等非教学活动支出。坚决制止通过限制或扣减教师科研奖励、福利保障支出的"节流"方式来降低办学成本，改善财务状况。二是调整内部管理机构，精简非教学人员，提高人力资源利用效率。结合本学校实际情况，深化管理体制改革，精简管理机构，适当压缩院校级行政人员；加快高校后勤社会化改革的步伐，社会上能够承担的应由社会承办，大幅度裁减后勤富余冗员，提高人力资源利用效率，降低成本。三是整合现有物力资源，实现共享和优化。科学合理配置物力资源，在确保教学及科研工作正常需要的前提下，加强仪器设备等物力财产的计划管理，做到资源共享，避免学校各院系重复购置、闲置、积压的现象，节约经费开支。

4. 积极拓宽办学资金来源渠道。一是利用自身优势，努力增加学校服务性收入。在积极争取财政贴息、土地置换、债务结构重组等的同时，可以建立有效的激励机制，鼓励各单位和个人积极争取横向科研经费；可以通过共建、联合办学等方式，开展职业技术教育、成人教育、专业学位教育、自考、函授、短期培训等多种形式的办学活动；可以利用现有的成果技术和设备仪器等条件，对外提供成果转让、技术咨询、租赁、检测等服务，以增加学校收入。二是争取校友和社会捐赠。学校应积极转变观念，重视教育捐赠渠道，制订捐赠事业发展规划，加强高校捐赠筹资的组织建设，建立规范的捐赠基金运行机制；可以实行捐赠人报告制度，并且适当考虑对学校建筑物、道路等进行冠名,对捐赠人的捐赠情况随时向社会公布,提高校友和民间资金捐赠的积极性。三是规范独立学院收费和财务管理。贯彻教育部第 26 号令《独立学院设置与管理办法》的精神,加强对独立学院收费和财务的规范管理,改变独立学院出资人回报高、母体高校回报少,管理费用拖欠严重以及独立学院普遍无偿或低价占用母体高校教育资源的局面,避免国有资产流失,增加母体高校收入。

5. 建立债务化解财政转移支付制度。如前文所述,由于经济欠发达的中西部地区与经济发达的东部地区省级财政实力的差异,致使东部地区地方高校债务化解较快,而中西部地区债务化解进程缓慢。鉴于此,为了促进高等教育协调发展,中央财政必须有所为,可以对经济欠发达地区的高校债务化解进行财政转移支付,兼顾教育发展的公平。一是确立科学的财政转移支付的标准。中央政府对中西部地区高校债务化解进行财政转移支付,可以按照以下三条标准实行:按照各地扩招的规模大小来分配中央财政转移资金,扩招任务重的地区财政转移相应要多一些;按照各地人均财政实力状况来定,中西部经济相对发达的地区转移就少一些,欠发达的地区转移就相应多一些;按照各地高校新区建设形成的资产质量来定,新区建设资产质量高、投资效益高的财政转移支付多一些,相反就少一些。二是确立财政转移支付资金的来源。可把外汇储备作为地方高校债务化解财政转移支付资金的主要来源。

■ 参考文献

[1] 熊丙奇. 高校负债谁之过 [J]. 中国改革, 2007 (11).

[2] 汝信, 等. 2006 年:中国社会形势分析与预测 [M]. 北京:社会科学文献出版社, 2005.

[3] 朱慧英. 高校扩招引 2000 亿债务 政府最后买单 [N]. 经济观察报, 2006-12-16.

[4] 李润文. 中国高校负债达 4000 亿靠多招学生多收费还贷 [N]. 中国青年报, 2007-03-09.

[5] 胡亮. 北大校长周其凤:希望国家解决高校债务问题 [EB/OL]. http://news.sohu.com/20090308/n262667946.shtml.

[6] 陈忠斌. 高等教育债务问题实证研究 [J]. 清华大学教育研究, 2008 (8).

[7] 彼得·圣吉. 第五项修炼——学习型组织的艺术与实务 [M]. 上海:上海三联书店, 2001.

[8] 郭国庆, 汪晓凡. 中国高校银行"问题贷款"的根源与对策研究 [J]. 中国

软科学,2008(4).

[9] 乔海曙,许国新.外汇注资:化解高校扩张财政风险的新思路[J].教育科学,2008(2).

(原文出处:《现代教育管理》,2011年第1期)

我国高校预算软约束的成因及治理

——基于"债务危机"的思考

/ 罗序斌 郑克强 /

【摘 要】 本文首先运用预算软约束理论对我国高校巨额债务产生以及政府救助行为进行了解释；其次，通过构建博弈模型对高校预算软约束的成因进行了研究，结果表明政策性负担造成了公立高校预算软约束，并由此导致了高校超量贷款；最后，提出改善高校预算软约束不应通过剥离高校政策性负担来实现，而主要应通过分散高校政策性负担以及建立科学合理的政绩评价体系的政策建议。

【关键词】 高校贷款；预算软约束；政策性负担

一、研究背景及文献综述

1998年以前，我国高等教育处于精英型教育阶段，对高校实行"基数+增长+专款"的财政拨款方式，高校基本能够保持收支平衡；1999年以后，随着我国高等教育跨越式发展，高等教育从精英型教育阶段进入大众化教育阶段，财政拨款难以满足高校规模扩张对资金的需求。在此背景下，高校纷纷向银行大量举债，出现了"贷款热"的现象。据中国社会科学院出版的《2006年：中国社会形势分析与预测》蓝皮书称，我国高校向银行贷款总量约在1500亿~2000亿元范围内。全国政协2007年7月初发布的报告也称，全国高校负债总额达2500亿元，且有不断扩大趋势。但随着还贷期的到来，许多高校捉襟见肘，集体陷入债务危机中，个别高校甚至由于还本付息压力过大，严重影响了学校的正常运行。面对高校的财务窘况，各地政府积极伸出援助之手，采取各种措施帮助高校缓解财务危机。于是，我们不禁要问，高校当初为什么要进行超量贷款？难道不清楚超量商业贷款将给学校带来巨大的财务压力吗？其行为动机是什么？当高校财务窘迫，甚至濒临破产，政府为什么积极进行事后救助？其行为动机又是什么？

对此，预算软约束理论可以做出很好的解释。预算软约束理论最初是由匈牙利经济学家科尔奈（Kornai）于1980年在其著作《短缺经济学》中提出的，用来分析社会主义经济中国有企业的经济行为以及绩效。他发现，社会主义经济中的国有企业一旦发生亏损或面临破产，政府通常都要通过财政拨款、减税或提供其他形式的救助补贴的方法来帮助企业摆脱困境，而国有企业的经营者通常也会预期得到国家的财政或政策支持。科尔奈把这种现象称为"预算软约束"。预算软约束需要有两个主体：预算约束体和预算支持体。前者一般是指组织本身，后者是指在约束体出现赤字的情况下给予救助或支持的组织，通常为政府部门。预算软约束是社会主义经济中存在的一个普遍现象，不仅出现在国有企业等营利性组织中，在高等学校等非营利性组织中也大量存在。

既然预算软约束理论可以说明高校超量贷款和政府事后救助的行为动机，那么研究预算软约束的成因，了解预算软约束的形成机理则成为改善高校预算软约束，并从根本上制订治本之策，化解高校债务危机的重要前提。在科尔奈早期的文献中，预算软约束被认为是源于社会主义经济中政府对国有企事业单位的"父爱主义"，是社会主义制度中特有的经济现象。李稻葵认为公有制是社会主义比资本主义更容易受预算软约束影响的原因。但后来包括科尔奈的许多实证研究表明，预算软约束现象也大量出现在西方资本主义国家和社会主义国家的私有企业中。而 Shleife 和 Vishiny 认为预算软约束源于政治家的行为偏好。他们追求非经济目标，比如，政治家们热衷于通过降低失业率和提高社会总产量来获取更大的政治资本。当政治家对国有企业拥有直接控制权，企业的利润最大化目标就不得不让位于政治家们的非经济目标的最大化。Dewatipont 和 Maskin 则从经济系统内部来研究预算软约束成因。他们认为除政治性等非经济因素之外，预算软约束与经济因素有关。由于时间不一致，政府又积极地对未完工的无效率项目追加投资，其边际收益可能大于项目清算的边际成本，即预算软约束是一个内生现象。此外，林毅夫和李志赟对转轨经济中国有企业的软预算约束现象进行了系统分析，认为国有企业所承担的"政策性负担"造成了企业预算软约束。

基于林毅夫等人的观点，本文进一步拓宽政策性负担和预算软约束的研究领域，把研究视角从我国国有企业转向我国高校，对我国高校的外部政策性负担是否会软化预算约束，由此是否会导致高校管理者逆向选择，以致出现超量贷款进行深入研究。这对于丰富预算软约束理论的研究内容以及解决我国高校因存在预算软约束所带来的种种问题，对于促进我国高校又好又快地发展具有理论和现实意义。

二、政策性负担与高校预算软约束

高校政策性负担是指高校因受到作为其所有者政府的教育政策或行政命令的影响而承担的超出学校特定条件下能力范围内的负担。具体而言，高校的政策性负担主要是高校因承担国家为满足经济社会发展对高素质人才的需求实施扩招的任务而带来的负担，既包括高校为满足陡增学生规模的需求而进行的教学行政用房项目建设、设备仪器购置等直接负担，又包括由于教职工增加所造成的间接负担。为了研究高校所承担的这种政策性负担和预算软约束，进而了解其与高校超量贷款的关系，下面通过构建一个博弈模型来对其进行分析。

（一）模型设定

根据热若尔·罗兰《转型与经济学》一书中关于预算软约束模型设定的思路，我们假设高校向政府申请1个单位成本的融资（包括直接和间接融资，直接融资指高校向政府申请项目建设款，间接融资指高校在政府担保下向国有银行进行贷款，在间接融资情况下，银行被看成是政府的代理人）。高校申请贷款的项目有两种：一种是正常项目，这种项目的高校贷款规模是适度的，高校自身的收入是可以偿还贷款的；另一种是问题项目，这种项目包括除正常项目以外的所有项目，比如，贷款数额明显超过学校收入，或者不断超支、延期建成的项目等。由于本文主要讨论的是政策性负担与预算软约束的关系，因此，我们不考虑高校申请正常项目和问题项目的概率。如果高校申请贷款的是正常项目，政府能够获得 R_g（$R_g>1$）单位的一般收益，管理者获得 B_g 单位的收益（含工资收入和其他所有可能隐性收入），博弈结束。如果高校申请贷款的是问题项目，高校要么表现为超量贷款，使高校还贷压力大，学校财务紧张，处于破产的边缘；要么表现为建设项目前期预算不足，项目不断超支，急需再融资，博弈继续。

下面我们引入政策性负担。由于承担扩招任务，高校的办学条件跟不上学校规模发展的步伐，在财力有限的情况下，一些高校超量贷款，建设了很多问题项目。这些问题项目给学校带来了巨大的财务压力，出现了严重的债务危机，甚至面临着被清算的风险。在这种情况下，高校管理者化解危机的努力工作程度是一个关键变量。有的高校管理者在出现债务危机时，首先想到的是政府扶持而非通过高校自身的努力，没有偿还贷款的意识，没有采取相应的化解措施；相反，有的高校管理者积极主动采取各种措施来应对高校财务风险，比如开展节约型校园活动、拓宽筹资渠道等，从而化解了学校的债务危机。为此，本文在借鉴龚强和徐朝阳引入管理者努力工作变量建模思想的基础上，把高校管理者是否努力化解高校债务危机纳入了博弈模型中。

毫无疑问，由于监督的不完全性和信息的非对称性，高校管理者可能努力工作也可能不努力工作。假设高校管理者为化解高校债务而努力工作所花费的成本为 E，下面我们来分析高校管理者的行为对博弈双方收益的影响，且为了简化问题，不考虑努力工作对高校债务危机化解的概率：

如果高校管理者努力工作，成功化解高校财务风险的概率为 t（$0<t<1$），不能成功化解高校财务风险的概率则为 $1-t$。假如高校管理者努力工作，并成功化解了高校债务风险，政府将获得和正常项目同样的一般收益 R_g，而管理者的净收益为 B_g-E 单位的收益。假如高校管理者努力工作，但由于种种原因，依然债台高筑。若政府代理人通过采取诉讼的手段逼债，由于高校无力还贷，所以只能申请破产，这时政府则需要决定是否提供再融资。假如政府不提供再融资，那么高校将破产，政府只能获得一定清偿收入 L，管理者获得的收益为 $-E$。要是政府决定提供再融资，高校将度过危机，我们假设政府获得 R_p 单位的一般收益。为了反映延期的相对低效性，令 $R_p<R_g$。此外，由于高校承担了政策性负担，政府为了避免高校被清算，对高校提供再融资，我们假定政府还可以获得一个额外的政策性收益 R（提高政府声望、降低失业和避免社会动荡等因素收益），则政府的总收益为 R_p+R。而此时管理者的收益为 B_p-E。假设 $B_p>B_g$，其经济含义是由于问题项目周期较长或者需要再融资，高校管理者可以获得更多的隐性收益。

如果高校管理者不努力工作，显然，成功化解高校财务风险的概率低于努力工作时的情况，因此，为了简化，假设此时的概率为 0，即如果高校管理者不努力工作，高校债务问题是无法解决的，只能等待政府的扶持。这时，政府同样需要决定是否为高校债务情况提供再融资：如果不提供，清偿它只能获得 L 单位清偿收入，而管理者由于没有履行本职工作，无法化解高校债务风险，使得高校破产，他的收益将是 0，甚至会受到一定惩罚；如果提供再融资，政府则可以获得 R_p+R 单位的收益，管理者可以获得 B_p 单位的收益。

上述博弈过程可以用以下博弈树来描述，如图 1 所示。

我国高校预算软约束的成因及治理

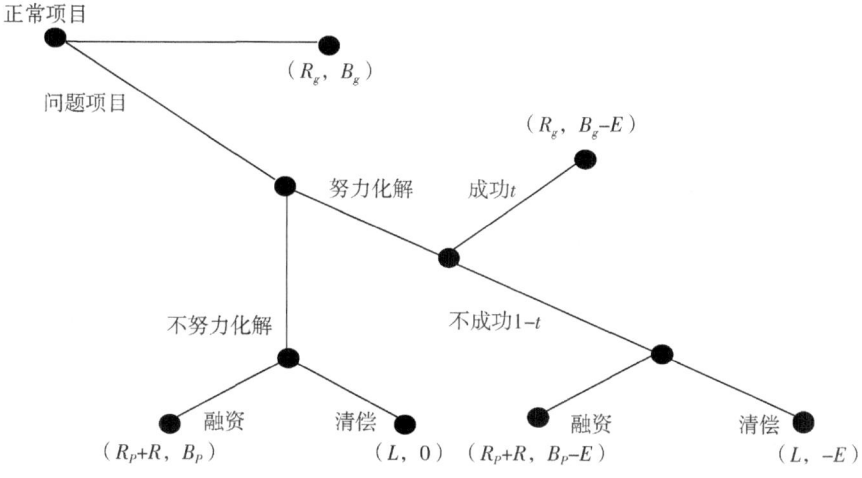

图1 政策性负担高校贷款博弈过程

在承担政策性负担高校博弈模型中有两个关键假设:一个是 $R_p+R-1>L$,这个表达式的经济含义说明政府清偿问题项目得到的收入低于为它提供再融资得到的收入。此外,由于 R 的存在,对政府而言,地方高校新校区项目建设政策性收益越大,那么,因债台高筑清偿问题项目的可能性就越小,提供财政补贴以及政策性融资帮助高校解决财政压力的可能性就越大。另一个是 $B_p>B_g$,这个不等式的经济含义是政府为问题项目建设提供再融资所获得的隐性收入要大于正常项目所获得的收入。这两个模型假设前提是比较符合实际情况的。

(二)模型分析

对模型进行进一步分析,我们可以得出如下推论:

推论一:当高校承担政策性负担时,无论高校管理者努力与否,政府都有动力为问题项目提供再融资。

从博弈模型中,我们可以看到,当高校管理者努力化解高校面临的债务风险时,他的期望收益是 $\{t(B_g-E)+(1-t)(B_p-E), t(B_g-E)-E(1-t)\}$ 中的最大值;不努力工作时,他的期望收益是 $\{B_p, 0\}$ 的最大值。由于许多高校管理者预料到政府不会让高校破产,能够得到政府的援助,因此他们工作努力或不努力的期望收益实际就是在 $\{t(B_g-E)+(1-t)(B_p-E), B_p\}$ 两值的选择,而这主要取决于概率 t。

其中,管理者工作努力时期望收益表达式 $t(B_g-E)+(1-t)(B_p-E)$ 可以简化为表达式 $t(B_g-B_p)-E+B_p$。因此,我们可知:若 $t=E/B_g-B_p$,管理者工作

努力时的收益等于 B_p，即工作努力或者不努力，结果一样；若 $t>E/B_g-B_p$，管理者工作努力的收益要大于工作不努力的收益；若 $t<E/B_g-B_p$，管理者工作努力的收益低于不努力的收益。

在管理者行为期望收益的基础上，我们来看看政府的行为。若 $t>E/B_g-B_p$，管理者努力工作时，政府期望收益值应该是 $\{tR_g+(1-t)(R_p+R), tR_g+(1-t)L\}$ 中的最大值。根据 $R_p+R-1>L$ 的假设条件，我们可知当管理者工作努力时，政府期望收益值是 $tR_g+(1-t)(R_p+R)$，项目再融资的条件是 $R>(1-t)(R_p-1)-tR_g/(1-t)$；若 $t\leqslant E/B_g-B_p$，管理者不努力工作时，同样根据 $R_p+R-1>L$ 的假设条件，政府期望收益值为 R_p+R，如果这个收益值扣除融资成本仍然大于 R_g，项目再融资的条件就成为 $R>R_g-R_p+1$。因此，只要 R 值越大，无论管理者努力工作与否，政府都有为问题项目进行再融资的动力。事实上，对政府而言，避免高校被清算或破产所带来的外部性收益非常大。高校的稳定持续发展不仅能为经济社会发展培养大批人才，而且还有利于社会公平和谐。所以，政府不会选择让高校破产的博弈路径。

推论二：当高校承担政策性负担时，高校管理者选择贷款量总是高于适度贷款量。

由于政策性负担的影响以及 $B_p>B_g$ 假设的存在，高校管理者往往逆向选择，进行超量贷款。另外，还有一些学校管理者因为错误的政绩观而进行超量贷款。他们认为，倘若其他的高校都在贷款，大兴土木，如果自己不贷，学校将落后于其他院校，至少学校在基础设施上的落后是显而易见的，且不能取得显著的政绩。因此，在这种观念的引导下，他们往往就会过度贷款，盲目投资。

三、高校预算软约束治理对策

对上述模型的分析结果表明：高校所承担的政策性负担造成了高校预算软约束，并因此使得高校超量贷款。既然高校承担的政策性负担造成了高校预算软约束，并使高校管理者逆向选择，进行超量贷款，造成高校债务危机。那么要想改善高校的预算软约束，避免高校管理者的道德风险，能不能通过直接采取剥离高校政策性负担的方法来实现呢？笔者认为剥离高校扩招所带来的政策性负担在当前或我国相当长一段时期内是不可行的。而应从以下两个方面来改善高校的预算约束：

(一) 分散高校的政策性负担

所谓分散高校的政策性负担是指把为国家培养大批高素质人才的任务在

不同高等教育主体之间进行合理分配，即实现高等教育办学主体的多元化。在我国高等教育体系中，公办高校一直占据统治地位，民办高校或自学考试等其他形式的高等教育处于弱势地位，生源长期不足。就我国民办高校来看，2007年全国民办高校（含独立学院）招生数为115.6万人，仅占全国普通公办高校招生总数的20.43%。在校生人数为344万，仅占全国普通公办高校在校生总数的18.25%。而"二战"后，美国私立大学人数占大学总人数的40%，20世纪90年代中期，日本、菲律宾私立高校学生人数占大学总人数的76%，韩国则超过80%。

正是由于我国高等教育体系中这种不合理的布局，使公办高校承担了过多的政策性负担，造成了高校的预算软约束。因此，要改善公办高校的预算软约束以及避免其带来的诸如超量贷款等种种经济问题，关键是打破公办高校垄断高等教育资源的格局，培育和充分利用多元的高等教育投资主体，给民办高校或其他形式的高等教育机构更多实质性的政策性鼓励和支持，使其成为高等教育体系中名副其实的重要组成部分。高等教育办学主体的多元化必然会带来高等教育产权主体的多元化，这无疑将有利于加强高等教育市场的竞争力，很大程度上可以避免预算软约束以及管理者道德风险的产生。

(二) 建立科学合理的政绩评价体系

所谓政绩观，就是管理者对如何履行工作职责、追求何种政绩的看法和价值取向。有什么样的政绩观，就会有什么样的施政行为。过去，我们在政绩观问题上存在一定的误区，以为"发展等于增长"，高校的发展就是学校规模的增长。在这种片面政绩观的驱动下，一些高校把追求学校建设规模作为其政绩的最佳体现，甚至超量贷款，使高校背负巨额的债务，造成了一定的财务隐患，不利于学校发展。

然而，正确政绩观的树立及内化除了与管理者自身的思想政治素质相关之外，更多的是与我国的政绩评价体系、政绩评价标准密切相关。可以说，有什么样的政绩评价体系、评价标准，一般就会形成什么样的政绩观。片面的政绩评价体系容易形成片面的政绩观，而科学合理的政绩评价体系会培养正确的政绩观。因此，为了矫正高校管理者片面的政绩观，促进高校又好又快地发展，应建立一套科学合理的政绩评价指标体系，对高校管理者进行政绩考核时，不能简单地把学校规模发展等同于政绩，还应把影响与高校稳定、健康、可持续发展相关的财务状况这一关键指标纳入政绩评价指标体系中。这将有利于防止高校管理者的短期行为，引导其行为目标，避免逆向选择，改善高校的预算软约束。

■ 注释

本文中的高校除特别说明外均指我国公办高校。

■ 参考文献

[1] 邬大光. 高校贷款的理性思考和解决方略 [J]. 教育研究, 2007 (4).

[2] 中国社会科学院. 2006 年：中国社会形势分析与预测 [Z]. 北京：社科文献出版社, 2005.

[3] http://news.sina.com.cn/c/2007-07-06/013613384881.shtml.

[4] 科尔奈. 短缺经济学 [M]. 北京：北京经济科学出版社, 1986.

[5] 科尔奈, 马斯金, 罗兰. 解读软预算约束 [J]. 比较, 2003 (4).

[6] LI DAOKUI. Essays on Ownership, Corporate Control, and Privatization [D]. Harvard University, 1992.

[7] MATHIAS DEWATRIPONT, ERIC MASKIN. Credit and Efficiency in Centralized and Decentralized Economies [J]. The Review of Economic Studies, 1995, 62 (4).

[8] 林毅夫, 李志赟. 政策性负担、道德风险与预算软约束 [J]. 经济研究, 2004 (2).

[9] 热若尔·罗兰. 转型与经济学 [M]. 北京：北京大学出版社, 2002.

[10] 龚强, 徐朝阳. 政策性负担和长期预算软约束 [J]. 经济研究, 2008 (2).

(原文出处：《黑龙江高教研究》, 2009 年第 11 期)

地方高校债务化解的"2+1"模式

——基于国企债务重组经验的启示

/罗序斌 郑克强/

【摘 要】 截至 2007 年年底,全国地方普通高校的银行贷款总额达到全国普通高校银行贷款的 78.6%。可见,地方高校的债务危机化解是当前我国高校债务化解工作的重点。在国外尚无经验可循的情况下,本文在对国有企业债务重组经验进行提炼的基础上,结合高等教育的准公共产品特性,并考虑到地方高校债务化解不仅需要着重解决当前高校债台高筑的问题,更重要的是还需要建立一种新的投融资体制,提升地方高校未来的筹资能力,从根本上避免同类问题的产生,提出了地方高校债务化解的"2+1"模式。

【关键词】 地方高校;国有企业;债务化解

一、引 言

地方高校是指除教育部直属院校和其他部委所属院校外,由地方政府部门划拨经费,承担为地方培养人才以及为地方经济社会发展服务的各类院校。21 世纪以来,我国地方高校取得了超常规发展,已经成为我国高等教育的主体。2007 年,地方普通高校共 1797 所,占全国普通高校总数的 94.2%;招生规模为 522.8 万人,占全国普通高校招生总数的 92.4%;在校生规模为 1716.8 万人,占全国普通高校在校生总数的 91.1%。随着学生总量的增长,许多地方高校校区投资规模迅速增加,但由于地方政府财力有限,众多地方高校普遍利用银行贷款来进行新校区建设,且数额巨大,甚至有的地方高校贷款高达 10 亿元以上。据我们调研所得,截至 2007 年年底,全国地方普通高校进行新校区建设的银行贷款总额达到全国普通高校银行贷款的 78.6%。

然而,随着还贷期的相继到来,相当大比例的地方高校在还本付息的压力下均存在着重大的财务安全隐患。倘若不及时、妥善地加以解决,势必会愈演愈烈,并将可能引发一系列风险,如学校会以降低教学标准的方式减少教学资源消耗,导致教学质量大幅度下降,诱发质量滑坡风险;银行呆、坏账增多,导致资产流动性大为减弱,容易诱发金融风险等。若真如此,将不仅严重制约高等教育的良性发展,而且将严重影响经济发展和社会稳定。目前,地方高校贷款风险问题已经引起了各级政府的高度重视,并相继把化解高校债务作为政府当年工作的重点。

我们认为在国外尚无化解经验可循的情况下,把视角转向国内,从我国国有企业债务重组模式中吸取经验,这对地方高校的债务化解而言未尝不是一种新的思路。事实上,我国国有企业债务与我国地方高校新校区建设的债务存在许多共同之处,比如,在债务形成根源上,国有企业和地方高校新校区建设债务产生的根源都在于预算软约束问题;在债务化解难点上,国有企业债务化解集中在为数众多的中小企业和地方企业,而不是在政策、待遇等多方面占有明显优势的中央企业和大型企业,而高校债务化解难点同样在于债务规模大、筹资能力弱的地方院校,而不是教育资源相对充足的部委院校等。基于此,本文通过总结和提炼国有企业债务重组的成功经验,并结合高等教育自身特性,进而得出地方高校的债务化解模式。

二、经验借鉴

在国企改革攻坚过程中,国有企业的高负债严重影响着国有企业改革的深化,乃至整个国民经济的持续健康发展。国有企业债务问题突出表现在:一是资产负债率过高,二是企业之间"三角债"问题严重,三是银行系统呆、坏账等不良资产过高。为了实质性推进国有企业的改革,实现国有经济的战略性调整,建立和发展社会主义市场经济,国家先后采取了一系列措施对国有企业债务进行重组,在一定程度上改善了国有企业的债务问题,同时也积累了极其丰富的债务治理经验,其中的主要经验有以下几条:

(一)经验一:抓大放中小原则是国有企业债务重组顺利推进的关键

党的十五大《报告》明确指出:"要着眼于搞好整个国有经济,抓好大的,放活小的,对国有企业实施战略性改组。"按照这一改革思路,国有企业债务重组坚持以抓大放中小为原则,对不同规模的企业采取不同的债务化解对策。对于主要分布在关系国民经济命脉的重要行业和关键领域的国有大型企业,国家主要通过增资、减债、国债技改贴息、资本市场直接融资以及债转股等财政"输血"和"买单"的方式来缓解这些企业的债务压力,使其能够轻装前行,以便为以后的振兴和快速发展打下良好的基础;而对于主要分布在一般竞争性领域的大量国有中小型企业,则主要采取租赁、拍卖、出售和承包等形式予以放开,并允许严重资不抵债的国有中小型企业,通过兼并破产的方式退出市场。这种退出机制的实行不仅可以化解国有中小型企业债务，而且还改变了国有企业长期以来只生不死的局面，使国有企业产生强大的竞争压力和破产压力，有利于提高国有企业经营效益，起到了"一石二鸟"的双重功效。

（二）经验二：政府的行政主导是国有企业债务重组顺利推进的保证

面对国有企业严重亏损的严峻形势，党中央、国务院不仅提出了通过国有企业债务重组，实现国有企业三年改革脱困的目标，并指出这不仅是关系到整个国民经济发展的重大经济问题，也是关系到社会主义制度命运的重大政治问题，而且及时出台了一系列重要的拉动国内有效需求的财政和货币政策，这为国有企业债务重组、扭亏脱困创造了良好的外部条件。此外，在债务重组实践过程中，中央政府和地方政府都充当了行政主导的角色，并进行合理分工，着力推进国有企业债务重组。在大型国有企业债务重组中，中央政府对国有企业债务治理的行政主导作用主要表现在直接的财政支持，而地方政府只起到了辅助性作用。比如，就实施债转股来说，地方政府可以向中央政府推荐本辖区内的企业，并积极为它们争取债转股的资格，但并不直接介入债转股企业的债务重组过程；而在中小型国有企业债务重组的过程中，中央政府所发挥的作用是次要的，甚至不直接发挥作用；相反，地方政府则直接介入债务治理，起到了行政主导作用。正是由于党中央、国务院的领导以及各级政府的努力推动，分工合作，国有企业债务重组工作才得以顺利进行。

（三）经验三：配套政策的改革是国有企业债务重组顺利推进的前提

合理有效的债务重组模式不仅需要有明确的化解途径，而且必须有一系列的实施手段，即配套政策支撑体系。因此，在国有企业债务化解过程中，国家一是既立足当前，又着眼于长远，着力把国有企业债务重组与建立现代企业制度相结合，对国有企业进行了股份制改造，并大力发展资本市场，缓解企业资本金难题，倒逼企业改革；二是先后进行了诸如国有企业下岗职工基本生活保障及再就业制度、职工养老保险制度、医疗保障制度、住房制度等配套政策的改革，从而为国有企业兼并破产的顺利进行提供了可靠的保障，有力地避免了国有企业重组给社会稳定带来的冲击。

三、启　示

在上述国有企业债务化解经验的基础上，笔者充分认识到高等教育的准公共产品特性，加之考虑到我国地方高校新校区建设后的债务化解不仅需要着重解决当前地方高校债台高筑的问题，还需要建立一种新的投融资体制，从根本上增强我国地方高校筹资能力，因此，笔者认为我国地方高校新校区建设后债务化解应遵循政府主导、抓大兼顾小的原则，实施"二步走"战略：第一步是实现债务"软着陆"，第二步是构建债务预防长效机制。为了保证每一步的成功实施，国家需出台相关的配套政策。因此，地方高校新校区建设后债务化解可以归纳为"二步走战略"+"配套改革"模式，即"2+1"模式。

(一) 第一步——实现债务"软着陆"

当前，实现地方高校债务"软着陆"，防止债务规模的进一步扩大是债务成功化解的前提和关键。而要实现债务"软着陆"，完全依靠高校自身力量是不可能的，需要政府在其中发挥行政主导作用，帮助地方高校摆脱债务困境。一是优化高校债务期限结构。政府应积极帮助高校争取国家开发银行政策性长期贷款和商业银行长期贷款，转换高校现有商业银行的短期贷款，实行"短改长"，给高校一个偿还债务的喘息机会。二是进行土地置换。允许建设新校区的高校按照规定进行老校区置换，筹集债务偿还先期基金。三是提供财政援助。这是实现债务"软着陆"的重要措施。但由于地方财政实力有限，特别是经济欠发达的中西部地区，其用钱的地方太多，不可能"一刀切"地对当地所有高校的债务都进行财政援助，因而应按照抓大兼顾小的原则进行处理。对办学规模大、办学层次高、教学条件改善明显，且对本地区社会经济发展做出很大贡献的省属重点高校，在他们无力自行偿还巨额贷款的前提下，政府可安排专项资金，帮助这些高校偿还直接用于教学设施的贷款本金，其生活设施的贷款和利息由学校承担；对办学规模比较大、办学层次比较高，对本地区社会经济发展做出较大贡献的中间层次的高校，可选择部分工作业绩最突出且贷款数额较大的高校，由政府出资帮助他们偿还贷款的全部利息；而对于其余的高校，在认真分析、评估的基础上，政府适当给予其贴息。

(二) 第二步——构建债务预防的长效机制

政府对负债高校进行财政援助仅是治标之策，不能治本。要全面化解地方高校债务，防止今后类似问题发生，关键是要解决我国地方高校筹资能力普遍低下的问题。如果不解决这个问题，地方高校利用市场机制和体制的融资能力低下，有可能会再回到贷款的老路子上来。因此，拓宽地方高校投融资渠道，构建债务预防长效机制乃当务之急。具体措施如下，一是优化高等教育拨款模式。要改变现行的"综合定额加专项补助"的公式拨款方式，把高校的办学、科研等方面的绩效因素作为财政拨款的重要依据，实行绩效拨款模式，合理有效地配置教育资源。二是提升学校创收能力。充分利用学校资源，开展成人教育、自考、函授、短期培训等多种形式的办学活动，通过对外出租闲置资产、提供成果转让、技术咨询等服务及提高校办产业效益等途径增加学校销售性收入；通过建设节约型校园，降低办学成本。三是探索发行教育债券和彩票。借鉴国内外相关经验，研究发行教育债券和彩票，建立科学、规范的发行制度，并按照循序渐进的原则，尝试性开放试点。四是完善教育捐赠制度。高校要积极转变观念，制订捐赠事业发展规划；加强高校捐赠筹资的组织建设，建立规范的捐赠基金运行机制；实行捐赠人报告制度，可以适当考虑对学校建筑物、道路等进行冠名，对捐赠人的捐赠情况随时向社会公布，大力营造捐赠的文化氛围。

（三）"二步走"战略的保障措施——配套政策改革

配套政策的出台和最终落实是债务化解的关键，是保证"二步走"战略得以实施的前提条件。具体来讲，地方高校债务化解的配套政策改革主要有，一是土地出让政策改革。改变土地性质，将高校属于行政划拨性质的土地转化为工业用地，允许土地转让和变现；规范完善高校土地拍卖流转制度。二是财政转移支付政策改革。要依法针对特定地区和人群，制订相关标准，建立规范的中央和省级教育财政转移支付力度，促进地区之间高等教育协调发展。三是税收开征及减免政策改革。完善个人收入申报与个人财产登记、个人财产评估、个人财产公证以及公民死亡报告等方面制度，开征财产、遗产税；出台高等教育事业基本建设投资、资产出让、社会捐赠等方面的税费减免和优惠政策，积极鼓励和大力引导企业、社会团体、国外资本和个人对高等教育的投入。

■ 参考文献

[1] 马宁，陈立文. 高等教育投融资风险预警管理理论与实证研究 [M]. 河北：河北大学出版社，2007.

[2] 邵宁，周放生. 国企债务重组 [M]. 北京：北京大学出版社，2003.

[3] 陈清泰，吴敬琏，蒋黔贵. 重塑企业制度——30年企业制度变迁 [M]. 北京：中国发展出版社，2008.

[4] 帅相志，许家明. 普通高校负债办学风险的规避与偿还对策——以山东省高校为个案 [J]. 当代教育科学，2009 (13).

[5] 邬大光. 高校贷款的理性思考和解决方略 [J]. 教育研究，2007 (4).

（原文出处：《教育学术月刊》，2009年第12期）

中部地区地方高校债务风险化解的思路与对策

/ 罗序斌 郑克强 /

【摘 要】 中部地区的地方高校是我国地方高校债务的主体。要化解中部地区的地方高校债务风险,应遵循既立足现在,又着眼长远的化解思路,实行从严控制新开工项目和新增贷款的产生,把短期商业银行贷款置换成中长期银行贷款,中央、地方政府共担债务部分偿还责任,在符合规定的前提下稳妥推进高校土地置换,通过提高学校资源利用效率筹集债务偿还资金,从拓宽投融资渠道着手构建债务风险防范长效机制等具体对策。

【关键词】 中部地区;地方高校;债务风险;化解对策

地方高校是我国高校债务的主体。据课题组调研结果表明,截至2007年年末,全国地方普通高校银行贷款总额为2113亿元,占全国普通高校银行贷款的78.6%,平均每所地方普通高校银行贷款达到了1.4亿元。其中,中部地区的地方高校面临的债务风险最大,主要表现在,一是债务规模大。截止到2007年年末,中部各省地方普通高校债务总体规模平均达到了97.58亿元,而东部地区仅为84.51亿元,西部和东北地区更少,平均分别为37.67亿元和7.68亿元。二是债务负担重。2007年,中部各省地方普通高校教育经费收入平均为83.01亿元,大大低于东部地区的125.09亿元,也低于东北地区的86.42亿元,仅高于西部地区的41.17亿元。但是,就教育经费收入负担银行贷款的系数来看,2007年中部地区的地方高校负担最重,负担系数达到了1.18;西部地区次之,为0.92;随后是东北地区,为0.89;而经济发达的东部地区负担最轻,负担系数只有0.68。为此,我们应高度重视中部地方高校债务风险的化解工作,其化解成功与否将直接影响我国高校债务风险化解的全局。基于此,我们认为必须以科学发展观为指导,遵循中央、地方和高校共同分担、公平公正和标本兼治的基本原则,按照既立足现在,又着眼长远的化解思路,制订可操作性强的措施,切实推进中部地方高校债务风险的化解工作。

一、从严控制高校新开工项目和新增贷款的产生

从严控制新开工项目可从政府和高校两个层面进行。从政府层面看，一是建立严格的高校新开工项目审批制度。对于那些简单粗放型的基建项目一律不予批准；对于那些不符合规定及未履行相关程序而擅自开工建设的项目，要坚决责令停止建设、限期整改。二是强化对新开工项目的监督检查。各高校不得擅自提高项目建设的标准和突破计划投资规模，所有在期限内未完工且未落实资金来源的项目不得开工建设。从高校层面看，一是结合学校发展规划和实际财力，强化新开工项目的实用性，禁止建设奢华的宾馆、广场、假山和人工湖等华而不实的形象工程。二是对确需建设的新开工项目要实行事前、事中和事后经济责任制，明确相关单位和个人的责任。

在从严控制高校新开工项目的同时，要严格控制新增贷款的产生。一是严把新增贷款审核关。主管部门要全面了解高校当前债务规模及偿还状况，对新增贷款的必要性、可行性及风险性进行充分考察，严格把关。对尚未还清贷款的高校原则上一律停止新增贷款，坚决制止高校举新债还旧债行为。二是建立债务情况动态监控机制，对已超出偿债能力、财务风险达到预警线的高校，主管部门要及时发出告诫，要求高校调整建设规划、停止对外举债；而对那些无视风险、仍继续举债、盲目扩大规模的高校，可通过暂停财政专项资金申请资格等方式予以严肃处理。三是强化金融机构在高校新增贷款中的风险意识，落实贷款责任制，严格制止商业银行因不良竞争引起的随意放贷行为。

二、把短期的商业银行贷款置换成为中长期的银行贷款

地方高校的银行贷款有两个显著特点：一是银行贷款多用于学校新校区建设中的土地购买，教学楼、学生宿舍、学生食堂、实验室、图书馆、体育场馆等基础设施的建造，这些项目往往资金需求量大，见效慢，收益低，成本回收周期长；二是贷款偿还期限和贷款项目严重脱节，短期贷款比例高，中长期贷款比例低，还款期限过于集中。在这两者的双重作用下，中部地区地方高校短期还贷压力相当大。为了缓解这种压力，中部各省可以采取债务结构重组的办法，把学校的短期商业银行贷款置换成中长期银行贷款（简称为"短改长"），优化债务偿还的期限结构，分散高校过于集中的债务压力。

目前，"短改长"的形式主要有以下两种，一是利用政策性银行的中长期贷款置换商业银行的短期贷款。政策性银行置换商业银行贷款在理论上是具

有可行性的。政策性银行是为了弥补市场缺陷和失灵，由政府创立、参股或保证的，专门为贯彻、配合政府社会经济政策或意图，在特定的业务领域内，直接或间接地从事政策性融资活动，充当政府发展经济、促进社会进步、进行宏观经济管理工具的金融机构，与高校一样是不以营利为目的。另外，政策性银行的主要业务是投资基础设施建设，资金实力雄厚，有能力置换地方高校新区建设中所背负的债务。比如，南昌大学通过国家开发银行贷款12亿元进行"短改长"，还款的期限延长至16年。二是商业银行银团或商业银行中长期贷款置换短期商业贷款。比如，交通银行、建设银行、农业银行与江西师范大学签订协议，为其提供总额12亿元，还款期限15年的债务重组银团贷款；上海浦东发展银行与陕西省教育厅签署了协议，为陕西省高校提供15亿元的中长期贷款，用于置换高校新区建设中的短期借款，改善高校债务偿还期限结构。

三、中央政府、地方政府共同分担债务部分偿还的责任

对于我国地方高校的债务风险，一种颇具代表性的化解观点是主张政府统一买单。但问题是，第一，东部地区经济发展水平高、财政实力强，有能力为地方高校债务统一买单；而对于经济相对欠发达、财力相对有限的中部地区来说，却难以承受全部买单之重。第二，教育公平的理念面对极大挑战。在贷款建设新校区过程中，确实存在盲目贷款、相互攀比建设新校区等一些不良现象；在还贷过程中，确实发现一批有还贷能力的高校却不愿意还贷，抱着"等、靠、要"的想法，希望政府全部买单；还有一些没有通过贷款建设新校区的高校，倘若政府统一买单，势必会影响区域、学校间的公平发展，也可能会激发更多的高校在今后做出更多非理性的决策与行为。

基于此，加之考虑到高等教育事业具有很强的外部正效应，而且地方高校从银行贷款是为了满足扩招、改善办学条件的需要，笔者主张中央政府、地方政府共同分担债务部分偿还的责任。中部各省财政应安排债务化解专项资金，在认真分析和客观评估贷款高校债务状况和偿还能力的情况下对已贷款高校提供适当的财政贴息，并对那些扩招任务重、对本地区社会经济发展贡献突出的高校，可以酌情帮助其偿还直接用于教学设施的部分贷款本金，其他设施的贷款则由学校来承担。中央财政应设立地方高校债务化解专项奖励资金，并按照以下标准进行分配：一是按照中部各省地方财政一般预算安排的债务化解资金的比例来进行奖励，资金比例安排大的地区，奖励多一些，相反就少一些；二是按照中部各省地方高校扩招的学生人数来进行奖励，扩

招任务重的地区，奖励相应要多一些，相反则少一些；三是按照中部各省地方高校债务化解的努力程度及债务规模的下降幅度来进行奖励，化解工作努力程度大、债务规模下降幅度明显的地区奖励要多一些，相反就要少一些；四是按照中部各省财力状况来进行奖励，中部经济相对欠发达的地区应奖励多一些，反之则应少一些。

四、在符合规定的前提下稳妥推进高校老校区土地置换

基于历史原因，我国大多数高校老校区都位于城市的中心地带或繁华地段，地理位置较好，通过合法的方式和规范的渠道依法对其进行置换交易，可以使高校获得相对较多的经济收益，能够有效解决负债高校资金不足的困难。比如，江苏省13所高校共置换1821.88亩土地，置换金额达到24.7亿元；浙江大学置换了靠近西湖的湖滨校区地块，获得了17.6亿元收入。因此，为了化解中部地方高校的债务风险，各级政府有必要根据相应法律法规，加强高校土地置换工作的指导，出台更多可操作性强的优惠政策，帮助有意愿的地方高校完成老校区的土地置换。

第一，省财政垫付收储资金。土地收储是指国家土地储备机构对流入土地市场的土地使用权依照法律规定优先购买作为储备用地的过程。对因单位搬迁、解散、撤销、破产、产业结构调整或者其他原因调整出的原划拨国有土地，政府原则上需要进行土地收储。地方高校的土地置换属于结构调整，一般应由政府收储中心储备收购，基本程序是：申请收购、权属核查、确定规划条件、方案报批、签订协议、收购补偿、权属变更。然而，在地方高校老校区土地收储的实际操作过程中，土地收储中心一般不愿先行垫付这笔收储资金，而是待土地转让之后才支付收储资金；但高校的教育用地转让为商业用地的程序比较复杂、报批手续较多，周期较长，使得置换的资金迟迟难以到位，极大影响了高校债务化解的进程。基于此，笔者认为这笔收储资金应由省财政先行垫付。

第二，降低政府提留比例。根据国家相关政策和规定，地方高校老校区置换所取得的收益必须按收支两条线的原则严格管理，原土地取得、土地整治、地面附着物、附属设施、道路绿化、管网铺设等高校先期成本支出应直接从土地出让收益中扣除，直接返还给高校，对土地出让金和土地交易产生的增值部分，应通过非税系统先收归财政，再按各地政府对高校土地置换的政策规定，扣除上交国家部分和地方财政规定提留的部分资金后，其余的置换收益全额返还高校。目前，在地方高校老校区的土地置换收益分配中，

上交国家部分的比例较为明确，一般为所得收益的5%；但是，地方财政提留的比例却普遍很高，有的地方甚至达到了35%，这大大降低了高校土地置换的经济收益，同时也有违高校通过土地置换筹集债务偿还资金，缓解财务压力的初衷，因此，有必要根据情况适度降低政府的提留比例。比如，南昌大学老校区土地置换中，南昌大学校领导和省政府、市政府经过多次协调，最终确定南昌市政府提留比例为13%，这大大降低了土地置换中的规费，对南昌大学债务风险的缓解发挥了巨大的作用。

第三，提高新用土地的容积率。容积率是指在建设用地范围内建筑地面以上各层建筑面积之和与建设用地的比率。从开发商的角度来看，土地容积率越高，预期收益也就越高；而从城市规划部门角度来看，容积率过高不利于城市环境的改善。因此，在地方高校原教育划拨用地从性质上转变为商用土地过程中，由于房地产开发商与规划部门所处的角度不同，对城市规划的核心指标容积率的要求不同，两者之间矛盾重重，意见不一，极大地影响了地方高校老校区土地置换工作的开展。因此，各级政府应统筹协调，适当放宽地方高校教育用地置换商业用地的规划控制指标，提高新用土地的容积率。

第四，政府组织招标拍卖挂牌，提高土地置换的透明度和市场化程度。就目前来看，我国高校的土地置换主要有协议出让和招标拍卖挂牌转让这两种方式。协议出让是指不改变高校土地教育用途的前提下将土地出让给其他办学单位；而招标拍卖挂牌转让是高校需要变更土地用途时采取的一种土地转让形式。由于地方高校老校区土地置换涉及土地使用性质的改变，且政府组织招标拍卖挂牌的出让方式相对于协议出让方式更能体现公开、公平、公正的市场原则，有利于发挥市场优化配置土地资源的作用，防止高校土地出让的不正之风和腐败行为，因此，在地方高校土地置换过程中，应采取政府组织招标拍卖挂牌的出让方式，由政府土地管理部门统一操作实施，学校不得擅自进行。

五、通过提高学校资源利用效率，筹集债务偿还资金

提高资源利用效率是学校筹集偿债资金的一个重要手段。长期以来，我国地方高校资源利用效率相对较低，主要表现在：一是学校增收渠道有限、科研和市场脱节、成果转化水平低等使得学校创收能力不足；二是校内机构臃肿、人员冗杂、奢侈之风盛行、浪费现象严重等导致学校运行成本支出过大。为此，学校应立足自身，从增收和节流这两方面出发，切实提高学校资

源的利用效率。

第一,大力提升创收能力。充分利用自身优势,通过联合办学,大力开展职业技术教育、成人教育、专业学位教育、自考、函授、短期培训等多种形式的办学活动;利用现有的成果技术、设备仪器、闲置教室、场地、实验室等对外提供成果转让、技术咨询、检测、租赁等服务来增加学校服务销售性收入。要建立行之有效的激励机制,如可以将全校的创收任务分别下达到各个学院、各个部门,并以此为年度考核内容;对为学校增收的单位和个人可以提供必要的资金和政策支持,加大创收单位的分配比例,扩大创收单位经费使用自主权等,来充分调动各单位、部门增收的积极性和主动性。

第二,要选择"适当"的途径降低办学成本。一是防止浪费。把节能降耗作为头等大事来抓,按照水电经费总额包干、节支留用、超支自负的原则,改革水电管理制度,杜绝浪费;规范基建维修管理,降低维修的成本和频率;严格限制接待费,行政业务费,公车购置和使用费,考察费及会议、庆典支出,领导职务津贴等非教学活动支出。例如,江西省南昌大学自从全面开展"勤俭办学、建设节约型校园"活动以来,全校所有单位都实行水电经费包干,每年节约经费400余万元,校园绿化管理由学院包干,每年节约经费超过300万元,行政办公经费压缩,2007年上半年节约开支250万元;江西师范大学水电费2007年上半年节约开支也超过400万元。另外,也要坚决制止通过诸如限制或扣减教师科研奖励、福利保障支出等饮鸩止渴的"节流"方式来降低成本。二是精简机构和非教学人员,提高人力资源利用效率。结合本学校的实际情况,深化管理体制改革,精简管理机构,适当压缩院校级行政人员;加快高校后勤社会化改革的步伐,社会上能够承担的应由社会承办,大幅度裁减后勤富余冗员,提高人力资源利用效率,降低成本。三是整合现有物力资源,实现共享和优化。科学合理配置物力资源,在确保教学及科研正常需要的前提下,加强仪器设备等物力财产的计划管理,做到资源共享,避免学校各院系出现重复购置、闲置、积压的现象,节约经费开支。

六、从拓宽投融资渠道着手,构建债务风险防范的长效机制

要从根本上解决中部地方高校债务风险问题,防止今后类似问题发生,最终落脚点是拓宽地方高校的投融资渠道,从根本上构建债务风险预防的长效机制。如果不解决这个问题,有可能会再回到贷款的老路子上来。

第一,稳定增加财政经费拨款。当前中部地方高校的债务负担充分体现了高校人才培养重任与政府财政投入不足之间的矛盾。因此,无论是解决高

校已有的债务风险问题,还是预防今后同类问题的产生,首先需要政府加大投入力度。一是确保财政性教育经费的稳定增长,提高生均公用经费拨款标准。在稳定高等教育经费占总教育经费比重20%左右的基础上,根据实际需要,各级政府的教育财政拨款增长要高于财政经常性收入增长,特别要提高生均公用经费拨款标准,按生均每年增加300~500元(依财政投入增加的幅度确定)的标准进行拨款。二是建立规范的高等教育财政转移支付制度。由于地方财政实力有限,中部地区的地方高校所获得的收入远比东部地区高校要少得多,且随着学校毕业生的"孔雀东南飞",使得中部地区人力、物力资源投入明显不足。这需要中央政府建立科学规范的财政转移支付制度,从而促进区域间的公平发展。

第二,发行教育特别国债。从我国国债发展历史看,为了解决当时的重大经济问题曾两次发行特别国债。1998年,我国发行2700亿元用于补充国有商业银行资本金,2007年全国人大批准发行15500亿元特别国债用于购买外汇筹建国家外汇投资公司。可见,特别国债是在一定历史条件下,国家为解决特定历史问题而出台的应对之策。在当前我国政府财政普遍吃紧,高等教育投入不足的情况下,通过发行教育特别国债筹集资金,不失为一个积极有效的办法。在发行教育特别国债的具体操作过程中要解决以下几个方面的问题:一是国债的期限结构设计要合理。二是完善国债资金的使用方式,建立特别国债项目选择、社会化评价和决策体系,建立权威的基础信息网络和经常性的信息发布制度,使各高校获得均等使用国债资金的竞争机会。三是建立教育专项国债资金的再转贷体系。2009年我国已正式启动地方政府债券的发行工作,这意味着地方政府独立发行教育债券已经不存在政策上的实质障碍。如果地方政府难以达到独立发债的条件和要求,可以建立中央转贷国债资金制度,由中央财政发行教育国债,然后再转贷给地方,用于地方高等教育的发展。四是严格教育国债资金使用的范围。发行的教育国债要专款专用、专项管理,将发行债券所募集的资金在高等院校间进行资源优化配置,力求达到效益最大化。

第三,探索发行教育彩票。彩票是政府为筹集社会闲散资金而发行的附有一定中奖机会的有价证券。目前,我国公开发行的彩票有中国福利彩票和体育彩票,为我国社会公益事业和体育事业的发展做出了卓越的贡献。面对当前我国高等教育经费短缺、巨额负债的现状以及现实的教育融资困难,探索发行教育彩票具有非常重要的意义。教育彩票在我国有巨大潜力,发行教育彩票既顺应了"全社会都要关心教育事业"的时代潮流,又拓宽了教育资金的来源，丰富了教育筹资的手段。而且，《中国福利彩票管理办法》《中国福利彩票发行与销售管理暂行办法》以及《关于加强彩票市场管理的通知》等法律法规也为教育彩票发行提供了法律和管理上的依据和借鉴。发行教育彩票要着力解决以下几个问题：一是加强教育彩票发行的宣传，让人们认识到教育彩票是作为一种全新的彩票品种，是为了支持教育事业采取的一种新的融资方式，从而在全社会营造发行教育彩票的氛围，争取社会的理解和支持；二是先行试点、稳步推进；三是加强教育彩票的监督管理，教育彩票一旦走向市场，教育部门应积极主动接受社会的监督，也可指定或委托相关机构进行具体操作，并要求其主动接受监督。

第四，完善教育捐赠机制。必须从政府和地方高校两个层面完善教育捐赠激励机制。从政府层面来讲，一是应实行教育捐赠税收减免制度。明确规定对公益机构免征所得税；落实个人教育公益性捐赠支出在所得税税前扣除的规定；境外向公益性社会团体和公益性非营利的事业单位捐赠的用于公益事业的物资，要依照法律、行政法规的规定减免或者免征进口关税和进口环节的增值税。二是制定规范、便利的捐赠税收减免的申请程序。三是加强捐赠税收减免政策的宣传力度。捐赠税收减免信息的缺乏是阻碍人们捐赠行为的一个重要因素，通过加强宣传，使捐赠人了解到捐赠税收减免的范围以及手续的办理，维护捐赠者自身的合法权益，提高人们教育捐赠的积极性。从地方高校层面来看，一是建立捐赠事业发展战略目标，积极主动整合捐赠资源，特别是大力开发校友资源。二是可以根据捐赠人的行为动机，进行捐赠制度创新。比如，可以考虑对学校建筑物、道路等进行冠名，对捐赠人的捐赠情况随时向社会公布等激励措施提高人们教育捐赠的积极性。三是加强地方高校捐赠筹资的组织、组织建设，建立规范的捐赠基金运行机制。

■ 参考文献

[1] 李文江. 公立高校贷款制度研究 [M]. 北京：经济科学出版社，2008.

[2] 王源扩. 关于国家统一解决高校建设贷款问题的理论思考与对策建议 [J]. 国家行政学院学报，2007（7）.

[3] 帅相志，许家明. 普通高校负债办学风险的规避与偿还对策——以山东省高校为个案 [J]. 当代教育科学，2009（13）.

[4] 李进. 高校老校区土地置换问题研究 [J]. 重庆交通大学学报（人文社会科学版），2007（10）.

[5] 罗序斌，郑克强. 地方高校债务化解衍生风险的基模分析及管理对策 [J].

现代教育管理，2011（1）.

[6] 邬大光. 高校贷款的理性思考和解决方略［J］. 教育研究，2007（4）.

[7] 刘琨，周菁. 从高校负债谈如何完善我国高等教育经费筹措机制［J］. 南昌大学学报（人文社会科学版），2007（9）.

（原文出处：《江西社会科学》，2011年第5期）

长江经济带内文化产业连片发展的科技传导机制与跨域协同模式研究

/ 罗序斌　郑克强 /

【摘　要】 长江经济带既是一条内河经济带,也是一条内河文化带。促进长江文化产业连片发展是新常态下建设好长江经济带的重要突破口。而从文化和科技融合视角,研究文化产业的科技传导机制问题,是更好促进长江经济带内文化产业连片发展的理论基础。通过构建文化产业的科技传导黑箱模型,发现科技创新主要是通过生产力要素、市场需求、产业结构、市场竞争等中介变量对文化产业施加影响。为了促进文化产业连片发展,长江经济带内各省、市应协同创新、抱团创新,着力构建文化产业技术的跨域创新联盟模式、文化科技复合型人才的跨域培养模式,以及现代文化产业市场体系的跨域共建模式。

【关键词】 长江经济带；文化产业；科技传导机制；跨域协同模式

一、长江经济带内连片发展文化产业的必要性分析

长江流域自古以来就是我国的黄金水道,长江通道更是目前我国国土空间开发最重要的一条东西轴线。面对新常态,为了重振和再造国内需求市场,国家提出了长江经济带战略。长江经济带的范围包括上海、江苏、浙江、安徽、江西、湖北、湖南、重庆、四川、云南、贵州11省市,是勾连海上丝绸之路和丝绸之路经济带的重要纽带,是横贯东中西、连接南北方的开放合作走廊,是新时期下我国新的区域发展战略。长江经济带既是一条目前经济总量已占全国四成的内河经济带,也是一条聚集山水文化、民族文化、宗教文化、书院文化、民俗文化、商业文化、红色文化的内河连片文化产业带,具有丰富的文化资源和良好的产业基础。因此,笔者认为可以把连片发展文化产业作为长江经济带建设的着力点。

（一）连片发展文化产业有利于长江经济带内形成新的经济增长点

经济发展的不同阶段中,各个产业的增长速度是不同的,有些产业增速

减缓，呈现衰退之势；有些产业成为新的经济增长点，日益壮大，有望成长为支柱产业。产业间的这种此消彼长，是产业结构重组的主要内容。近十年来，我国文化产业呈大仰角爬升，如今已成为国民经济稳定增长的新引擎。从总体发展趋势来看，2004年，全国文化产业增加值仅为3102亿元，2008年上升至7630亿元，2010年达到了11052亿元。2004—2008年间，全国文化产业平均增速23.28%，比同期GDP增速高出5个百分点；2008—2010年间，平均增速24.19%，比同期GDP增速高出1倍。之后，全国文化产业继续保持高位运行的势头。2011年，全国文化产业增加值为15516亿元，当年GDP占比为3.28%；2012年为18071亿元，当年GDP占比是3.48%；2013年为21351亿元，当年GDP占比上升到3.63%。即便在经济增长相对疲软的2014年，文化产业仍然逆势而上。从区域分布格局来看，长江经济带内文化产业连片分布，综合竞争力名列前茅。2014年，全国各省市文化产业发展综合指数排名前十的省市依次是北京、辽宁、山东、河北、上海、江苏、浙江、江西、湖南、广东，其中长江经济带省市占据一半，这说明长江经济带具有发展文化产业的明显优势。

（二）连片发展文化产业有利于化解长江经济带内累积的就业压力

就业是一个重要的民生问题。习近平总书记强调"就业是民生之本，也是世界难题要从全局高度重视就业问题。没有一定增长不足以支撑就业，解决就业问题，根本要靠发展"。受国际复杂多变的环境、国内下行的宏观经济以及日趋涌现的大学毕业潮等多重因素的叠加影响，与全国一样，长江经济带内各个省市近年来的就业形势也是相当严峻的。面对这种不容乐观的局面，推进长江经济带内文化产业连片发展有利于促进劳动力就业逆势增长，有利于化解长江经济带内不断累积的就业压力。因为文化产业具有显著的直接就业和间接就业效应。直接的就业效应主要体现在两个方面，一是文化产业的劳动就业范围很广。根据国家统计局颁布的《文化及相关产业分类（2012）》的统计标准，文化产业的行业和门类众多，有10个大类、50个中类、120个小类；产业链条也相当长，可以容纳大量的富余劳动力。二是文化产业适合大众创新创业。文化产业的核心竞争力是创意，是文化产品和服务本身的原创性和独特性。这个产业对物质资本、劳动力数量、企业规模等的要求并不高，行业进入的门槛相对较低，特别适合大学生、研究生等拥有高学历的知识群体发挥聪明才智，创新创业。间接效应主要表现为文化产业具有很强的产业关联性，因此，大力发展文化产业，会带动相关产业的发展，从而提高整个社会的就业水平。

(三) 连片发展文化产业有利于长江经济带内加快转变经济发展方式

当前，长江经济带处于经济转型期，长期支撑宏观经济增长的自然资源、人口红利、市场体制、国际贸易等环境条件发生了诸多新变化，经济增长的空间在不断缩小；长期奉行的高投入、高污染、高消耗，偏重数量扩张的发展模式带来了诸多新问题，粗放型的增长方式已经难以为继。因此，必须加快转变经济发展方式。而文化产业因其产业特殊性可以成为长江经济带内经济发展方式加快转变的有力抓手。第一，文化产业具有显著的低消耗特征。文化产品的生产主要依赖智力资源投入，而非劳动、土地、资金等要素资源，即使是文化产品中的制造部分，也可通过不断提升文化内涵，提高创意设计水平来增加产品的附加价值，减少自然资源的消耗。第二，文化产业具有明显的低污染特征。文化产品的消费是一种精神消费，是一种体验消费，这种消费模式对空气、水源等生态环境不会带来任何负面影响。第三，文化产业满足的不是人的物质需求，而是人的精神需求，具有无限生产的特点。需求是一种内心状态。按需求对象来划分，需求包括物质需求和精神需求。物质需求主要指衣、食、住、行的需要，是一种反映人的活动对于物质文明产品的依赖性的心理状态。精神需求指人对社会精神生活及其产品的需要，包括对知识的需要、对文化艺术的需要、对审美与道德的需要等。物质需求是有限的，可以基本满足；精神需求是无限的，永远不可能充分满足。文化产业满足的不是人的有限物质需求，而是人的无限精神愿望。正是由于人的精神愿望是无限的，所以文化产业不会出现产能过剩的问题，成为一个可以无限生产的产业。

二、长江经济带内文化产业连片发展的科技传导机理分析

如何促进长江经济带内文化产业的连片发展呢？《中共中央关于深化文化体制改革、推动社会主义文化大发展大繁荣若干重大问题的决定》指出："科技创新是文化发展的重要引擎。要发挥文化和科技相互促进的作用，深入实施科技带动战略。"这为长江经济带内发展文化产业指明了方向。但科技带动战略的实施必须以深入研究文化产业的科技传导机理为前提和基础。只有解决了这个理论问题，才能更好地提出促进长江经济带内文化产业连片发展的建议。因此，为了揭开科技创新与文化产业的传导黑箱，寻觅科技创新作用文化产业的中介变量或者路径，本文构建了文化产业的科技传导黑箱模型，认为科技创新主要是通过生产力要素、市场需求、产业结构、市场竞争等中介变量对文化产业施加影响。具体的传导路径如图1所示。

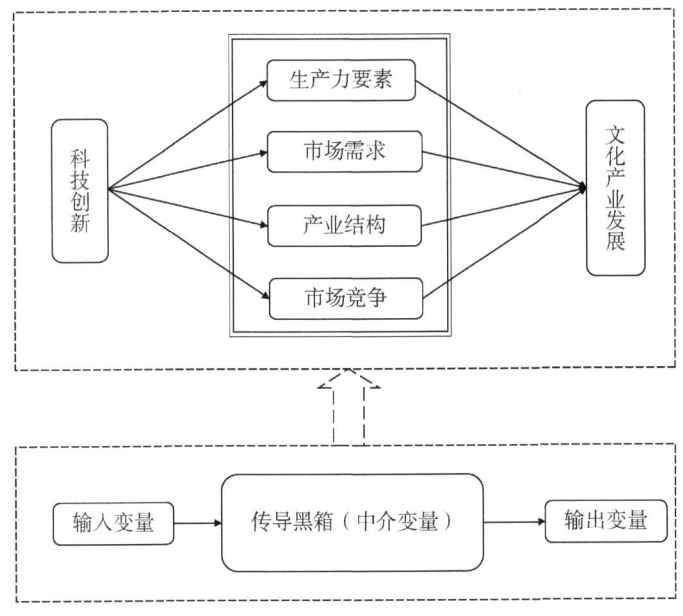

图1　文化产业发展的科技传导黑箱模型

(一) 科技创新能够改善生产力要素，内生驱动文化产业发展

生产力是人类改造自然的能力。生产力的基本要素主要包括以生产工具为主的劳动资料、引入生产过程的劳动对象、具有生产经验和劳动技能的劳动者，以及符合生产规律的组织管理方式。科技创新可以改善生产力要素，提高文化企业劳动生产率。第一，科技创新能够提供先进的文化产品生产和传播工具。根据文化产品的生产和传播技术差别，可将生产和传播媒介分为口头媒介、书面和印刷媒介、现代电子媒介。最原始的媒介是口头媒介，一些文学艺术作品最初多以口头流传进行记录和传播，使得文化产品的生产与提供局限于一个狭小的范围内。书面和印刷媒介克服了时空限制，加快了生产和传播效率，但一部分有识读障碍的劳动者被排除在外。而现代电子媒介突破了文字限制，使得文化产品的生产和销售具备了规模化和大众化的特点，将大批量生产的低成本、低价格的大众文化产品展现给最广大的人群。第二，科技创新丰富了劳动对象，改善了劳动对象性能。无论是人们发现还是利用劳动对象，科技创新都发挥了重要作用。例如，随着加工技术的发展，高岭土除了可以用于制作各种精美的陶瓷艺术品，还能广泛应用于造纸，不仅能够增强纸张的白度、光滑度，而且还大大改善了纸张的覆盖性能和涂布光泽性能。第三，科技创新有利于提高劳动者的素质。一是新技术为劳动者素质

的提升提供了丰富的渠道。例如,门户网站、搜索引擎、虚拟社区、电子邮件、聊天室、博客、微博、微信等互联网技术的广为普及,为人们提供了更多的学习途径,使得知识能够突破时空,在更大范围内共享。二是新知识具有知识溢出效应。拥有丰富知识和熟练技能的劳动力流动到其他文化企业时,会带走流出企业所获取的一些知识,有助于流入企业的创新和劳动者素质的提高。第四,科技创新有利于提高文化企业的组织管理效率。管理也是一种生产力。利用先进的管理技术,比如科学的分工合作、管理活动的信息化、组织结构柔性化变革、学习型组织等,可以促进劳动资料、劳动对象和劳动者的有机结合,有效提升文化企业的管理效率。

(二)科技创新能够诱发新的市场需求,逆向拉动文化产业发展

产品供给自动创造市场需求是著名的萨依定律。当今文化创新产品所获得的巨大成功和蓬勃兴起的文化产业赋予了"萨依定律"全新解释。供给创造需求是文化产业特有的规律。表现在两个方面,第一,一个成功的文化创新产品的开发和问世,能够诱发消费者需求,形成一个全新市场。例如,在发展初期,手机功能相对单一,只能进行简单的语音传输,但智能机的诞生和普及,使得手机领域发生了革命性的变化:打电话、发短信等传统的通信功能逐步弱化,网络文学、门户资讯、网络游戏、网络音乐、在线视频等现代应用快速增长。手机已经从传统的移动通信设备转变为互联网文化创新产品的移动接入终端。第二,文化市场供给制度的创新,决定着文化市场的发展规模。科技创新是一个巨大的复杂系统,由知识创新、技术创新和制度创新三大体系构成,其中,制度创新是基础,没有制度创新,知识创新和技术创新就无从依附。我国文化产业的发展就是随着文化市场制度的供给创新逐步成长起来的。具体可以分为三个阶段,(1)1979—2002年,制度创新的探索阶段。这一时期主要围绕改革创新文化市场的产权制度和政府管理制度进行探索。虽然这个阶段我国文化产品日益丰富,文化市场主体日趋多元化,但是公有制成分和国有文化单位仍然占据绝对优势地位,公益性文化事业与经营性文化产业还没有区分开。(2)2003—2012年,改革试点及全面推进阶段。在全国开展公益性文化事业单位和经营性文化企业单位改革创新试点,旨在逐步理顺政府和文化单位的关系,深化公益性文化事业单位内部管理体制改革,促进经营性文化单位的转企改制工作等。在总结试点经验的基础上,全面推进文化体制改革,创新文化产业管理制度,提出建设社会主义文化强国,把文化产业建设作为国民经济支柱性产业。(3)2013年至今,改革创新全面深化阶段。这一时期主要围绕文化市场民间投资、现代文化市场体系和

现代公共文化服务体系建设，以及文化市场对外开放等方面进行制度创新。总体而言，自1979年以来，我国经过长达30多年的文化体制改革以及文化市场经营管理制度创新，极大地解放和发展了文化生产力，有力促进了文化产业发展从无序到有序的质变，使得文化产品质量和服务能力大幅度提高，大大促进了文化消费市场的繁荣。

(三) 科技创新能够优化产业结构，全面推动文化产业发展

产业结构是指产业的内部构成及其相互之间的联系或制约关系。科技创新是产业结构演进的动力源泉。从历史来看，产业内部结构的每一次重大变化和调整，都与科技的创新密切相关。Schumpeter早在1912年就提出了科技创新能够促进产业变迁和经济结构调整，并认为"产业突变"就是以科技创新为主导的不断从产业内部革新经济结构，即不断破坏旧的、不断地创造新的结构的一种创造性破坏过程。从我国实践来看，我国文化产业的多样化发展也是科技创新不断优化文化产业内部结构的结果。第一，科技创新催生出新的文化业态。目前以互联网应用技术为代表的科技创新与文化产业之间的融合，催生了许多新文化业态，并通过该产业的前向、后向和旁侧的渗透和关联，带动相关产业的发展，从而形成一个主导文化产业群。例如，兴起于PC互联网、发展于移动互联网的网络游戏产业就随着互联网经济的发展实现了快速增长。据艾瑞咨询在线数据显示，2014年，我国网络经济市场规模达到8706.2亿元，其中，网络游戏市场规模达到1108.1亿元，同比增长24.3%。网络游戏市场的空前发展直接推动了网络文学产业的迅猛增长。据易观智库的数据显示，2013年，我国网络文学市场收入规模为46.3亿元，较2012年环比大幅增长66.7%；截至2014年6月，我国网络文学用户规模为2.89亿人，较2013年年底增长1498万人，半年增长率为5.5%；网民网络文学使用率达到了45.8%。正是由于上游的网络文学给下游的网络游戏产业不断提供内容和素材，游戏语言深植于网络文学中，以及这个娱乐产业链上下游产业之间的合作和双向联动，才使这个文化产业链群迎来了爆发性增长。第二，科技创新改造传统文化企业的生产和销售模式，促使传统文化企业转型升级。传统文化企业利用"互联网+"的思维改造它们的生产和销售模式，通过运用大数据、云计算技术充分挖掘用户的需求，发展基于互联网的个性化定制、云制造、众包设计等新型文化产品创意和生产模式；通过实现联网销售，将公司的文化产品以电子商务的模式进行推广、销售，如新华书店、出版社、杂志社、电影院等传统文化企业利用电子商务网站在线销售图书、杂志、电影票等各类文化产品和服务，大大提高了文化产品的市场销售额。

（四）科技创新能够加剧市场竞争，螺旋推动文化产业发展

随着我国文化体制改革走向深入，文化市场逐步开放，我国文化产业的市场竞争日趋激烈。众多文化企业已经感受到成本、价格等传统的竞争策略无法获得长期的竞争优势，唯有持续创新，才是赢得市场的唯一法宝。创新不仅有利于文化企业占据市场领先优势地位，也能够打破现有的市场垄断局面，其中的关键在于市场领先者和潜在竞争者在创新活动中谁首先开发出新产品、谁首先拥有新的专利技术。如果具有市场领先优势的文化企业首先完成创新，它就可以维持垄断力量；如果潜在竞争对手首先完成，它就能够与在位者进行竞争，有可能产生双头垄断，也有可能垄断易位。因此，那些率先完成创新，发明新技术、开发出新产品，具有市场领先优势的文化企业，为了保持市场领先所带来的高额垄断利润，必须进行连续创新，不断提高企业的技术水平和管理能力；而那些潜在竞争对手为了打破垄断局面，也必须通过更为先进的技术发明、产品创新进入文化市场。这种创新竞赛加剧了市场竞争，激烈的市场竞争又将倒逼文化企业创新。以视频行业竞争为例，在争夺用户资源的过程中，国内众多视频网站目前主要围绕两个方面进行创新，一是奉行"内容为王"，旨在以高质量、差异化的文化内容吸引客户，实现内容创新，提升竞争力。比如，乐视网通过购买海量的影视版权，建立版权库和制作大量的"独播剧"吸引用户；而搜狐视频、爱奇艺视频等视频网站也通过自制、创新一些综艺节目内容来争夺用户资源。二是采用新技术，实现用户体验创新。流畅、高清、稳定的网络视频是满足用户更好体验的要点。而更为先进的网络传输技术能够减少受众观看视频的缓冲时间，提高节目的清晰度，提升用户体验度满意。为此，国内众多视频网站纷纷与国内外知名的网络解决方案提供商建立战略合作关系，借助它们的网络视频数据技术优势，为用户提供优质的视频服务。正是这种创新竞争态势，使我国近年来的互联网视频产业取得了长足发展。可见，科技创新会影响市场竞争格局，会给文化企业带来巨大的外部压力，倒逼文化企业以不断创新谋求发展，如此将螺旋推进整个文化产业的发展。

三、长江经济带内文化产业连片发展的跨域科技协同模式分析

20世纪90年代，哈佛大学教授亚当·布兰顿伯格和耶鲁大学教授巴瑞·内勒巴夫提出了"竞合"战略理论，研究一种既合作又竞争的复杂关系。这种理论抛弃零和博弈的竞争思路，倡导区域间要素自由流通、资源全面共享、风险共同承担，旨在实现竞争双方的双赢和协同发展。"竞合"理论可以作为长江经济带内各省市连片发展文化产业的指导思想。然而，长期以来，长江经济带内市场的行政分割，跨域科技协同合作模式尚未建立。因此，为了更好地促进文化和科技汇流融合，实施科技带动战略，推动文化产业成为长江经济带内的支柱产业，长江经济带内的各个区域应该主动打破原有的行政格局的分割，积极融入长江经济带，努力构建跨域科技合作互动模式，从而促进整个区域文化产业的协同发展。

(一) 着力构建长江经济带内文化产业技术的跨域创新联盟模式

产业技术创新联盟是由政府、企业、高校、科研机构、中介组织等产业技术创新主体组成的，以企业的技术发展需要和各方的共同利益为基础，以拥有核心自主知识产权和提升产业技术创新能力为目标，形成的联合开发、优势互补、利益共享、风险共担的一种技术创新合作组织。迄今为止，长江经济带内有些省市出台了产业技术创新联盟的政策，也选择了一些产业作为试点，但还存在两个方面的问题：一是尚未在文化产业领域开展产业技术创新联盟；二是创新联盟大多局限在省内，多省间的联动，特别是长江经济带这种更大地理空间范围内的创新联盟还没有形成。因此，推进长江经济带内文化产业连片发展，必须深化区域合作，形成文化产业技术的跨域创新联盟模式，由过往的单兵作战转为今后的抱团创新、共抢文化和科技交叉融合制高点。一是聚集长江经济带产学研用等领域的创新资源，开展跨域技术合作，联合攻克制约文化产业发展的共性、关键、核心等技术难题，形成文化产业技术标准，提升带内文化产业核心技术竞争力和产业创新效率。二是着力在带内组建一批服务于文化产业技术创新联盟的技术创新平台，实现创新资源的有效分工与合理衔接，实行知识产权共享。三是完善技术开发体系，建立项目发现和筛选机制，实施能较快形成较大文化产业规模或显著提升文化产业技术水平和核心竞争力的项目，着力推进带内科技成果的商业化运用和产业化发展。四是实施技术带内转移，形成文化产业技术创新聚群。

(二) 着力构建长江经济带内文化科技复合型人才的跨域协同培养模式

文化科技复合型人才是经济发展的第一资源。推动长江文化产业连片发展，必须着力解决文化科技复合型人才的培养问题。其中，生源选拔、大学教育和社会培养等环节是培养复合型人才的关键，能否培养出高水平、高质量的文化科技复合型人才，从根本上说，主要取决于每个环节的状况以及环节之间的对接与互动。例如，目前，欧美一些大学选拔动漫游戏人才的标准是个人的兴趣爱好和创造能力，而我国大学的选拔标准比较单一，仅注重绘画基础，这种选拔标准不利于动漫游戏复合创新型人才的培养。此外，欧美一些大学还普遍构建大学和企业合作培养人才的机制，通过大学教师去企业实践，企业工程师来学校兼职任教的双向互动交流模式共同培养动漫游戏人才，这种合作机制有利于理论创新和创新成果的转化，也有利于提高人才培养质量。而我国大学教育与企业培养之间的联动严重不足，一些大学专业教师虽然理论素养丰厚，但缺乏行业的实践经验；一些企业的工程师有技术，但很少去大学授业解惑。因此，文化科技复合型创新人才的跨域协同培养可以从以下几个方面着手：一是立足长远，探索改革长江经济带内文化艺术人才单一的招生考试体制，不拘一格选拔人才；二是加强长江经济带内文化科技复合型创新人才培养的学科体系建设，建立跨区域、跨学科、跨行业、跨系统的综合学科架构平台；三是探索大学教育和企业培养的双向合作模式，要求专业教师具有企业实践经验，鼓励企业内的技术人员到高校兼职任教，鼓励和资助学生去企业实践。

（三）着力构建长江经济带内现代文化产业市场体系跨域共建模式

市场化是激活文化企业发展活力和潜力的关键因素。要促进长江经济带内文化产业的连片大发展、大繁荣，当前最迫切的任务就是打破经济带内长期存在的文化市场分割、地区封锁等局面，充分发挥市场在文化资源配置中的决定性作用，建立统一、有竞争力、有序的现代文化市场体系。一是实现文化产业市场政策的统一。要在经济带内建立更加紧密的高层联系工作推进和区域协调互动制度，组建常设性的组织协调机构，共同制定促进合作发展的约束性政策，定期开展重大项目督查协调工作，定期组织举办跨区域文化产业研讨活动。二是促进文化产业市场经济主体的多样化。积极鼓励国有文化企业进行混合所有制改造，释放经营活力，提升竞争力；大力支持小微文化企业成长；积极引导民间资本投资文化创意和设计服务领域。三是努力实现文化资源的市场化配置，鼓励长江经济带内各类市场经济主体公平竞争、优胜劣汰，促进各种文化资源有序流动。四是积极引导和规范中介组织的有序发展。充分发挥文化行业协会在行业标准、行业专业资质认证、行业交流等方面的作用。建立文化行业信用评级机制，不断增强文化企业的自律意识，规范文化市场秩序。培育、发展文化经纪机构、代理机构、仲裁机构、科技服务机构等社会组织，鼓励这些组织向规模化、专业化、网络化、规范化方向发展。五是整合文化信息资源，搭建网络信息支持服务平台，解决好文化产业发达地区与落后地区资源分布不均的问题；搭建资源共享与合作的平台，避免出现资源分散、重复投入等问题。

■ 参考文献

[1] 彭峰. 文化产业与无限生产 [J]. 文艺争鸣, 2015 (1).
[2] 霍步刚, 傅才武. 我国文化体制改革的理论分期与深化文化体制改革的策略问题 [J]. 中国软科学, 2007 (8).
[3] 曹光章. 党的十六大以来的文化体制改革历程 [J]. 毛泽东邓小平理论研究, 2014 (9).
[4] 罗序斌, 张卉. 科技创新驱动文化产业发展的研究脉络与展望 [J]. 金融教育研究, 2015 (3).
[5] 余东华. 技术创新与垄断市场结构的可维持性 [J]. 山西财经大学学报, 2006 (2).
[6] 陈兵. 论长三角文化创意产业的一体化发展 [J]. 经济论坛, 2009 (5).
[7] 杨继涛. 区域产业技术创新联盟与集群协调发展研究 [J]. 科技情报开发与经济, 2010 (14).
[8] 周绍森, 贺喜灿, 罗序斌. 社会主义新农村建设中科技支撑体系的构建 [J]. 南昌大学学报 (人文社会科学版), 2011 (1).

(原文出处:《南昌大学学报 (人文社会科学版)》, 2015 年第 3 期)

徐畈村文化调查——问题、成因与对策

/ 罗序斌　郑克强 /

江西是一个具有深厚农耕文明的省份，10000多年前就在万年仙人洞开始了世界上最早的水稻种植活动，宋以降，又曾以"赋粟天下最"之美誉独步神州；20世纪60年代困难时期，江西每年都向国家调出10亿多斤粮食，与吉林省同为中华人民共和国成立后一直向外省输出粮食的农业大省；改革开放以来，江西农村经济发展迅速，农民人均纯收入增速长年居于中部地区各省前列。

农业经济的发展，农民收入的提高，带动了农村文化建设。国家和省里先后向农村投入了大量资金，开展"村村通广播电视""农家书屋""送戏下乡"等文化工程建设及服务，取得了一定的成绩。但是，由于种种原因，这些"工程"或"服务"的实际效果及可持续性并不令人满意，特别是近年来，江西农村存在的文化衰退或变型问题日益凸显，有的问题甚至有恶化的趋势，不能不引起人们的高度关注。

为了适应江西"发展升级，小康提速，绿色崛起，实干兴赣"的战略需要，最近，我们对上饶某县徐畈村进行了较深入的实地调查，力图以客观数据及案例分析的方式，以小见大，探寻我省农村文化建设中存在的问题，剖析其成因，并提出一些对策建议，供领导参考。

一、徐畈村基本情况与文化之惑

徐畈村地处上饶市某县西北部，属丘陵地区，距离县城16公里，位于204省道旁。该行政村共有22个自然村和村民小组，以徐、李姓为主。全村现有1005户、4108人，其中，劳动力人口1823人。该村有60岁以上的老年人1201人，0~14岁的儿童1521人；男性人口2102人，女性人口2006人；常年在外打工者2302人；文盲人数1001人（主要为60岁以上老年人），初中以上文化程度人数1021人，大专以上文化程度人数67人，其余为小学以下文化程度。该村与全省大部分农村一样，以粮食种植为主，村民的主要经济来源为粮食销售及外出务工。经过这些年的发展，全村农民物质生活水平逐年提高，但农民的日常文化生活与农民日益改善的物质生活相比，存在着较大的反差，境况令人忧虑。

为了深入了解该村的文化建设和文化生活状况，我们主要采用了以下方式进行调查：一是深入各个自然村，与村干部和随机选择的村民进行访谈；二是走访当地乡镇文化站，与当地主管文化工作的人员进行交流，获取该村文化建设基本数据；三是发放调查问卷，每个自然村选取12户，其中高收入家庭2户、中等收入家庭8户、低收入家庭2户，共发放问卷264份，收回有效问卷217份，回收率82.20%。问卷筛选和处理主要按照以下原则进行：凡存在选项漏答或填写不完整的、答案明显存在规律性痕迹或不符合主观常识判断的，原则上不采用。

根据调查，可以看出该村文化生活存在以下问题：

(一) 农民文化生活贫乏

农民文化生活贫乏主要表现：一是文化生活方式单一。农民劳作之余的主要消遣活动是走亲访友、闲聊打牌，村中打麻将现象随处可见，现场调查当日，该行政村村民打牌、打麻将人数占成年村民比例接近50%，中老年人扎堆闲聊的占25%，上网的年轻人占10%，看电视的占10%，读书看报的约3%，还有约2%参加其他活动；现场调查当晚，各自然村农民活动都比较少，其中，看电视的人数达到50%，打牌、打麻将人数比例仍然较高，超过15%，跳"广场舞"人数289人，约占全村人口的7%。二是知识发展型文化消费水平很低。调查中发现，该村农户除了子女教育和少量娱乐性费用支出外，仅有少数被调查的家庭每年会购置一些书报杂志，一年大概支出200元左右；对县、乡文娱商演活动，一年中偶尔会看一两次，每人每次平均支出约30元，至于其他能够用于增长知识、促进个人发展、提升精神文化面貌的文化消费支出大体为零。可以说，大多数村民基本没有"文化消费"的概念。

(二) 文化设施使用率低

资料显示，我省目前60%的行政村建有公共文化活动室（活动中心），80%的行政村建有"农家书屋"，20%的行政村建有文化活动广场，20%的行政村配置了公共体育设施。徐畈行政村的22个自然村共建有8个文化活动中心，设有电教室、宣传走廊、画廊、乒乓球桌、标准舞台等；1个"农家书屋"，藏有涵盖种植养殖、养生保健、生活服务、少儿百科、自然科学和文学等各类图书2000余册。由此可见，该村具有一定的文化活动硬件设施条件。但据多数村民反映，这些硬件设施刚建成时，许多村民会在闲暇之余去活动中心转转，打乒乓球、下棋，或去"农家书屋"借阅书报杂志，但随着新鲜感消失，村民就很少光顾了。我们在该村调查时注意到，现有的"农家书屋"积满了灰尘，图书摆放散乱，且长久没有更新；文化活动中心主要成了村民打牌、打麻将、闲聊的聚会场所，经常被村民借用来摆酒席、办红白喜事，令人感到非常惋惜。

(三) 集体性文化活动少

根据调查得知，除去国家、省里特定时期组织的"三下乡"（文化、科技、卫生）活动外，村民自发组织的舞龙、闹花灯等民间文化活动一年不如一年热闹，曾经在该村比较活跃的农民自拉自唱活动基本消失。我们在该村设计了一个针对14周岁以上村民的满意度调查，对于"你对不同时期农村文化活动的评价"问题，有53%的人认为20世纪70年代的群众性文化活动最多，14.1%的人认为是80年代，9%的人认为是90年代，23.9的人认为2000年以来群体性文化活动最多最好；对于调查提出的"你是否需要和喜欢农村文化活动"问题，有41.8%的人表示"很喜欢"，45.2%的人表示"比较喜欢"，12.2%的人觉得"无所谓"，只有0.8%的人明确表示"不太喜欢"，没有人表示"很不喜欢"；对于"是否希望由政府牵头举办群众性文化活动"问题，绝大多数人（89.1%）表示"希望"，9.6%的人表示"无所谓"，只有1.3%的人"不希望"举办。由此可见，多数村民依然向往公共文化生活，农村文化需求与供给之间存在着比较突出的供需矛盾。

(四) 价值观偏离主旋律

价值观是沉淀在农村文化中的深层内核，极大地影响和决定着村民的思维习惯、行为规范和生活方式。伴随着城市化和工业化的快速发展，新的价值理念虽然对乡村传统价值观产生了一定的积极影响，但是也带来一些负面效应，一是功利心态非理性膨胀。乡村社会传统的诚实守信、以和为贵、俭朴谦虚等道德观念受到强烈冲击，邻里之间曾经盛行的互惠性换工、互助性帮工正逐渐消失。二是金钱至上观念盛行。谁有钱谁的话语权就大，金钱与利益交换成了维系人与人之间关系的主要"砝码"，一些村民做出损公利己、聚众闹事等不良行为，有村民反映几个家庭比较富裕的人甚至骗领低保。三是斗富攀比之风盛行。调查发现，该村结婚所需费用5万~7万元的占72.3%，8万~15万元的占26.5%。全村98.7%的家庭收（送）过彩礼，彩礼钱3万~5万元的占69.1%；6万~10万元的占24.3%。村民比较喜欢攀比建房子，80%的家庭已建新楼房，经过我们实地观察，大多是两层以上楼房，有的新房建得比较阔气漂亮；但据调查，有一些村民为了娶媳妇和建房子，已负债累累。对此，81.2%的人认为村里存在较为严重的婚嫁和建房攀比现象，76.5%的村民认为之所以攀比是因为面子问题。

二、文化式微原因分析

通过对徐畈村的专题调查和研究，我们认为，形成农村文化生活日益式微的主要原因有以下四点：

（一）农民低收入水平导致文化消费先天不足

古语"仓廪实而知礼节，衣食足而知荣辱"，反映的是人们"物质—精神"需求层次结构的自然转变过程。著名经济学家钱纳里和塞尔奎因根据联合国公布的相关数据，对多个发达国家和发展中国家的工业化进程进行了研究，结果表明：当年人均可支配收入在1000美元以内时，人们主要关心的是基本物质生活需求；当年人均可支配收入在1000~3000美元时，人们消费需求进入物质生活与精神生活并重、文化消费占比逐步提高的阶段；年人均可支配收入超过3000美元之后，人们的消费支出结构开始发生明显变化——文化消费需求逐步超过物质消费需求。

近年来，江西省农村居民人均可支配收入增长较快。据国家统计局江西调查总队数据显示，2014年，江西省农村居民人均可支配收入达到10117元，收入首次突破万元大关，比上年增加1028元，增长率为11.3%，我们对徐畈村农民收入情况进行了调查和测算，该村2014年人均可支配收入约为9995元，与全省平均水平基本一致。若按2014年人民币兑美元平均汇率6.2折算，2014年全省农民年人均可支配收入为1631美元，徐畈村约1612美元，在此基础上，我们以《江西统计年鉴（2014）》为标准，按照农村每户家庭平均4.22人测算，对徐畈村年人均可支配收入情况进行了统计，结果如下：1000美元以下的占8.53%，1000~3000美元的占83.51%，3000美元以上的占7.96%。

毫无疑问，近年来我省农民收入在不断增长，但农村生产和生活成本也水涨船高。除了用于秧苗、化肥、农药、耕牛及农机具等"生产性支出"，购买柴米油盐、缴纳水电话费、建房、购买家用电器和日常用品、交通通信等"生活性支出"，生老病死、红白喜事、人情往来、赡养老人等"个人保险性支出"外，根据《江西统计年鉴（2014）》的统计，我省农村居民年人均用于文化、教育、娱乐用品及服务的支出为356.42元，仅占总收入的3.28%，由此得出，每户家庭此项总支出年平均约为1500元人民币。在这个项目的消费支出中，教育仍然是大头，虽然义务教育免除了学费、课本费，但许多农户仍有需要付费学前教育、高中阶段教育、高等教育费用的负担。因此,减掉教育支出,每户家庭用于图书报刊购置、买票看电影看戏、购买文体用品三种主要家庭文化消费的支出也就微乎其微了。

(二) 农村公共文化服务资金与人才供给后天失调

发展农村公共文化服务既是社会主义新农村文化建设的重大任务,也是推动农村经济社会持续发展,全面建成小康社会的持久动力。近年来,我省农村公共文化服务发展迅速,势头喜人,但仍存在资金投入与人才缺乏的诸多问题,一是乡村文化建设方面的资金投入不足。徐畈村的文化活动中心和"农家书屋"主要由政府出资建设,建成后交由行政村管理,其中,管理人员补贴、水电费支出、图书资料更新、场馆设备维护等支出,基本由村里自行解决。由于村里集体经济薄弱,除了定向的财政转移支付资金外,其他方面收入很不稳定,村级公用经费仅能维持基层组织自身运转,很难保障文化创新发展。我们在调查中了解到,上级财政或文化行政主管部门每年也会向乡里面下拨一些农村文化专项建设资金,如果能够跑下来项目,每年有3万~5万元。但是,这些专项经费往往被县、乡挪用于其他应急事项,真正用作村里文化建设的资金很少。二是农村文化人才队伍建设严重滞后。徐畈村目前没有专职的文化管理人员,有两名年过六旬的老人兼职管理11个文化活动中心、一个"农家书屋"和其他文化设施。他们既不专业也不专心,谈不上爱岗更谈不上创新,甚至常年无所作为。

据调查,全县80%的文化站未配备文化专职干部,余下的20%乡镇文化站的文化干部大多在50岁以上,普遍存在年龄偏大、专业知识老旧、知识结构不合理等情况,致使乡镇文化站专业人才"断层"问题突出。我们现场了解到,一位文化站工作人员所学专业为数学应用,主要任务是应付上面检查,或者开展"送文化下乡"活动时起向导、联系作用。

(三) 人口结构失衡引发农村文化活动主体"空心化"

中青年农民是乡村文化建设的主体,但是徐畈村与大多数地方一样,大量年富力强的青壮年劳动力出外务工,常年在外打工人数达到2302人,占全村总人数的56.04%。在出外打工的人员中,年龄在18岁以下的占比0.8%,18~35岁的占比51.69%,36~45岁的占比29.46%,45岁以上的占比18.05%;而留守在农村的主要是60岁以上的老人及14岁以下的儿童。这就形成了一个强烈的对比:本应为农村文化的重要建设者的大多外出打工,在家留守的主要是老人与儿童,致使乡村文化建设主体严重缺位。

导致乡村文化活动"空心化"的另一个原因是乡村文化精英的流失,一些具有较高文化水平、社会资源和办事能力的人陆续离开农村。据调查，徐畈村受教育程度为初中以上人数占比达到 24.85%，大专以上比例人数也有 1.6%。但近年来，随着我国工业化和城镇化的加速推进，该村不少文化水平较高的人，通过升学、参军、提干、进城打工等渠道纷纷离土离乡。据统计，徐畈村在城镇买房定居下来的村民有 121 位。乡村精英的流失，不仅造成农业生产优质劳力流失，而且导致乡村文化建设中坚力量匮乏。

（四）网络文化平台兴起对农村传统文化造成强烈冲击

调查数据显示，徐畈村广播覆盖率 100%，家庭电视安装率达到 93%。但不容忽视的是，近年来互联网走进农村千家万户，特别是移动通信终端在农村快速普及带来的冲击。调查显示，徐畈村农户接入网络端口比例已达 40%，全村有手机 2805 部，约占人口总数的 68.28%；开设个人微博的有 8%，使用 QQ 的人数达 15%，使用微信的人数达 30%。互联网相对于报纸杂志、广播电视等传统平面媒体，具有信息量大、更新迅速、查询方便等优势，QQ、微博、微信、搜索引擎、门户网站等应用平台以及不断推出的各种实用 APP，可以为农民提供更为丰富多彩、形式更加多样化的文化产品与文化服务，而且互动参与性更高。互联网在农村的迅猛发展，给农村传统文化的保护带来了严峻的挑战。

三、加强我省农村文化建设的对策建议

农村文化存在的问题，应从农村经济社会的进一步发展中得到解决，需要着力推进富裕乡村、文明乡村、智慧乡村的建设。

（一）推进传统农业转型升级，带动农民持续增收

增加农民收入是繁荣发展乡村文化的物质基础。没有农村生产力的提高和农民收入的持续稳定增长，乡村文化的建设就是无源之水、无本之木。从长远来看，农村经济的发展，需要在继续给予公共财政转移支付的基础上，积极推进传统农业转型升级，发展现代农业。一是坚持创新驱动。利用先进的科学技术，实现农业生产物质条件和技术的现代化。现代农业是科技先导型农业，要建设跨区域、跨学科、跨专业的协同创新团队，加强农业生物育种技术、农产品加工技术、农机和装备成套技术等现代农业生产技术的创新开发和推广，着力构建现代农业生产关键技术创新体系。二是培育并壮大新型农业经营主体。要在继续扶持壮大农业企业、农业专业合作社、种粮养殖等农业大户的传统农业经营主体的基础上，着力建设家庭农场，培育新型职业农民等各种新型农业经营主体，从根本上解决城镇化和工业化进程衍生的

"谁来种地"的尖锐问题，逐步形成以农户家庭承包经营为基础、多种经营主体形式并存的现代农业经营体系。三是用工业的发展思维发展农业。农业不向产业化方向发展，农业的转型升级、农业的现代化就失去了支撑，农民持续稳定增收就没有了保障。要在尊重农户意愿的基础上，以农民入股、土地托管等方式加快农村土地经营权的流转，推进各种形式的适度规模经营。要用发展工业的方式来发展农业，打通农产品从选种、收割、仓储，到加工、营销、物流等农业生产各个环节，延伸价值链，培育现代农业产业化集群。利用以上措施，推动农民持续增收，争取在短时间内，实现农民年人均可支配收入翻一番。

（二）吸引年轻人返乡创业，培育农村经济新业态

鼓励中青年农民工返乡创业，发挥他们在市场中形成的竞争意识、积累的原始资本、人脉资源和社会经验，参与农村经济新业态的发展。比如，"开网店、开微店"发展农村电商。通过微信、淘宝、电话、二维码扫描等方式实现鲜活农产品预订购买；开办网上开心农场体验式租种经营，城市消费者可自主选择搭配种植种类，平时交由农村合作社托管，闲时自己亲自打理，待果蔬成熟后自主采摘或交由合作社提成收益，让他们在收获田园种植快乐的同时，享受自种、自收、自食的满足；为周边老百姓的土鸡蛋、鲜果、野菜等特色农产品进行电商销售，让农民不出家门就可以将自家产品销往全国。在农村电商培育和发展过程中，政府要注重挖掘、培育和宣传农村电商典型，促进工作全面展开；要通过做大基础、做强龙头、做优品牌，加强市场开拓与后期加工，形成土特产品产业化，培育一批我省农村电商品牌企业。年轻人返乡创业还可以在农村旅游上大有作为：在民俗文化基础较好的地方，推进民俗文化与乡村旅游的深度结合，用民俗文化丰富乡村旅游的品质和内涵，形成旅游与文化产业互促、互补、互兴发展的新格局；在自然风景秀美的地方，可大力发展"农家乐"和"企业+农户"为主的乡村旅游，以乡村空间环境为依托，以乡村独特的田园风光为背景，设计"一村一品""一乡一品"的特色化、差异化的旅游精品，带动当地经济发展，促进当地农民增收。

（三）实行文化建设精准投入政策，建立多元化筹资机制

政府是农村公共文化服务的供给主体，各级领导要在思想观念上高度重视文化对经济社会发展的促进作用，牢固树立"文化强县""文化强乡""文化强村"的现代乡村治理理念。各级政府要组织力量对本地农村文化现状进行全面摸底调查，进一步深入了解当前农村农民的思想文化状态；遴选出一批在文化建设上需要重点扶持的县、乡、村，实行文化建设精准投入政策，

树立样板，以点带面，着力缩小"城乡文化距离"，打破农村文化洼地局面。要进一步加大农村文化建设财政资金投入比例，提高村级文化建设财政转移资金补贴的力度，努力改变我省农村文化财政投入增量低于教育、卫生、社会保障等其他农村公共服务的状况。对于农村文化建设专项资金，必须做到专款专用，各级政府、文化行政管理部门和文化单位，要严格按照项目及预算执行，年底进行项目评估验收，杜绝挪用，并加大村民理事会对文化专项资金使用的知情权、参与权、表达权和监督权；积极鼓励和大力引导社会资金、民间资金进入农村文化市场的建设，通过不断拓宽我省农村文化建设筹资渠道，调动社会各方力量共建农村公共文化服务体系，形成多元化的农村文化建设筹资渠道。要研究和出台更具有针对性的乡村文化建设政策，加快农村公共文化服务体系的立法步伐。

(四) 鼓励文化下乡，加强农村高素质文化人才队伍建设

要做好农村文化建设、实现村级文化建设健康发展、形成文化自觉，关键要靠人，要有人抓、有人管、有人带、有人做。一是从制度上着手打造精干高效的农村文化干部队伍。每年从懂文化政策、有实践经验、德才兼备的干部中选一批到农村基层去挂职或任职，负责抓农村文化建设工作；要使文化下乡常态化、制度化，鼓励大学生下基层当村干部，去农村开创文化事业。要制订文化建设"软指标"与防汛防火、计划生育、信访等"硬指标"并重的政绩考核标准，完善农村基层干部考评体系；实行农村重大文化事故追责制、一票否决制，实行以结果为导向的基层工作绩效评估制，使评估结果与奖惩挂钩。二是要建设一支高素质的农村文化管理人才队伍。要培养一批能为老百姓办事，能与群众心连心，能真心替农民说话的乡村干部，确保"有人办事"。着力提高现有农村文化人才的待遇，切实解决乡镇文化站编制不足、工资待遇不高等方面的问题，学会用待遇留人、用事业留人。要加强对乡村文化工作人员的教育和培训，选送农村文化骨干赴省内外相关高等院校、艺术团体进行业务进修；采取市、县文化专业人才驻村包点等方式，组织对农村骨干文化人才的轮训，提高他们的业务素质。三是壮大农村文化带头人队伍。据调查，徐畈村目前有党员84人，其中60岁以上党员52人，应进一步发挥这些农村老党员的先锋带头作用。要从有知识的优秀农民党员中聘用一批文化干事，负责组织群众开展各类文化活动，做好农民素质教育、网络培训学校的日常管理工作，指导推进乡村文化产品的开发推介，联系协调农村文化产业合作社的有关工作；从村民中招募一批文化志愿者，协助文化干事做好乡村文化活动室的日常事务。

（五）城市反哺农村，搭建城乡文化交流的新平台

面对农村文化新形势、新变化，需要注重搭建城乡文化交流新平台。政府要加强对特色文化节目的供给力度，加大对好书、好戏、好电影的购买服务力度，争取在"三下乡"活动中多送一些贴近农民生活、群众喜欢的好项目；扩大文化下乡的社会参与面和市场运作力度，鼓励企业出资冠名文化下乡活动，鼓励农村当地企业、学校开展各种形式、各种层次的文体活动，整合企业、学校的人才和资源优势，实现与农村文化的资源共享、良性互动。要进一步鼓励知名作家、画家、摄影家、戏曲家、音乐家、舞蹈表演家等文艺专业工作者深入农村，体验富有特色的农村文化、风土人情，创作优秀的具有浓郁乡土气息的高质量文化作品；适当组织业余文艺调演、会演活动，扶持和培育一批高水平、接地气的业余文艺表演团队；积极鼓励民营文艺团体和文化经营户的发展，支持他们采取多种方式开展健康的文化活动，拓宽他们为农村文化服务的渠道。要培育和发展非营利性文化社团组织，对他们提供农村公共文化服务予以支持和规范。要加强"乡村大课堂"文化项目的建设，把高质量的人文素质讲座、科技知识培训和经商之道讲座有机地结合起来，让城里的专家和有真才实学的农村能人上台讲课，让优秀的文明成果推动农民致富奔小康。

（六）引进战略合作者，实施"互联网+农村文化"工程

在信息化时代，应高度重视互联网发展对农村文化建设的重要作用。一是加强农村互联网硬件建设。如建设"村村通公路""村村通广播电视""农村互联网村村通"工程，把互联网的基础设施建设上升到农村现代化建设的战略高度，让互联网走进农村千家万户。二是加强农村互联网的应用，打造"智慧乡村"。学习上海市政府与腾讯公司实行战略合作、建设"智慧城市"的经验，在江西实施"互联网+农村文化"工程：充分利用战略合作伙伴的先进技术和资金优势，借船出海、搭梯上楼，将我省城乡信息资源链接建成开放的信息软件平台；建立村级QQ或微信的公众服务号，开辟村务管理、通知下达、舆情上传、调查投票、公共事务意见箱及村情村史等基层工作板块，包括农业生产技术指导、市场商品购销信息、特色产品推荐等经济活动板块，涵盖社会保障、合作医疗、义务教育及文化活动信息分享等社会生活板块，实现互联网环境下的全方位服务；鼓励开发其他与农村生产生活关联密切的APP应用软件；鼓励建立行政村微信群，实现村里外出和留守成员的信息沟通与情感沟通。三是实行互联网、计算机惠民政策，加速互联网在农村的普及力度。政府要像开展"家电下乡"一样，大力推进"电脑下乡""宽带下

乡""信息下乡"活动的开展,保证农民能够买得起计算机、用得起互联网。只有如此,"互联网+农村文化"工程才能起到实效,农民才能真正体会到互联网应用所带来的好处。

(原文出处:《内部论坛》,2015年第29期)

■ **作者简介**

张蓉,女,1982年出生,湖北武汉人。2012年毕业于南昌大学管理科学与工程专业,获管理学博士学位。2010年、2013年分别赴台湾中正大学政治学系、台湾义守大学公共政策与管理学系访问学习;2018年赴美国爱荷华大学政治学系访问学习。2012年迄今在南昌大学工作,现为南昌大学公共管理学院讲师,研究方向主要为网络民意和社会治理,主持国家自科基金1项,省部级以上课题4项,在《中国行政管理》《人民论坛》《江西社会科学》等重要核心期刊发表论文10余篇。

■ 学术简介

学术研究主要聚焦于以下方面，一是微博新媒体在创新社会管理中的作用研究。在微信这一社交媒体工具兴起之前，微博作为一种新媒体，是最新和最具潜力的信息网络平台，在社会管理中发挥着重要作用。对此，作者进行了追踪调研和深入研究，撰写了3篇咨询报告，分别是《试论微博在创新社会管理中的作用》《微博：社会管理的双刃剑——以乌坎事件处理看政府应急管理》《挑战与机遇：关于做好江西政务新媒体建设的若干建议》，均获得了省委、省政府主要领导的肯定性批示。二是网络民意表达与公共决策机制方面的研究。这一阶段的研究是微博新媒体研究的理论深化和提升，并成为作者主要的研究方向，产生了一系列研究成果。

试论微博在创新社会管理中的作用

/ 张　蓉　郑克强 /

【摘　要】微博以其碎片性、即时性、裂变性、草根性等特点，成为最新和最具潜力的网络信息平台，展现着越来越强的社会功能。微博在开辟社会管理入口、动员社会管理力量、创新社会管理模式等方面发挥着重要作用，同时由于其"双刃剑"效应，加大了政府社会管理的难度。

【关键词】微博；社会管理；网络

一、微博的内涵及特点

微博，即微博客（Micro-blog）的简称，是一个基于用户关系的信息分享、传播以及获取平台，用户可以通过WEB、WAP以及各种客户端组建个人社区，以140字左右的文字更新信息，并实现即时分享。因此，每个人都可以用简短且随意的信息与别人分享正在发生的事情，而每个微小的事件都有可能在微博上传播。微博具有如下特点：

（一）碎片性

微博最显著的特点在于"微"，每条微博不得超过140字，然而这140字的限制却"将平民和莎士比亚拉到了同一水平线上"，同时赋予了微博区别于博客、QQ、MSN等社交工具的独特优势，从而导致大量原创性内容爆炸性地在微博上被创造出来。微博的字数有限，但内容多样，可以是对个人生活的琐碎细节的展示，如晒心情、晒宝贝；可以是对社会问题的深度思考，如发感慨、话题争辩；可以是对突发事件的滚动传播，如图文并茂的现场直播、事件追踪等。微博的写作对其内在逻辑方面的要求不是太高，毕竟字数有限，它更多的是追求片段性和简捷性，而对于背景性和关联性的东西常常争而不论。与博客的洋洋洒洒、长篇大论、瞻前顾后、起承转合不同，微博是冲口而出、信手拈来、三言两语、七嘴八舌，正是这样随性的写作方式使得微博上的原创性内容爆炸性涌现，且呈碎片状。

(二) 即时性

微博具有天然的"传播欲",能够整合各类传播工具,包括手机、QQ、MSN 等。微博的传播速度是传统媒体所无法比拟的,尤其是对于突发事件发生,传统媒体要经过一系列程序才能将事件新闻发布出去,而微博用户通过手机就能将身边发生的事情随时、动态地传播出去。微博世界里超过半数的内容来自手机,事实上,一条微博的发布和一条短信的发出除"一对多"和"一对一"外,没有任何区别。经微博用户手机发布的内容不但会在自己的界面上显示,还会自动发送到关注该微博的其他用户的界面上,其他用户可以转发或者回复,即时分享身边正在发生的事件,因而形成信息传播的即时网络。

(三) 裂变性

微博是一种新媒介,美国《连线》杂志把它定义为"由所有人面向所有人进行的传播"(Communication for all by all)。按照这一标准,新媒介是"多点对多点"的传播。微博的每一个用户既关注别人又可能被别人关注,因此他既是信息发布者,又是信息接收者,同时还是一个信息中转站。这就使得任何一条信息的传播都可能通过两条路径展开:一条是"发散路径",信息一旦发布,所有关注者的界面都能在第一时间自动显示该条信息;一条是"转发路径",一旦有一位关注者转发或者评论某条信息,他的所有关注者也同样可以实时接收该信息。当"发散路径"和"转发路径"相互交叉、相互作用时,信息的传播速度和传播范围呈几何级倍增,这就是微博的裂变式传播。相对于一对一的线性传播以及一对多的结构传播,微博的裂变式传播模式是信息传播的巨大飞跃。按照"六度空间"理论,每一个微博用户发出的任意一条信息,只需要六次点击就可能传递到任何一个微博用户的界面。

(四) 草根性

微博的内容并不一定要涉及社会稳定、经济增长等重大问题,可以是微博用户当时的心情或者所见所闻。同时,微博的发布方式方便,只要会发手机短信就能发微博,这降低了对用户的技术要求。更重要的是,微博是一种"背对脸"的关注模式,关注者不需要征得被关注者的同意,并且被关注者也无法干涉关注者对其关注,没有了"好友"关系的限制,使得草根与官员、明星有了对话的可能。特别是在公共领域,随着越来越多官员微博的开通,微博的这种性质改变了官民对话的话语体系与方式,正在成为草根参与社会公共事务的一个重要入口。

二、微博与社会管理的互动表现

我们所处的社会是一个动态的复杂系统，社会管理则是一个动态的复合概念。社会管理主要是指政府和社会组织为促进社会系统协调运转，对社会系统的组成部分、社会生活的不同领域以及社会发展的各个环节进行组织、协调、服务、监督和控制的过程。2011年2月19日，胡锦涛同志在中央党校省部级主要领导干部专题研讨班开班仪式的讲话中，强调要提高科学化社会管理水平，对当前的社会管理工作提出了八点意见，在第一点中就提出"支持人民团体参与社会管理和公共服务"。社会管理水平的提高，需要充分调动政府、社会组织、市民等多方面的积极性，从而形成政府调控、社会组织和市民协同参与的良好互动局面。

（一）微博爆料引发社会关注

2010年是"中国微博崛起年"，在这一年热度靠前的50起较大舆情事件中，由微博首发的有11起，占比22%。这些影响力较大的社会热点事件均是由微博爆料而引发公众关注的。便捷的书写方式和较低的技术要求大大降低了一般民众的表达门槛，同时微博具有的天然"传播欲"，使得一些原本弱小的声音，在口口相传中被放大，持续的声援让众人的观点、立场迅速集结，引发了社会关注。

（二）"意见领袖"产生舆论影响

微博"意见领袖"是一群在网络舆论中具有影响力的人。"意见领袖"在传播流程中极为活跃，且乐于跨界发言。对于各种社会热点问题，他们迅速且直接地传递信息、传达观点、提供建议或表达情绪。而他们的观点、意见、情绪往往为受众所接受，甚至引起受众的共鸣，会产生巨大的舆论影响。目前微博"意见领袖"既有精英型，也有草根型。草根型"意见领袖"，往往因其质疑权威的精神，在网络上有着一呼百应的影响力。网络既为"意见领袖"提供了发表言论的平台，也通过其交互性的特点，为网民提供了对言论进行反馈的渠道，进而造成更大影响，甚至形成网络民意。据统计，2010年与微博相关并产生影响的舆情案例达74起，其中近五成存在明显的"意见领袖"效应。

（三）微博问政已成燎原之势

当奥巴马、梅德韦杰夫在Twitter上互动，以至于奥巴马认为白宫与克里姆林宫之间已经不再需要红色电话专线时，我国越来越多的政府官员也开通了自己的微博。据复旦大学"舆情与传播研究实验室"《中国政务微博研究报告》显示，截至2011年3月20日，全国范围内共有实名认证的政务机构微博1708个，政府官员微博720个，覆盖中国内地所有省级行政区域。政府机构和官员纷纷开通微博，及时公布有关信息，应对各种突发事件，提升政府在民众中的形象。同时公众也可以通过微博这一新媒介，表达自己的主观意见和对社会热点的看法，如"厦门警方在线"，该微博自2010年10月20日正式开通以来，小到向公安局局长咨询办暂住证，大到提议警务环节改革、举报犯罪集团，警民之间展开热烈的互动。这样既有效拉近了官员与群众的距离，又有利于官员深入了解民情、民意。政府机构与官员开设微博已经成为一种趋势。

三、微博在社会管理中的作用分析

(一) 提供社会管理入口

微博在很大程度上提供了社会管理入口，公众可以使用计算机或者手机通过微博平台和有关机构、官员进行直接对话，表达对社会热点的看法，提出自己的意见和建议，从而去除层层上报的繁杂，使有关机构或政府官员可以听到更广泛、真实的民声。正如喻国明教授指出，"微博为民众的政治参与引入了一种新的力量，在很大程度上补正了过去对于来自社会、草根等多元话语平台的意见进行屏蔽的状态，能够有更多的人从更多的角度来参与公共问题解决的互动"。事实上，作为民众参与社会管理的新载体，微博的便捷性、经济性及草根性是其他传统沟通平台所不具备的。微博平台让"沉默的大多数"可以就每一个公共事件或公共决策，秉笔直书，发出表达自我利益、彰扬社会公益的声音，激活了公民参与公共生活的激情。

(二) 释放社会管理话语权

所谓"话语权"，是指公民有就社会公共事务和国家事务发表意见的权利，是表达权和参与权的一种体现。微博给予不同公众平等的话语权，使网民可以平等地与所有人对话，并成为社会信息源之一，从而使得精英话语特权和传媒单向传播逐渐淡化和消解。微博的一项重要功能是能够根据关键字出现频率，统计出正在被热议的话题。例如，在新浪微博的热门话题排行榜中，越多的人讨论一项话题，它的标签可能越容易跻身首页。因此，通过微博平台，公民获得了给事件重要性重新排序的权利，达到"真正能决定信息是否具有公共意义的，不是下达信息的媒体（或它们背后的政治权力），而是在日常生活中运用信息的公众"。例如，在"7·23"温州动车追尾事故中，微博不仅是最早的事故信息来源，而且在新闻传播、人员救助等方面起到了巨大的作用，事故后续的每一步进展，都在微博上产生了相应的舆论浪潮，从而推动了事故原因调查的深度和开展救援的速度。另外，"意见领袖"的影响力也不容小觑，他们是无序网民舆情的有序集中体现，其评论可将事件舆论迅速推向高潮，甚至可代表网民设置新的议程，改变舆论走向。事实上，人们面临社会热点问题，常常会参照微博网站的舆情倾向。据报道，目前87.3%的受调查人士表示，他们会通过微博了解公众对社会事件的看法后再发表意见。从某种意义上来说，微博平台不仅使人人拥有了话语权，同时在社会管理中形成了一股不可忽视的力量。

（三）动员社会管理力量

微博的碎片性、裂变性等特点，导致人们更加难以控制微博上的信息、意见或观点。这使得微博越来越清晰地扮演着这样的角色——舆论监督。相对于政府或强势团体在突发事件发生之后操控能力的下降，公众广泛参与所形成的无形力量，推动社会管理朝着愈加公正、透明的方向发展。微博监督的典型流程如下：先是有网友发微博披露某个事实（或某个网友微博引起质疑），然后众网友跟进评论和转发，相关网络衍生品（如漫画、恶搞歌曲）开始出现，接着在网络或传统媒体上出现深度评论和调查，同时伴随着微博上不间断的"爆料"，一场微博事件就此达到舆论监督的高潮。在郭美美事件中，网友抽丝剥茧式的"人肉搜索"与持续不断的热议交相辉映，不仅一步步披露后续的种种谜团和"证据"，更让相关各方压力频频。伴随着数亿用户集体围观并发声，处于风口浪尖上的中国红十字会总会，不仅在事发半月后开通了官方微博回应网友质疑，更是兑现了其公开账目的承诺，红十字会总会捐赠信息发布平台于2011年7月30日上线试运行。纵然捐赠平台的建设工作刚刚起步，账目数据的真实性仍遭质疑，但这是红十字总会向公开透明迈出的第一步，而微博平台也逐渐从单纯的社交工具发展为舆论监督利器。

（四）创新社会管理模式

社会问题的多样性和复杂性，决定了社会管理和治理措施必须更贴近民意，更符合民众的需求，才能达成治理的目标。微博的草根性让公众得到了更多的参与机会；微博的裂变性让公众的发声不再那么微弱；微博的即时性让官方声音和民间声音的直接对接得到了便利。自2011年6月30日江西省首个微博服务平台——"江西微博"正式开通以来，广东、江苏、安徽、湖南等多个省市开通了网络问政平台。截至2011年7月12日，新浪微博共有5114个政府机构注册官方微博，3432名政府公务人员、438名全国及地方

"两会"代表开通微博。微博平台为政府与公众良性互动提供了更及时、更直接的途径,政府机构微博在传递信息、获得关注的同时,也对公众评论中所提出的疑问给予回应对所反映出的新问题予以及时解决,使得动态资讯快速"上情下达"且"下情上传"。这种新的官民互动模式不仅让官民平等对话成为常态,同时有利于解决当前社会转型关键时期的各类矛盾与问题,维护社会的和谐稳定。

四、发挥微博社会管理创新作用的对策

微博在社会管理中的力量日益突显,然而它也是一柄双刃剑:一方面,微博为人们提供了更加开放、更加便捷和多元化的平台,公民的话语权得到极大的拓展;另一方面,由于信息源多元化、声音多样化以及社会问题本身的复杂性,微博也加大了社会管理的难度。首先,微博民意不能准确代表全体民意。虽然微博是民意表达的便捷渠道,但这一新型网络工具必然无法覆盖全体公民,因此,微博民意只能体现"局部民意"或者"狭隘民意"。其次,围观引发的"群体极化"现象。微博放大了国人素有的"围观心理",一旦偏激的情绪形成规模,很容易导致舆论失控。在网络时代,人们会不自觉地给某类人群贴上标签。很多时候,人们在还没弄清真相的前提下,根据已有的标签和自己的假设对事情妄下结论,对社会的舆论环境造成不利影响。最后,微博谣言层出不穷。微博碎片性与即时性使得任何人都可以随时随地自由发布信息,但网络的隐匿性让人们的真实面目和身份被形式多样的符号所代替,也为谣言的滋生和蔓延提供了"温床"。因此,如何充分利用微博平台,使微博与社会管理更好地结合,是今后社会发展要面对的现实问题。

(一)挖掘微博潜力,鼓励全民参与

在及时、充分、有效地发挥微博在社会管理中作用的同时,更要通过各种参与方式加以激励,如"微博举报""微博征集""微博投票"等。如大连福佳大化 PX 项目在 2011 年 8 月 14 日被大连市政府宣布立即停产并搬迁。这个占地 80 公顷、含流动资金共投资 95 亿元,并已投产 26 个月的化工项目,最初将厂址设立在厦门,遭到厦门市民的抗议,后来移址到大连开发区,而后又遭到大连市民的强烈抗议,最终停止项目并搬出大连。事实上,在重大化工项目的实施过程中,企业、政府、公众构成了参与的主体。作为利益最相关者的公众,其参与的价值在于提高项目的科学性和可行性。如果企业、政府事先充分与公众进行沟通和论证,并重视反对方、质疑方的意见,那么最终将对项目产生非常积极的影响。不仅仅是 PX 项目需要公众参与,任何社

会公共事务都需要公众积极参与，并负责任地表达自己的意愿和意见，从而将微博之"微"力量转化为推动社会发展的真正动力。同时，我们应充分挖掘微博在舆论引导和舆论监督方面的潜力，鼓励行政部门、组织机构和地方政府等施政主体尽快搭建官方微博平台，提供信息公开、网络问政、咨询建议、投诉举报的快捷通道，并以必要的人力投入和制度保障实现互动对话、及时反馈和透明公开，实现政府与公众的良性互动。

（二）强化公众责任感，提高参政议政能力

微博的低门槛使它比以往任何一种网络工具都易于实现"全民化"，目前稳步递增的新注册人数也预示了其"平民化"趋势。而在"全民麦克风"的微博平台上，任何人都有权利发表自己的意见与见解，其信息可以在每一个节点间自由、高速地传播。微博民意虽不能准确表达全体民意，但它毕竟是现实生活中部分民众的看法、意见、建议的综合反映，对政治经济发展与社会稳定的影响日趋重要，对政府日常决策有着一定的参考作用。因此，政府一方面要引导公众多角度、多维度看待问题，从而使公众养成理性分析问题、看待事情的习惯；另一方面，要推行微博实名制，微博实名制使得微博信息发布者会在无形中承担一定社会责任，有助于遏制虚假和攻击性言论。当然，对于微博平台的参与主体，公众自身素养的提高最为重要。公众应加强自律，注重自身道德修养与审美情趣的提高，并加强自身的责任感和使命感，提高自身的参政议政能力，从而在微博上积极关心公共事务，济弱扶贫、仗义执言，为有效解决社会矛盾、实现社会的和谐稳定尽自己的一份力。

（三）降低政府"身段"，提高微博话语能力

对于政府及政务人员而言，微博是坚持群众路线的新天地。微博平台，打开了政务公开的一扇窗，引来无数网民的"围观"和参与，从而更好地传递政府的声音。然而微博平台同时也是一个草根聚集的平台，"说官话、打官腔"的官样微博有可能引来网民的"板砖"和遭到质疑。这就需要政府部门及各级官员放低身段，打破过去的思维方式，用群众的眼光和思维来对待工作，多倾听公众的心声，多与公众真诚、平等对话，并以公众是否满意作为衡量工作的重要标尺。与此同时，官员微博发言必须摒弃陈旧的话语体系，学会个性化表达、人性化表达。因此，"虚拟社会"管理创新，更需要政府官员放低姿态、放下架子，以开阔的胸襟和宽广的气度，抛弃官话、空话、套话，问计于民、问政于民、问需于民。从而让官民平等对话成为常态，及时有效化解矛盾，提高政府的公信力。

(四) 消除谣言等杂音,营造良好互动环境

微博在带来沟通的流畅和信息分享的高效的同时,也带来了虚假信息的泛滥,特别是在社会热点事件发生后,各种消息、猜测都会在短时间内传播。而在虚拟世界里,公众一旦失去鉴别真伪的依据,往往会无所适从,甚至被居心不良者利用,直接危害到社会稳定。因此,在谣言等杂音发出时,政府部门应首先及时发布权威信息,压缩虚假信息传播空间,提升舆论引导能力,并对公众表达的意见、观点,做出及时回应;还可请政府官员、专家或当事人进行网络访谈,澄清、整合、梳理虚拟空间杂乱无章的信息,在互动中引导舆论。其次,制定与网络相适应的法律法规。微博作为一种新生的网络媒体,尚缺乏具体的法律法规予以规范,这需要不断完善网络立法建设,解决立法滞后的问题,做到早立法、早解决。只有对微博的监管有法可依,才能保障微博规范运行,从而创造良好的微博环境,最大限度发挥微博在社会管理中的作用。总之,微博是社会管理的"双刃剑"。政府部门借助微博这一开放、互动式平台,一方面,要提高政务公开化、透明化的程度,加大与公众的沟通与交流;另一方面,要加强网络监管、完善有关法律法规并有序引导舆论,以充分发挥微博的建设性力量而非破坏性力量,从而更好地为社会管理服务。

■ 参考文献

[1] 李宽宽. 140字发言限制将平民和莎士比亚拉到同一水平线 [N]. 南方都市报,2010-03-03 (12).

[2] 乌元春. 微博缔造全民狂欢时代:围观真能改变中国? [EB/OL]. 腾讯网,http://news.qq.com/a/20101221/001017.htm. 2010-12-21.

[3] 张跣. 微博与公共领域 [J]. 文艺研究,2010 (12).

[4] 王智慧. 从李萌萌事件看微博的舆论监督 [J]. 视听纵横,2010 (6).

[5] 胡锦涛. 扎扎实实提高社会管理科学化水平 [EB/OL]. 新华网,http://newsxinhuanet.com/politics/2011-02/19/c-121100198.html,2011-02-19.

[6] 徐瑞哲. 中国微博用户明年破亿,50起较大舆情事件逾二成由微博首发 [EB/OL]. 天津网,http://www.tianjinwe.com/rollnews/201012/t20101229-3002099.html,2010-12-29.

[7] 湖南微博助力保护母亲河行动体现社会管理创新 [EB/OL]. 新浪网,http://news.sina.com.cn/green/2011-03-04/142S22053165.Shtml,2011-03-04.

[8] 复旦大学"舆情与传播研究实验室". 中国政务微博研究报告 [EB/OL].

http://www.docin.com/p-24220396.Html,2011-04-22.
[9] 陈娟. 微博暗战与政治趋向 [J]. 人民论坛,2010 (10).
[10] 赵蒙. "推"出的公民社会——微博在大陆的发展探究 [J]. 东南传播,2010 (4).
[11] 微博给了民众话语权 [N]. 科技文萃,2011-03-03.
[12] 社交工具到舆论监督利器微博改变社会生态 [EB/OL]. http://news.Cntv.cn/20110722/116796.Shtml,2011-07-22.
[13] 武汉大学 ROST 虚拟学习团队. 2011 年 2 季度网络舆情和微博问政报告 [EB/OL]. http://weibo.com/rost,2011-17-15.
[14] 王羁. 微博时代公民话语权发展的喜与忧 [J]. 学术探讨,2011 (5).

　　(原文出处:《江西社会科学》,2011 年第 10 期)

民意调查与公共决策负反馈机制研究

/张 蓉 郑克强/

【摘 要】 公共决策负反馈机制是指依据民意反馈信息，对公共决策系统的输入和输出施加影响，从而实现高质量公共决策输出的过程。而民意调查以其自身的特点及独特优势，在公共决策负反馈机制中发挥着重要作用。民意调查是公共决策制定的科学参考，是公共决策调整的重要依据，是公共决策质量及执行的有力保证。我们要采取有效措施解决民意调查在公共决策负反馈机制中的问题，以实现负反馈机制提高决策质量与执行效率的目标。

【关键词】 民意调查；公共决策；负反馈机制

决策科学化、民主化是现代政府应具有的最重要特征，它要求我们将民意调查纳入政府公共决策流程，因为只有真实了解社情民意，才可能避免政府制定公共政策出现脱离实际、吃力不讨好等失误情况，从而最大限度体现"执政为民"的理念。近年来，在越来越多的公共决策中，我们听到了老百姓的声音，感受到了广大群众行使知情权、参与权、表达权、监督权的热情。基于此，研究和发挥民意调查在公共决策负反馈机制的作用成为一个重要的课题。

一、公共决策需构建负反馈机制

公共决策是由政府做出的有关公众利益的决定，公共决策的逻辑过程可基本概括为决策问题形成、决策制定、决策实施、决策评估和修正等，在此过程中信息反馈必不可少。所谓反馈，是指将系统的输出返回输入端并以某种方式改变输入，进而影响系统功能的过程。控制论的创始人维纳指出：反馈的特点就是"根据过去的操作情况，去调整未来的行为"。反馈分为负反馈和正反馈。负反馈是把系统输出信息的一部分返回输入端，使输出起到与输入相反的作用，减小系统输出与系统目标的误差，达到系统的动态平衡；而正反馈使输出起到与输入相似的作用，在加快实现系统目标的同时也有可能令系统振荡甚至瓦解。

事实上，公共决策的制定是一个复杂的过程，在此过程中政府要就社会资源配置、社会生产和社会生活，以及社会利益关系，选择和制定符合公共利益的切实可行的解决方案。所以，在公共决策的制定与执行过程中就要始终保持与外界互动的状态。从系统论的观点来看，我们可将公共决策的逻辑过程视为一个系统，系统的输入端是社会多元利益诉求，输出端是制定并执行的公共决策，民意是外界环境。由于不断变化的外界环境和负反馈作用的存在，系统的输入端必须不断调整，以减小系统输出与系统目标的误差，从而达到系统的动态平衡。公共决策是对全社会价值的权威性分配，高质量的公共决策必然以减小各目标群体之间的利益差为目标，这样才能实现社会的和谐稳定。因此，在这里，我们将公共决策负反馈机制定义为一种控制与调整公共决策制定及执行的系统过程，即借助民意反馈信息，对公共决策系统的输入和输出施加影响，从而实现高质量公共决策输出的过程。

公共决策代表着社会基本群体的利益需求，目标群体的多元利益诉求影响着公共决策的制定与执行。然而根据西蒙的有限理性模型，"理性就是要用评价行为后果的某个价值体系，去选择令人满意的备选行为方案"，追求完全理性的公共决策只能是一步步逼近。因此，民调机构所收集到的不同目标群体的意向成为系统的再输入端，以制定"理性"公共决策。随着目标群体利益差距的加大，目标群体必然会加大参与度来改变公共决策的利益分配，这样民意调查机构可以收集或获取到更加全面而真实的民意，从而对公共决策加以调整，提高公共决策执行效率。

二、民意调查在公共决策负反馈机制中的作用

公共决策负反馈机制中最重要的就是如何体现民意。而民意调查作为一种特殊的民意直接表达方式，是政府与民众沟通的最有效途径之一。民意调查也称为民意测验，是"运用系统性、科学性、定量性的步骤，迅速、准确地收集公众对公共事务的意见，以检视公众态度变化的社会活动，其主要功能是真实反映各阶层民众对公共事务的态度，以为政府或相关单位拟订、修正、执行政策的参考"。民意调查既可以是政府采取的主动行动，也可以是政党、利益集团、大众传媒发起的，还可以是研究机构、社会精英、社区居民表达民意的手段。公共决策负反馈机制是控制与调整公共决策质量及执行的系统过程，在这个系统过程中如何获取最真实的民意是最关键的一环。民意调查是建立在数学概率论和数理统计基础上的科学归纳方法，在表达民意及获取民意上具有一定的优越性，在公共决策负反馈机制中发挥着重要作用。

(一) 民意调查是公共决策制定的科学参考

公共决策的制定是指社会公共权威针对社会公共问题提出并选择解决方案的过程。民调结果可靠性与公共决策制定之间存在正因果链，即民调结果越详尽、准确，所制定的公共决策越现实、可行。公共决策的制定是为了解决社会问题，只有建立在真正的、具体的事实基础上的公共决策，才能有效地解决社会问题，因而制定解决社会公共问题的切实可行的方案必须建立在真实的民意基础上。民意通常是一种社会公众的共同意见和一致性态度的体现，而态度和意见，在认知心理学中，通常被定义为"行为的前奏"或"行为倾向"。这种"行为倾向"正是制定公共决策的重要依据，越来越多的公共决策以民意作为重要制定依据，并取得了良好效果。一方面，民调机构以自身的技术优势，反映社会现实、提供社情民意，及时有效地为决策制定者提供有关民意的信息资源；另一方面，民调机构对有关民调结果进行分析，提出自己的观点和建议，给予决策制定者专业的咨询和意见评估。

(二) 民意调查是公共决策调整的重要依据

公共决策的制定往往针对一定时期的社会问题，从而公共决策都有着自身的时效性。一项政策制定并加以执行后，要经常根据现实情况与反馈回来的民众信息加以调整，使得政策可以应对现实状况的变化，对产生的问题及时进行解决，如我国个人所得税起征点的调整，2011年6月30日，全国人大常委会表决通过了将个税起征点将从现行的2000元提高到3500元的决定。这是自1994年现行个人所得税法实施以来第3次提高个税免征额，2006年，免征额从每月800元提高到1600元；2008年，免征额从1600元提高到2000元。实际上，公共决策负反馈机制所要达到的正是决策执行与决策调整之间进行良性互动的目的，全国人大常委会将起征点提至3500元，是顺应民意的行为。公共决策负反馈机制的核心是借助民调结果及时调整现行政策。由于民意调查"具有向较多民众征询意见的能力"，成为获取民众反馈信息的重要途径。事实上，不久前的个税起征点征求意见数达到237684条，其中，对于将起征点从2000元提高到3000元的提议，15%民众赞成，35%反对，48%要求修改。民众可以通过民意调查对政策执行效果进行评价，对社会公共事务和公共权力中出现的偏差行为发表意见，而民调机构将政策执行效果与民众意见或建议迅速地反馈给政策制定者，使政策制定者及时取得第一手资料，了解政策的被接受程度和现实适用程度，一旦发现与社会现实相冲突的漏洞、偏差或是相关规定的缺乏，立即对政策做出修改和补充。所以，民调结果在公共决策负反馈机制中是决策调整的重要依据。

（三）民意调查是公共决策执行的有力保证

制定公共决策是为了解决现实中的社会问题，因此，公共决策质量高低与执行效率是整个决策过程中的关键，它是将政策条文转化为实际效果的唯一途径。决策内容的知名度制约着它的影响力和影响范围，可见，民众对于政策的了解和理解程度是该项政策有效执行的先决条件。这就需要借助民调在政策与民众之间的沟通。发布大量有关政策执行的民调结果，不仅可以加深社会公众对政策的深入了解，还可以在一定程度上激发民众对政策的认同感，从而形成执行决策的强大合力和凝聚力。民调结果越真实可靠，公共决策执行效果越好。这里实际上体现的是民调的监督功能，如针对政策执行部门出于自身利益或面临的困难，在执行政策时产生的政策偏离问题。民调机构公布的民调结果反映了民众对政策执行效果的评价，对社会公共事务和公共权力中所出现偏差行为的意见，反馈到决策层，从而促使某些政策执行者在民意的压力下准确、及时地执行政策，进而提升决策的执行效果，提高决策质量。

三、推进民意调查对公共决策负反馈的若干建议

公共决策负反馈机制具有"利用偏差控制偏差"的负反馈共性，在决策过程中起着调控作用，它利用民调机构的民意反馈信息来控制与调整公共决策的质量及执行，因而民调结果是修正或调整公共决策制定与执行的重要依据。因此，公共决策负反馈机制的作用与民调的过程和方式的运用正相关，即只有在民调的外部环境和自身技术两者皆成熟的基础上，才能保证民调结果的可靠性，从而更好地发挥公共决策负反馈机制的作用。民调在我国的发展仅仅处于起步阶段，要使公共决策负反馈机制真正发挥作用，需要社会全体成员的共同努力。

（一）发展第三方民调机构，提高民调的客观性

民调作为公共决策负反馈机制的重要辅助工具，是政策制定者和公众的桥梁，这要求民调机构具有一定的独立性，只有远离来自权力的压力，才能以"中立"的态度保证民调结果的真实性与客观性。我国的民调机构虽然如雨后春笋般发展，至2010年年底，已有28个省（直辖市）建立起省级社情民意调查机构，但在我国民意调查中，统计系统的民意调查机构已占据"半壁江山"。而以民间社团、高等院校、媒体、营利性的专业调研机构为主的非官办第三方民调机构，在与政府保持一定距离的基础上，往往会有经费、人才等方面的压力。然而民调机构的发展取决于其公信力，中国人民大学舆论

研究所所长喻国明教授认为,"政府下设的民意调查机构的专业能力很强,调查方法也没问题,可以作为内部的决策支持和政策评估,但作为一个调查结论和结果公布,要获得公众认可时那就不恰当了,免不了有一种政府既做运动员又做裁判员的嫌疑"。因此,政府应出台对第三方民调机构的相关扶持政策,培育更多的第三方民调机构,如税收优惠政策、委托购买等。美国政府并不自行做民意调查,通常是委托私营民调机构或学术基地中的调研机构,包括盖洛普、卢波、哈里斯,芝加哥大学国家民意研究中心、密歇根大学调查研究中心等,并购买其提供的服务。这些扶持政策一方面表明了政府对第三方民调的态度,鼓励、促进,或是限制、禁止,或是放任自流、不予干预;另一方面可以保证民调机构的独立性,提高民调的真实性与客观性。

(二) 畅通民意信息渠道,保证民调结果的可靠性

随着我国政府越来越重视民意,社会公众对不同性质的政策问题都有参与的可能性。民调的精确性体现在能够用数据测定不同调查对象的态度和意见的差异,民意信息渠道畅通才能保障调查到各种样本并搜集到足够的样本。公众民意表达的热情或者说参与度越高,民调结果才越真实、可靠。换句话说,调查对象的广泛性、调查数据的原始性,才能使民调结果最接近于民意原貌。因此,民意信息渠道一定要畅通。在通信工具空前发展、互联网无所不在的今天,网上民调可在一定程度上突破时间和空间的限制,进一步畅通民意信息渠道。具有直接性、时效性、大样本性等特点的网上民调,不仅保证了公众话语权和民意的原生态性,而且实现了公众在不可能实现普遍、直接参与的情况下,仍能实现普遍参与,从而使民调结果真实、可靠。

(三) 有效传递民调结果,推进政府对民调的回应

在公共决策负反馈机制中,民调机构做出的民调结果是政策调整和修正的依据。首先,民调结果不仅要呈送政策制定者,为调整或修正公共政策提供参考,提高公共决策质量与执行效率,同时民调结果通过传媒或在政府网站上向民众公布,这样才能激发公众对公共事务的关心,促使他们积极参与公共事务,以公众的参与来保证民调的独立性与科学性。其次,民调结果的公布应注重其完整性。由于我国民调处于起步阶段,调查结果的公布还很不完整,有时候只是提到几个百分比而已,这在很大程度上削弱了民调结果的公信力。因此,应尽快建立民调行业规范,推进民意调查规范化发展。此外,政府应虚心对待民调结果,并做出相应的回应。

但民意与政策之间并不是简单的线性关系,根据"沉默的螺旋"理论,个体拥有一种多半是无意识的、可能源自遗传且根深蒂固的孤立恐惧。这种

孤立恐惧使他们不断确定，哪种意见及行为方式被环境赞同或反对，以便于判断出采取哪种意见与行为方式。也就是说，社会公众可能本身对这个社会问题处于一种不确定的状态，一旦大多数人或权威部门有什么意见倾向，他们会很自然地将自己的意见掉转。这种民意的不确定性无疑加大了民调机构对民意的考量难度，从而成为公共决策负反馈机制发挥作用的阻碍之一。民调本身存在技术上的局限性。正如美国学者所说，让1000个人的意见来代替1000000人的意见，其所能反映出来的准确性，是值得担心的。因为绝对的随机抽样在实践中是不可能做到的，所以民调机构不得不做出一定的改动，这种改动幅度越大，其结果的准确性越值得担心。这种技术上的失真影响民调结果的可靠性，也是制约公共决策负反馈机制发挥作用的因素之一。此外，民调有可能刺激更多的利益集团或机构追逐自身的利益，却无法增进更广泛的公共利益，这将使社会政策执行过程变得更加分割化。从而难以发挥民调在公共决策负反馈机制中的作用。

总之，民调机构作为公众参与公共政策的重要平台，虽然在民意考量上并非完美，其调查结果也并非一定带来正效应，但民调在公共决策负反馈机制中还是起着非常重要的作用。它是社会公众与决策者之间新的沟通渠道，为决策者提供最能代表性公众观点的图景，为公众提供表达意见的平台，促使公众与决策者的有效互动，从而使公共决策有效地解决社会问题，实现社会大系统的动态平衡。

■ 参考文献

[1] 许志国. 系统科学 [M]. 上海：上海科技教育出版社，2000.
[2] 林竹. 国外民意调查与政府决策 [M]. 天津：天津社会科学院出版社，2006.
[3] H. A. 西蒙. 管理行为 [M]. 杨砾，韩春立，译. 北京：北京经济学院出版社，1991.
[4] 王石番. 民意理论与实务 [M]. 台北：黎明文化专业公司，1995.
[5] 袁岳. 民意测验的方法与经验 [M]. 福州：福建人民出版社，2006.
[6] 约翰·克莱顿·托马斯. 公共决策中的公民参与 [M]. 北京：中国人民大学出版社，2010.
[7] 刘义昆. 个税调整回应民意，还需解答"民疑" [EB/OL]. http://www.dzwww.com/dzwpl/mspl/201107/t20110701_6444150.htm，2011-7-1.
[8] 刘华蓉. 大众传媒与政治 [M]. 北京：北京大学出版社，2001.
[9] 专家称政府利用民调结果粉饰太平将损害公信力 [EB/OL]. http://www.

qzwb. com/gb/content/2010-08/16/content_3421836. htm，2010-8-16.

［10］刘力锐. 论网络民意调查的政治作用［J］. 东北大学学报（社会科学版），2009（5）.

［11］赵可金. 营造未来——美国国会游说的制度解读［M］. 上海：复旦大学出版社，2005.

［12］张光. 社情民意调查：理论、实践和过程简论［J］. 天津行政学院学报，2008（3）.

（原文出处：《人民论坛》，2011年32期）

公共政策制定过程中的公众参与分析
——基于系统动力学视域

/ 张 蓉 郑克强 /

【摘 要】 公众参与公共政策制定对于提高公共政策的合法性和有效性具有重要意义。在对公众参与公共政策制定的相关文献进行梳理的基础上，运用系统动力学理论，建立公众参与公共政策制定过程中的良性循环、成长上限及富者愈富三个基模。以此为框架分析得出，增进民意与公共政策的良性互动、营造良好的外部环境、引导弱势群体以公众参与形式表达利益诉求等系统动力学启示。

【关键词】 公共政策制定；公众参与；系统分析

一、公共政策制定过程中的公众参与概述

自党的十六大报告提出"健全民主制度，丰富民主形式，扩大公民有序的政治参与，保证人民依法实行民主选举、民主决策、民主管理和民主监督"以来，公共政策制定过程中的公众参与研究一直是学术界讨论的热点问题。公共政策是指国家机关、政党及其他政治团体在特定时期为实现或服务于一定社会政治、经济、文化目标所采取的政治行为或规定的行为准则，它是一系列谋略、法律、法令、措施、办法等的总称。它关系到社会公众的切身利益，其出发点在于解决公共问题、达成公共目标和实现公共利益。而公众参与作为一种制度化的民主，是指公共权力在做出立法、制定公共政策、决定公共事务或进行公共治理时，由公共权力机构通过开放的途径从公众和利害相关的个人或组织获取信息，听取意见，并通过反馈互动对公共决策和治理行为产生影响的各种行为。因此，公共政策制定中的公众参与就是公共政策制定主体之外的个人或组织，为了表达和实现自身利益诉求，通过制度化或组织化的途径对政策制定过程产生影响的一系列行为的总和。

我国学者对公共政策制定过程中的公众参与研究取得了较为丰硕的成果。学者们对这一问题的研究主要集中于理论探索和实践操作两个层面，包括公共政策制定过程中的公众参与的内涵、价值、困境及对策等。但从相关研究的总体状况看，现有相关研究尚存在一些不足之处：第一，对于公共政策制定过程中的公众参与问题研究，或是仅限于一般性的概况介绍，或是泛泛而谈，从而使研究过于宏观，缺乏一定的深度和力度；第二，研究方法多以定性分析为主，如文献分析法、比较分析法、博弈分析法等，定量分析比较少，缺乏一定的数据支撑，从而导致研究不够深入；第三，研究角度多从公众参与的重要性和必要性切入，研究角度比较单一。事实上，公共政策制定过程本身可以看作是由信息反馈结构构成的复杂系统。笔者试图从公众参与的互动性这一角度切入，并采用系统动力学反馈动态性复杂分析法，探讨公共政策制定过程中的公众参与。

二、系统动力学方法的适用性探讨

系统动力学是美国麻省理工学院 J. W. Forrester 教授 20 世纪 50 年代首创的将结构、功能、历史相结合的一种系统仿真方法与技术。系统动力学是一种研究复杂系统的方法，它针对实际系统中存在的问题，从系统的整体观出发，充分估计和研究其影响因素，不回避复杂性，注重研究系统内部的非线性相互作用、协同以及延迟效应等问题。通过对系统结构的分析和计算机仿真来反映复杂系统结构、功能和动态行为之间的相互作用关系，从而考查该系统在不同条件下的变化行为和趋势，以达到提供决策的目的。

首先，公共政策制定系统是一个典型的复杂系统。公共政策是"对全社会价值的权威性分配"，是各方利益博弈的结果。因此，公共政策的制定过程实质上是输入政府决策系统中的社会多元利益诉求转化为政策输出的过程。作为公共政策制定系统的核心要素，公共政策制定质量、目标群体参与度、目标群体利益差、目标群体满意度彼此相互联系、相互制约，符合复杂系统的特征，可以用系统动力学方法进行研究。

其次，公众参与系统是一个典型的复杂系统。随着我国政治体制与经济体制改革的不断推进，公众参与公共政策制定已经成为一种趋势。良好的公众参与不仅意味着参与人数的增加，更意味着参与意识的增强及参与能力的提高，以致与政府公共政策产生良性互动。因此，公众参与系统的核心要素包括参与人数、参与热情、参与能力，以及与其相关的参与渠道差、传统政治文化影响、经济水平制约等。

可见，公共政策制定与公众参与通过耦合形成一个典型的巨复杂系统，这个耦合系统具有非线性和复杂性特点，根据系统动力学方法的突出特性，基于系统动力学方法来研究公共政策过程中的公众参与问题，并进行未来情境模拟是具有可行性的。

三、公众参与公共政策制定的系统动力学分析

(一) 公众参与公共政策制定的良性循环

在彼得·圣吉创建的九种系统基模的基础上，笔者采用问题直接基模生成法（FAJA）来构建公共政策制定过程中的公众参与的三大基模。FAJA 方法步骤如下：(1) 通过调研，明确要研究的问题；(2) 建立构成问题的要素变量集；(3) 由要素变量的因果关系构成正反馈环、负反馈环以及延迟，由正负反馈环以及延迟确定基模；(4) 根据基模分析理论寻找问题的杠杆解，为管理者提供决策依据。

通过公共政策的定义可知，公共政策制定是一个动态的过程，在此过程中，必须尽可能满足各方利益群体（目标群体）的切身利益，从而达到全社会价值的权威性分配。同时，公共政策制定也是一个各方利益群体博弈的过程和结果，随着市场经济、民主政治与大众传播的迅速发展，各方利益群体表达自身诉求的意识大大加强，他们越来越多地希望通过听证制度、网络民意等多种参政议政的途径和形式，影响与其生活密切相关的公共政策制定。如大连福佳大化 PX 项目在 2011 年 8 月 14 日被大连市政府宣布立即停产并搬迁。这个占地 80 公顷、含流动资金共投资 95 亿元，并已投产 26 个月的化工项目，最初将厂址设立在厦门，遭到厦门市民的抗议，后来移址到大连开发区，而后又遭到大连市民的强烈抗议，最终停止项目并搬出大连。事实上，在 PX 项目的实施过程中，公众作为利益最相关者，其参与的价值不仅在于提高项目的科学性和可行性，更是为了在项目的贯彻实施过程中获得公众认可，从而最终对项目产生非常积极的影响。不仅仅是 PX 项目需要公众参与，任何社会公共事务都需要公众积极参与。公众参与可以整合社会各利益集团的声音，让政府获得更为丰富的资讯，综合权衡各方面的利益追求，制定出更符合民意的、符合各利益主体切身利益的公共政策，从而减小各方利益群体的利益差，增强政策的权威性。同时，公众参与了政策的制定过程，会对政策有一定的认同感，因此，政策在贯彻实施过程中较易得到公众的广泛认可，从而使政策执行的阻力减小，监督成本降低。

下面从目标群体参与度、目标群体影响度、目标群体利益差、公共政策制定及执行等方面来分析公众参与与公共政策制定之间的关系，进而建立公众参与公共政策制定的基模。

因果链：

（1）公共政策制定及执行→-目标群体利益差→-目标群体满意度→+目标群体参与度→+目标群体影响度→+制定者采纳度→+公共政策制定及执行。

（2）公共政策制定及执行→+目标群体影响度→+制定者采纳度→+公共政策制定及执行。

（3）目标群体利益差→-目标群体满意度→+目标群体参与度→-目标群体利益差。

由以上三条因果链的链接力作用产生整体结构因果关系图——公共政策制定与公众参与的良性循环基模如图1所示。

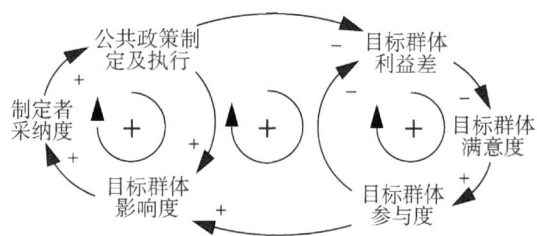

图1 公共政策制定与公众参与的良性循环基模

图中，"+"号表示两个关联因素之间同方向，"-"号表示两个关联因素反方向。⊕表示正反馈环，⊖表示负反馈环。偶数个负因果链表示正反馈环，奇数个负因果链表示负反馈环（下同）。

该基模由三个正反馈环构成，表明公共政策制定与公众参与之间存在一种良性循环关系。随着公共政策质量和执行效率的提高，公共政策对于全社会价值分配越来越接近目标群体的预期，从而各方目标群体的利益差会逐渐缩小。同时，对于目标群体而言，通过有序参与方式可以表达意见及利益诉求，并可能对公共政策的制定产生影响，不仅增强了公民的社会责任感，还可以提高公众参与的理性程度，在一定程度上缓和了公众和政府之间的矛盾，从而维护社会稳定。而随着目标群体参与度的提高，政策制定者在政策制定过程中会越来越多地将目标群体利益纳入重要参照指标体系，公共政策质量和执行效率得以进一步提高。鉴于公众参与与公共政策制定之间的良性循环效应，可将该基模称为公众参与公共政策制定的良性循环基模。

（二）公众参与的成长上限

根据公众参与与公共政策制定之间存在的良性循环关系，我们知道，随着目标群体参与度的提高，其利益诉求得以更好地表达，而政策制定者会根据目标群体的利益诉求，制定更加符合民意的公共政策，保证利益分配的相对公平，从而推进社会的和谐发展。但是，公众参与并不可能无限提高。公众参与在我国得到较快的发展，一是社会市场经济发展的必然要求，二是得到了政治上的广泛认同并在实践中得到了较为广泛的推动。首先，公众参与公共政策的制定必然受到一定社会意识的影响，公众参与度的提高要求社会公众主动地、广泛地参与公共政策制定过程。而受传统政治文化因素的影响，大多数公民会认为公共政策是大家的事，个人参与无法对政策制定产生实质性影响，甚至有可能得罪政策制定者；同时政策制定者可能认为公众理应接受和服从政府所制定的公共政策，在政策制定过程中不尊重公众应有的政治权利，不承认公众的主体地位。传统政治文化的影响与公民参政意识之间的差距不断拉大，使公众参与度越来越低。其次，公众参与度的提高与经济基础正相关，正如亨廷顿所说："高水平的政治参与总是与更高水平的发展相伴随，而且社会和经济更发达的社会，也趋向于赋予政治参与更高的价值。"近年来，我国社会生产力、综合国力显著提高，然而在社会发展的多领域仍然相对比较落后，客观上影响了公众参与公共政策制定过程的热情。再次，我国公众参与渠道存在"少而不畅"的现象。当前公众参与方式比较多地集中在听证、信访等方面，而官方网站、热线电话、民意调查及以微博为代表的新型社交平台等多种渠道未能发挥有效作用。目前，像合阳县政府网站、成都新都区政府网站、深圳气象局网站那样"敬业""认真""可爱"的政府网站还是凤毛麟角；有的政府网站形同虚设，网上咨询或建议如石沉大海；大多数对外公布的政府热线电话无人值守或接听；民意调查选题脱离实际，回答选项设计不合理，样本太少；政府部门和单位的官方微博尚处在刚刚起步阶段；等等。因而，在以上因素的影响下，公众参与不可能无限增长。

下面从公众参与度、经济基础、参与热情、参与渠道等方面来分析公众参与的成长受限现象，进而建立公众参与公共政策制定的成长上限基模。

因果链：

（1）公众参与度→+利益表达→+利益分配相对公平→+社会和谐→+公众参与度。

（2）公众参与度→+经济基础→+与当前经济水平差异→-公众参与度。

（3）公众参与度→+参与热情→+与传统政治文化差异→-公众参与度。

（4）公众参与度→+参与人数→+参与渠道差→-公众参与度。

由以上四条因果链的链接力作用产生整体结构因果关系图——公众参与的成长上限基模如图 2 所示。

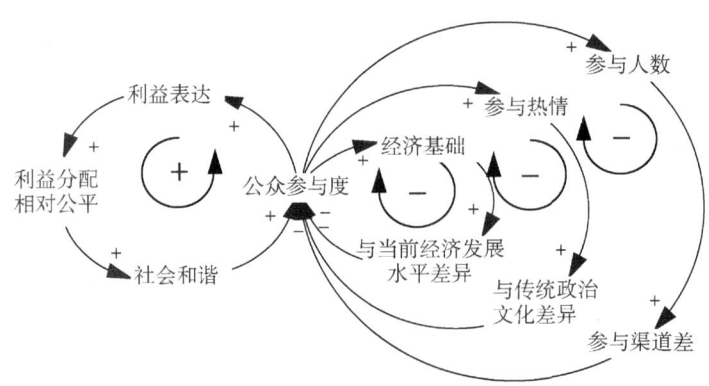

图2　公众参与的成长上限基模

公众参与的成长上限基模由两部分构成：左边部分是刻画公众参与公共政策顺利推进的正反馈环，右边部分是抑制成长的三个负反馈环。受负反馈环的影响，公众参与的发展受到制约。鉴于此，借用彼得·圣吉的"成长的上限基模"名称，将其称为公众参与成长上限基模。

(三) 公众参与公共政策制定的利益分配

虽然公众参与与公共政策制定之间存在良性循环关系，但公共政策制定过程同时也是一个各方博弈的过程。几乎所有的目标群体都希望政策制定者能够做出有利于自己的价值分配，他们会利用各种方式与途径表达自己的意见、看法和利益要求，以实现自己利益的最大化。由于资源的有限性，参与度高的目标群体必然获得更多的资源，而参与度低或无参与的目标群体可能分配到的资源会越来越少。我们可以假设，在公共政策制定的过程中，存在目标群体甲和目标群体乙两方。若目标群体乙的参与度较低，乙的利益诉求往往很难传递到决策层，从而只能被动地接受目标群体甲导向下的政策安排；反之，对于目标群体甲而言，已经形成了一种比较稳定的结盟关系，他们凭借资金、权力、能力和关系等资源优势，具有了相当大的社会能量，从而对整个社会生活产生更加重要的影响。例如，2010年发生的多起校园血案，通过对这些典型案例的比较分析，我们不难发现，案例中的暴力行凶者往往都属于无处表达、不能表达、不会表达或多次表达而无理想结果的弱势群体。特别在社会经济水平飞速发展时期，强势群体可以利用种种非制度化的手段为自己谋取利益，弱势群体则受挫绝望、求助无门，从而其利益诉求很难与公共政策对接。面对社会贫富的悬殊，分配制度的不公，他们最终选择采取对社会安全造成严重威胁的危险表达方式。

下面从目标群体甲的参与度、甲的利益争取量、乙的参与度、乙的利益争取量及分配给甲相对于乙的利益比等来分析公众参与公共政策制定的利益分配,进而建立公众参与公共政策制定的利益分配基模。

因果链:

(1) 分配给甲相对于乙的利益比→+目标群体甲的参与度→+甲对公共政策的影响度→+甲的利益争取量→+分配给甲相对于乙的利益比。

(2) 分配给甲相对于乙的利益比→-目标群体乙的参与度→+乙对公共政策的影响度→+乙的利益争取量→-分配给甲相对于乙的利益比。

由以上两条因果链的链接力作用产生整体结构因果关系图——公众参与公共政策制定的利益分配基模如图3所示。

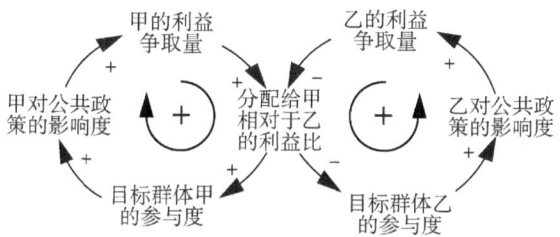

图3 公众参与公共政策制定的利益分配基模

公众参与公共政策制定的利益分配基模由两个正反馈环组成。左边的正反馈环表明,目标群体甲公共政策参与度越高,甲所能争取的利益也就越大,同时由于甲已争取到了比乙更多的利益量,甲的参与度会更高,从而争取更多的利益。右边的正反馈环表明,目标群体乙的参与度低,导致乙所获得的利益量小于甲,同时,由于乙的利益量小,更加无视公众参与,于是乙的利益量进一步减少。该基模表明,公众参与在公共政策的制定过程中,其利益分配存在"富者愈富"的关系,鉴于此,将其称为目标群体的富者愈富基模。事实上,我国贫富差距正逼近社会容忍的"红线":10年前我国基尼系数在越过0.4的国际公认警戒线后就开始逐年攀升,学界普遍认可世界银行测算的0.47为我国当前基尼系数的比值,它表明我国贫富差距问题已十分严峻。

四、公众参与公共政策制定的系统动力学启示

(一) 增进民意与公共政策的良性互动

良性循环基模揭示:在公共政策制定的过程中,如果每一位社会公众都能参与到政策制定中,那么可以形成民意与政府公共政策的良性互动,使三个正反馈环不断加强,从而提高公共政策质量。当今中国正处于社会急剧转型的关键时期,大量的社会矛盾使得政策制定者在公共政策过程中不断调整政策导向，努力协调各方利益。然而，只有当广大公众真正参与到政策的制定过程中，才能确保公共政策的公共利益取向。例如，我国房地产政策虽不断调整，但房价却一路攀升，国家有关部委及一些地方政府在认真调查研究和广泛听取群众意见的基础上，先后出台了土地、金融、税收等多种调控手段，努力遏制房价过快上涨，促进房地产市场健康、有序发展。公共政策的本质属性就是解决公众的社会问题，只有公众参与，公共政策的制定才能与公众参与形成良性循环，从而提高公共政策的质量，有效解决公共问题，确保社会的稳定。

(二) 营造良好的外部环境

成长上限基模揭示：经济基础、政治基础和参与渠道等因素是提高公众参与度的根本因素。要解决公众参与公共政策"成长上限"问题，首先要营造参与型的政治文化。在中国这个具有几千年"大政府、小社会"历史传统的国度，应积极构建参与型的政治文化，使其成为公民参与决策的思想文化基础，这样才能消除政治文化的差异，从而制约负反馈环的发展。一方面，政策制定者应本着现代民主的理念，主动与公众进行面对面的对话，积极回应公众的政治诉求，真正把吸收公民参与看成是优化政府公共政策制定的根本途径，看成是社会主义民主政治发展的必然要求。另一方面，公民要不断增强参与意识，提高参与热情，增强参与公共政策的责任感，使参与型文化内化为全体公民的共识。公民参与的意识越普遍、越自觉，公民的参与行为才能越广泛、越深入，在公民参与下制定的公共政策越能体现广大人民群众的意愿。

其次，拓宽公民参与的形式，为公民参与到公共政策制定的过程中来提供便捷、畅通的渠道，以消除渠道差，使公众参与成长上限的负反馈环不断减弱，从而加强正反馈环的发展，提高公众参与度。结合我国的具体国情和实际情况，扩大参与形式，保障渠道畅通，使公民对不同性质的政策问题都有参与的可能性。一是民意调查。不少国家法律规定，政府的重大政策出台前都要进行民意调查，以保证政策符合民意。据中国青年报调查，多达94.5%的人支持把民意调查纳入公共政策制定程序。通过民意调查，还可以宣传政府的政策，获取国民的理解和支持，掌握民众对政府服务的满意程度。二是公开听证。在听证过程中，公众可以充分表达对各种未定方案的意见，各方利益主体平等参与公共政策制定过程，使公共政策民主化得以充分体现。三是利用博客、微博等网络平台。在官方微博上将公共政策制定程序及理由等公开，特别是涉及公众切身利益的诸公共政策领域问题，为官民沟通互动搭起桥梁，影响公共政策制定议程，也推动公共政策协商模式的建立。

(三) 引导弱势群体以公众参与形式表达利益诉求

富者越富基模揭示：利益表达是实现利益均衡的关键。弱势群体由于自身占有社会影响力资源的较少，在社会生活和相应的关系结构中无法有效地发挥社会影响力，必然会在利益博弈中处于劣势。

为了解决富者愈富基模所带来的牺牲弱势群体的利益表达，导致利益分配不均的问题，应从以下两方面入手：首先，政策制定者在公共政策制定的过程中要始终站在目标群体的根本利益立场上，充分考虑不同阶层、不同群体、不同地区人们的利益要求，特别是弱势群体，他们本来就生活在社会的底层，利益诉求难以形成政策压力，然而，当贫富差距越来越大时，这种以牺牲弱势群体的利益实现的短期稳定就会变成长期的不稳定。所以，政策制定者在公共政策中一定要力求平衡，使公共政策为社会稳定做出有效的贡献。

其次，弱势群体应增强其利益表达能力。公民参与公共政策制定的广度和深度与公民受教育程度和文化素质正相关。公民受教育程度较高，其所获得的政治知识就越丰富，参与的积极性就越高，对政府决策的影响力就越大。加强对弱势群体公众参与的知识的传授，使他们能够通过政策参与来保护和实现自己的合法利益。同时，加强弱势群体利益表达的组织化程度。通过各种社团非政府组织，让更多的公民可以有组织地加入反映弱势群体利益诉求的过程中，发挥凝聚群体利益的作用，并借助公共传媒唤起对弱势群体的社会关注，形成舆论压力，使弱势群体的声音不再微弱。

五、结 语

公共政策的制定是一个复杂的系统过程，一项真正意义上的公共政策必定照顾到包括弱势群体在内的所有目标群体。只有不断扩大公众的政治参与度，保持公众参与与公共政策制定的良性互动，才可能在政策实施中得到公众认可、达到良好效果，从而消除不稳定因素，实现社会的长治久安与和谐发展。

■ 参考文献

[1] 江泽民. 全面建设小康社会，开创中国特色社会主义事业新局面 [EB/OL]. 央视新闻网，http://www.cctv.com/news/china/20021117/1001871.shtml, 2002-11-08.

[2] 陈振明. 政策科学：公共政策分析导论 [M]. 北京：中国人民大学出版

社，2003．

[3] 周红云．公共政策制定中公众的有效参与 [J]．人民论坛，2011（2）．

[4] 王其藩．系统动力学 [M]．北京：清华大学出版社，1994．

[5] 约翰·克莱顿·托马斯．公共决策中的公民参与：公共管理者的新技能与新策略 [M]．北京：中国人民大学出版社，2005．

[6] 陈洪伟，周绍森，邹常春．问题直接基模生成法（FAJA）在企业文化管理问题研究中的应用 [J]．南昌大学学报（人文社会科学版），2008（3）．

[7] 公众参与是建设和谐社会的基础——中欧公众参与民主理论与实践研讨会综述 [EB/OL]．人民网，http://theory.people.com.cn/GB/40534/5168606.html，2006-12-14．

[8] 塞缪尔·P. 亨廷顿．变动社会的政治秩序 [M]．上海：上海译文出版社，1989．

[9] 最敬业县政府网站：网上对话进行时 [J]．网络舆情，2011（18）．

[10] 新华社调研小组：贫富差距逼近社会容忍红线腾讯网 [N]．经济参考报，http://finance.qq.com/a/20100510/001810_1.htm，2010-05-10．

[11] 94.5%的人期望民调纳入公共政策制定程序 [N]．中国青年报，中国新闻网，http://www.chinanews.com/gn/2011/03-29/2936124.shtml，2011-03-29．

[12] 网络民意表达促进中国法律法规完善 [J]．新南记者，2011（1）．

[原文出处：《南昌大学学报（社会科学版）》，2012年第1期]

基于学生满意度的和谐校园建设调查研究

/ 张　蓉　郑克强　何仁飞 /

【摘　要】 学生满意度是和谐校园构建的重要基础与重要维度。本研究以江西两所高校为例，分别从性别、年级、专业等层面对和谐校园建设的学生满意度进行了扫描和深度剖析，指出目前高校和谐校园建设学生满意度总体处于比较满意的状态，但还存在较大的上行空间，并据此提出了高校和谐校园建设提升学生满意度的具体对策。

【关键词】 大学生满意度；和谐校园；调查

一、引　言

满意度是一种效用指数，根据经济学的解释，效用就是消费者消费某种物品和服务时得到的满足感的程度。消费者行为学指出，顾客满意度的高低将会决定顾客今后对产品以及服务提供方的后续行为，正面的如成为忠实顾客、重复购买、推荐他人等，负面的如停止购买、索赔、攻击等。而根据社会主义和谐社会的内涵要求，和谐校园应该是一个民主法治、公平正义、诚信友爱、安定有序、和谐发展的文明校园。和谐校园是一种以和衷共济、内和外顺、协调发展为核心的素质教育模式，是以校园为纽带、以教师为引导、以学生为主力的全面、自由、协调、整体优化的校园氛围，是将"以人为本"作为思想核心，以学生发展、教师发展、学校发展为宗旨的整体效应。

作为建设和谐校园的主力军、源动力，当代大学生的思想状况正是影响他们行为的主要因素，而当代大学生满意度作为其思想活动的一个重要外在体现，也是大学生主观上对自己已有的生活状态正是自己心目中理想的生活状态的一种肯定和感受的体现，对建设和谐校园起着至关重要的作用。因此，从学生主体角度开展和谐校园建设研究目前就显得尤为迫切。本研究试图从学生满意度的角度，对高校和谐校园建设进行初步的扫描和透视。

二、实证研究过程与结果

(一) 样本信息与数据来源

本调查于 2011 年 5 月至 2011 年 6 月在南昌大学和南昌理工学院同时进行，其中，南昌大学是江西省人民政府和教育部共建的"211 工程"重点综合性大学，南昌理工学院是教育部批准设置的普通民办本科高校。此次调查采取无记名方式，对象为这两所高校的在校全日制本科生和专科生，涉及理工、经管、公管、人文、教育、艺术类院系。问卷发放采取非随机抽样和随机抽样相结合的方式，抽取总人数的 20%，然后再从中随机抽取学生来完成。共发放问卷 300 份，回收 300 份。其中有效问卷 299 份，有效回收率为 99%。将所有问卷都输入计算机，运用统计软件 SPSS 19.0 进行描述分析、平均数对比分析和配对样本的检验。

(二) 研究方法及量表设计

根据顾客满意度相关文献结论，并结合我国高校的特点，本研究将和谐校园严格限定在具体校园情境中的满足学生一定需要而规定的学习、生活及课外活动的标准和条件的总和，它涵盖以下 12 个结构指标：(1) 课程设置；(2) 课堂教学；(3) 教学管理；(4) 宿舍管理；(5) 膳食服务；(6) 门诊服务；(7) 治安管理；(8) 图书馆；(9) 网络中心；(10) 学生活动；(11) 学工服务；(12) 校园景观。并且对上述 12 个结构指标进行分解，如课程设置指标分解为：对思政课的满意度、对基础课的满意度、对专业课的满意度和对选修课的满意度四项单项指标；又如将教学管理指标分解为：对成绩考核方式的满意度、对成绩公布及查询的满意度和对教学设备的满意度三项单项指标。

本研究采用封闭式提问方式，初步构建出高校和谐校园建设学生满意度调查问卷。为了保证单项指标的准确性和全面性，笔者运用德尔菲法，就单项指标的构成咨询南昌大学、南昌理工学院等相关专家学者，从而完成对满意度问卷的修订。问卷指标构成最终如表 1 所示。同时，问卷采用里克特 5 级正向计分的方式，将各单项指标界分为五个刻度：非常满意 (记 1 分)、满意 (记 2 分)、一般 (记 3 分)、不满意 (记 4 分)、非常不满意 (记 5 分)。

表1 高校和谐校园建设学生满意度评价指标要素

结构指标	单项指标
课程设置	1. 对思政课的满意度；2. 对基础课的满意度；3. 对专业课的满意度；4. 对选修课的满意度
课堂教学	1. 对教师教学态度的满意度；2. 对教师教学方式的满意度；3. 对教师教学水平的满意度
教学管理	1. 对成绩考核方式的满意度；2. 对成绩公布及查询的满意度；3. 对教学设备的满意度
宿舍管理	1. 对水电使用的满意度；2. 对公共场所卫生的满意度；3. 对宿管员负责程度的满意度；4. 对维修等后勤工作的满意度；5. 对空间设计的满意度
膳食服务	1. 对饭菜质量的满意度；2. 对饭菜价格的满意度；3. 对食堂人员服务态度的满意度；4. 对食堂数量及分配位置的满意度；5. 对食堂卫生条件的满意度
门诊服务	1. 对候诊时间的满意度；2. 对门诊专科多样性的满意度；3. 对医护人员工作态度的满意度；4. 对医疗服务品质的满意度
治安管理	1. 对财物防盗的满意度；2. 对夜间照明的满意度；3. 对门禁管理的满意度；4. 对校园巡逻的满意度
图书馆	1. 对图书馆开放时间的满意度；2. 对馆内阅读环境的满意度；3. 对工作人员服务态度的满意度；4. 对图书馆资源的满意度
网络中心	1. 对校园网络带宽与便利性的满意度；2. 对校外网络（外网）服务的满意度
学生活动	1. 对社团活动的满意度；2. 对社会实践活动的满意度；3. 对学术科技创新活动的满意度；4. 对校园文化活动的满意度
学工服务	1. 对助学贷款制度的满意度；2. 对奖学金制度的满意度；3. 对心理辅导的满意度；4. 对毕业生就业指导的满意度；5. 对辅导员工作的满意度
校园景观	1. 对校园景观的满意度；2. 对校园清洁维护的满意度

（三）数据处理与实证结果

1. 单项指标的满意度。运用 SPSS 19.0 统计软件，就高校和谐校园学生满意度单项指标进行统计处理，得出平均数及其标准差。高校和谐校园学生满意度最高的前五位有：对思政课、对教师教学态度、对专业课、对馆内阅读环境、对维修等后勤工作的满意度，得分依次为 2.11 分、2.2 分、2.27 分、2.36 分、2.37 分，均在 2~3 分。满意度得分最低的后五位有：对饭菜价格、对医疗服务品质、对食堂人员服务态度、对食堂卫生条件、对门诊专科多样性的满意度，得分依次为 3.42 分、3.12 分、3.09 分、3.07 分、3.04 分，均在 3~4 分。上述满意度排列情形与当前我国和谐校园建设现状十分吻合。

近年我国高等教育在规模扩张的同时，硬件水平有了很大的提高，图书馆阅读环境、宿舍管理水平等不断得到改善与提高，这与高等学校大规模的物质投入是分不开的。同时，伴随着社会转型的深入，社会价值观也日趋多元化，教师教学越来越注重将教书与育人有机结合，既注重学生能力的提高，也注重学生素质的提高。因此，学生对课程设置及教师教学满意度呈现出较高状态。而值得注意的是，食堂饭菜价格、门诊医疗服务品质一直是高校和谐校园建设的薄弱环节，也是历来学生抱怨最多的项目。随着物价的飞涨，虽然各地各高校为应对副食品价格上涨，采取了加强食堂管理、向学生提供补贴等多项措施，来稳定学生食堂饭菜价格，但食堂饭菜的质与量仍然难以得到保证。调查结果表明，这一薄弱环节依然是今天高校和谐校园构建的瓶颈。

2. 结构指标的满意度。结构指标经过统计处理后，从各满意度平均得分可知，十二个结构指标中，满意度得分最高的是课程设置，为 2.4027 分；满意度得分最低的是膳食服务，为 3.0447 分，且膳食服务满意度得分处于不满意状态。这既印证了前述单项指标得分基本情况，说明数据相对准确和可靠，也进一步暴露和证明了当前我国和谐校园建设存在的不足。譬如膳食服务与门诊服务，在十二个指标中得分分别为倒数第一、第二。这与当前我国社会发展中所面临的矛盾与问题有一定的关联。物价飞涨与医疗保障一直是当代社会关系民生的首要问题，反映到高校的和谐校园建设中，从而制约了和谐校园建设进程。

3. 项目类别对结构指标满意度差异的影响。本研究项目类别主要有性别、年级与专业。笔者从性别维度对各结构指标满意度进行独立样本 t 检验后，发现在 0.05 显著性水平上，男生和女生对各结构指标满意度评价基本相同，因此，性别对各结构指标满意度差异的影响均呈不显著状态。以下分别从年级、专业维度对各结构指标满意度进行单因素方差分析。

（1）年级对结构指标满意度差异影响分析如表 2 所示。

表 2　年级对结构指标满意度差异影响分析

类别		N	均值	标准差	方差齐性检验	F值对应的概率值	差异性
课程设置	一年级	69	2.6051	0.68520	0.002	0.009	其他年级
	毕业班	44	2.5284	0.90736			毕业班
	其他年级	180	2.2944	0.75216			一年级

续表

类别		N	均值	标准差	方差齐性检验	F值对应的概率值	差异性
课堂教学	一年级	70	2.9667	0.71818	0.000	0.000	其他年级 毕业班 一年级
	毕业班	46	2.4275	1.10591			
	其他年级	183	2.1730	0.67922			
教学管理	一年级	70	3.1143	0.57843	0.000	0.003	毕业班 其他年级 一年级
	毕业班	46	2.7174	0.74276			
	其他年级	182	2.8104	0.74593			
宿舍管理	一年级	70	2.7229	0.57210	0.011	0.108	
	毕业班	41	2.5512	0.70962			
	其他年级	183	2.5454	0.59749			
膳食服务	一年级	70	3.5886	0.70926	0.401	0.000	其他年级 毕业班 一年级
	毕业班	46	2.9087	0.79633			
	其他年级	175	2.8629	0.73901			
门诊服务	一年级	34	3.3456	1.04086	0.102	0.009	
	毕业班	44	2.8409	0.88280			
	其他年级	155	2.8419	0.84035			
治安管理	一年级	69	3.1449	0.64084	0.039	0.002	毕业班 其他年级 一年级
	毕业班	46	2.7880	0.80617			
	其他年级	175	2.8071	0.70427			
图书馆	一年级	46	2.7750	0.84753	0.545	0.023	
	毕业班	32	2.4297	0.80581			
	其他年级	136	2.4382	0.67355			
网络中心	一年级	67	3.1493	0.51504	0.000	0.000	毕业班 其他年级 一年级
	毕业班	45	2.5333	0.55800			
	其他年级	172	2.5814	0.91562			
学生活动	一年级	56	2.8616	0.55169	0.000	0.709	其他年级 毕业班 一年级
	毕业班	41	2.9024	1.01532			
	其他年级	152	2.7977	0.79461			
学工服务	一年级	25	3.2160	1.03105	0.000	0.000	毕业班 其他年级 一年级
	毕业班	28	2.4571	0.82885			
	其他年级	121	2.5421	0.63479			

续表

类别		N	均值	标准差	方差齐性检验	F值对应的概率值	差异性
校园景观	一年级	68	2.8971	0.49293	0.000	0.006	其他年级 毕业班 一年级
	毕业班	46	2.5978	0.64653			
	其他年级	171	2.5848	0.75934			

表2中，在0.05显著性水平上，年级变量对课堂教学、教学服务、膳食服务、治安管理、网络中心及学工服务结构指标满意度影响显著。而且，各项指标维度中，一年级满意度均明显低于其他年级和毕业班；在课堂教学、网络中心和学工服务结构指标维度，其他年级满意度明显高于毕业班，且毕业班满意度高于一年级；在教学服务结构指标维度，毕业班满意度明显高于其他年级和一年级；在膳食服务和校园景观结构指标维度，其他年级和毕业班满意度都明显高于一年级。该统计结果说明不同年级学生对课堂教学、教学管理、膳食服务、治安管理、网络中心及学工服务存在显著性差异。而在图书馆、宿舍管理等评价上，年级差异并不明显。笔者认为，这主要是因为图书馆、宿舍管理等通常具有共用性，是面向全校学生，且近年来各高校硬件设施建设水平得到了相对全面的提高，因此年级满意度差异不明显；而其余结构指标相对而言具有群体性差异，特别是一年级满意度普遍较低，如学工服务、教学管理等维度，一年级学生对校园生活往往无比期待，而现实与理想总是存在差距，毕业班学生相对来说对学校服务流程比较熟悉和适应。因此，出现了一年级学生满意度显著性偏低的现象。

（2）专业对结构指标满意度差异影响分析如表3所示。

表3　专业对结构指标满意度差异影响分析

类别		N	均值	标准差	方差齐性检验	F值对应的概率值	差异性
课程设置	人文社科类	155	2.2371	0.75474	0.990	0.000	人文社科类＞理工类
	理工类	138	2.5888	0.75201			
课堂教学	人文社科类	155	2.0839	0.66839	0.288	0.000	人文社科类＞理工类
	理工类	144	2.7361	0.86085			
教学管理	人文社科类	154	2.7403	0.75455	0.000	0.002	人文社科类＞理工类
	理工类	144	3.0035	0.65977			

续表

类别		N	均值	标准差	方差齐性检验	F值对应的概率值	差异性
宿舍管理	人文社科类	155	2.5045	0.58613	0.867	0.013	
	理工类	139	2.6820	0.62638			
膳食服务	人文社科类	147	2.7633	0.72642	0.433	0.000	人文社科类>理工类
	理工类	144	3.3319	0.77122			
门诊服务	人文社科类	128	2.7480	0.83801	0.325	0.001	人文社科类>理工类
	理工类	105	3.1190	0.92123			
治安管理	人文社科类	147	2.7755	0.71477	0.092	0.009	
	理工类	143	2.9965	0.70958			
图书馆	人文社科类	112	2.3875	0.67181	0.165	0.012	
	理工类	102	2.6431	0.79758			
网络中心	人文社科类	144	2.6458	0.89653	0.052	0.199	
	理工类	140	2.7714	0.73790			
学生活动	人文社科类	127	2.7480	0.83482	0.002	0.097	人文社科类>理工类
	理工类	122	2.9139	0.72853			
学工服务	人文社科类	99	2.4364	0.65050	0.078	0.000	人文社科类>理工类
	理工类	75	2.8747	0.84711			
校园景观	人文社科类	144	2.5556	0.81101	0.000	0.009	人文社科类>理工类
	理工类	141	2.7695	0.53957			

表3中，在学科专业因素对满意度的影响关系上，人文社科类与理工类学生除宿舍管理、治安管理、图书馆、网络中心外，其他各结构指标满意度均有显著差异，且人文社科类满意度均高于理工类满意度。如在课程设置、课堂教学、教学管理、学工服务等项目上都反映出较大的差异性。笔者认为，理工类学生更注重学习实践，特别是对教师关于专业课讲授的要求相对更高，而相对于硬件设施的投入，师资力量的提高、产学结合的融合这些软件其建设更有难度。因此，在课程设置、课堂教学及教学管理等维度结构指标满意度上，理工类学生满意程度低于人文社科类学生。

三、结论和建议

本研究是在实证调查的基础上，通过数据处理和统计分析高校和谐校园学生满意度进行的针对性研究。通过对数据的处理和分析，笔者提出如下几点，以供理论研究者和实践工作者参考。

（一）研究结论

1. 本研究表明，目前学校的后勤服务质量是影响和谐校园建设学生满意度的重要因素。特别是膳食服务、门诊服务等，是与大学生校园生活密不可分的维度。这些校园中实实在在存在的问题，为进一步提高大学生的生活满意度设置了阻碍，直接给学校的和谐带来了负面的影响。因此，树立"以人为本"的服务理念是和谐校园建设的重中之重。

2. 本研究表明，年级对学生满意度差异影响显著，一年级学生和谐校园满意度明显低于毕业年级和其他高年级学生。因此，应进一步关注新生的思想状况，对新生进行多方面的思想指导，加快他们适应大学生活的速度，特别是高年级学生，可以以自身经验帮助一年级学生尽快融入环境。

3. 本研究表明，专业类型对学生满意度差异影响显著，理工类学生和谐校园满意度明显低于人文社科类学生。因此，在加大理工科实验器材、实验室等硬件设施投入的同时，更要注重软件设施的同步，从而使理工类学生能够学以致用，达到研、产、学的紧密结合。

4. 本研究表明，高校和谐校园学生满意度总体上呈现出比较满意的状态。但是，这一状态距离满意还尚有一段距离，和谐校园满意度的提升还存在相当大的上行空间。

（二）建议

1. 以需求为导向，增强和优化教育资源。我们强调以人为本，在学校就是以学生为本，牢固树立为学生服务的理念，紧紧围绕学生学习、生活的需求，构建学生工作体系，是和谐校园建设的应有之义。高校应加强对学生的学习需求分析，应该关注社会经济发展，通过启发、引导受教育者内在的受教育需求，创建和谐、宽松、民主的教育环境，有目的、有计划地组织并规范各种教育活动，构建以满足学生明确的或潜在的学习需求为教育出发点的教育模式，并在教育教学改革中积极组织实施，从而把学生培养为自主地、能动地、创造性进行认识和实践活动的社会主体；改革教学内容和课程体系，根据市场需求选择合适的教材，注意更新教材内容，培养学生创新精神和实践操作能力；不断改革教学方法和教学手段；并建立以学生为主体的教育服务评价与监督体系。以此为契机，实施因材施教，提高求学者的满意度。

2. 加强教师队伍建设，提高教育服务水平。高校教师授课模式不同于其他学段，教师大多数在每天的教学任务完成后，就会离开学校，基本没有时间与学生进行沟通与交流。因此，教师业务水平、教学态度、教学方式都需要改进。教师在不断提高教学水平、更新知识、改进教学模式及服务的同时，应注意采用灵活多样的教学手段来提高学生的学习兴趣，最大限度地提高学生的兴趣和调动学生的积极性，营造活泼的课堂气氛，培养学生主动学习的能力。教师应多与学生沟通、交流，多指导学生，给予学生更多参与科研和实践的机会，将课堂知识与科研实践相结合，同时在学生参与科研的过程中给予相应的指导，从而提高学生的学习满意度。此外，高校应加强教师的培训工作，通过培训和进修，提高现有教师的实际业务能力和教学水平，调整和优化教师的知识结构，培养创新精神和实践能力；将师资队伍建设和专业建设、产学研结合、课程开发、教材建设和现代教育技术应用等工作结合起来，鼓励教师积极参与，努力提高课程开发能力、现代教学技术应用开发能力和专业技术创新能力等；搞好学术梯队的建设。

3. 加强学校的基础设施建设，合理规划并做好维护工作。学校硬件设施是决定大学生满意度的直接因素，虽然大学生对于现有的硬件设施相对满意，但仍存在规划和维护上的问题。如实验室器材更新缓慢，与相关领域的发展水平尚有一段距离；校园网络服务虽已全面覆盖，仍存在网络不顺畅、不稳定等现象。这就需要学校今后在加大基础设施建设中，注重合理规划与细致维护的结合，特别是要从学生的角度出发，充分考虑到学生的情感和意见，从而进一步提高大学生对于学校的满意度。

4. 加强后勤管理工作，提升服务水平。评测数据表明学生对高校后勤服务工作的满意度不高，需要积极改进后勤服务，首先从服务质量入手。第一，满意度较低的校医院医生的服务态度和业务水平是改进重点；第二，提高食堂工作人员的服务水平。这两点在改进后勤工作、提高大学生满意度的工作中显得十分重要。在整个求学过程中，大学生的衣、食、住、行都离不开后勤的保障。因此，学校除了提供优质的教学服务以外，还应该时刻关心学生的生活，改善他们的生活条件。在高校推行后勤社会化的同时，应在各岗位引入竞争评估机制，通过让学生参与考评，提高后勤服务人员服务质量，建立起一套科学、完善、操作性较强、管理方便的激励约束机制和监督机制，以保证后勤服务各个系统的正常运转。根据学生消费的需求，组织好服务流程，制定并完善后勤服务规章制度，做到依法规范、约束企业和员工行为，保障后勤服务行为的满意度。此外，学校还须尽最大努力，积极创造条件为学生提供更好的配套生活条件。例如，加强学校周边及校内的治安管理，进一步完善配套生活服务设施，提供便利的校内交通等。

■ **参考文献**

[1] 张强. 论提高大学新生满意度促进和谐校园建设 [J]. 现代商贸工业, 2010 (15).

[2] 岳宝德. 构建和谐校园的思考与探索 [D]. 济南: 山东大学, 2009.

[3] 魏舒, 关小曦. 大学生生活满意度对和谐校园建设的影响 [J]. 民营科技, 2008 (10).

[4] 张懿. 大学生主观幸福感的实证研究 [J]. 教育学术月刊, 2010 (1).

[5] 韩志新. 大学生满意度测评研究 [J]. 才智, 2010 (20).

[6] 杨晓明, 姜灵芝. 高等学校大学生满意度测评及实证分析——以中国某高校为例 [J]. 北京科技大学学报 (社会科学版), 2010 (6).

(原文出处:《教育学术月刊》, 2012 年第 7 期)

■ 作者简介

王志平，女，湖南衡阳人，1985年3月出生，现为江西师范大学文旅学院讲师、博士，主要从事文化资源产业开发、文化项目策划等方面的研究。目前，已经主持省部级课题4项，2项决策咨询报告获省委、省政府领导肯定性批示，在《求实》《江西社会科学》等重要核心期刊发表论文10余篇。

■ 学术简介

　　作者的研究领域比较集中，一直围绕非物质文化遗产产业发展，特别是江西非物质文化遗产产业如何更好发展的相关问题进行研究，产生了一系列成果。在本书中，主要选取了《产业结构服务化与江西非物质文化遗产产业发展》《江西非物质文化遗产产业发展的 SWOT 分析》《鄱阳湖生态经济区非物质文化遗产禀赋评价与保护利用模式》《基于 DEA 方法的工艺陶瓷产业发展动态实证分析——以景德镇工艺陶瓷产业为例》《论地方高校对区域非物质文化遗产的传承》《基于准公共品性的非物质文化遗产适度开发研究》等几篇有关理论和实证分析方面的文章，作为作者学术成长的一个印记。

产业结构服务化与江西非物质文化遗产产业发展

/ 王志平　郑克强 /

【摘　要】 由产业结构服务化趋势所决定，文化产业成为现代服务业的重要组成部分。江西非物质文化遗产资源丰富，不仅具有重要的研究价值，而且具有较强的市场潜力和产业开发前景。本文据此阐述了江西非物质文化遗产产业现状与发展规划，并提出江西非物质文化遗产产业发展的相关原则和建议。

【关键词】 产业结构服务化；文化产业；江西非物质文化遗产；产业发展建议

产业结构演进是指三大产业从低端向高端发展的过程。其具体表现为在科技进步力量的推动下，沿着从以第一产业为主导到以第二产业为主导，最后到以第三产业为主导的方向发展。产业结构向服务化演进是经济社会发展的必然趋势，它对文化产业乃至非物质文化遗产产业的发展，都会带来深刻的影响。

一、产业结构服务化是一种必然趋势

产业结构服务化又称为"第三产业化"，是指产业结构由以第二产业为主导（工业型经济）向以第三产业为主导（服务型经济）的演变过程，表现为现代服务业迅猛发展、第三产业占 GDP 比重迅速提升、经济现代化程度大为提高。而产业结构服务化趋势临界点的出现主要是从两个方面来判断，一个是第三产业生产总值占 GDP 比重。另一个是第三产业就业人数占总就业人数比重。当第三产业在生产总值和就业人数两个方面都能赶超第二产业时，产业结构服务化的趋势就已形成，如表 1 所示。

表1　三次产业对GDP的贡献率（%）

国家和地区	第一产业		第二产业		第三产业	
	2000年	2009年	2000年	2009年	2000年	2009年
中　国	15.1	10.3	45.9	46.3	39.0	43.4①
美　国	1.2	0.9	24.2	17.3	74.6	81.8①
日　本	1.3	1.0	28.2	23.5	70.5	75.5①
法　国	-1.1	-1.8	27.4	17.0	73.7	84.9①
德　国	-0.1	1.1①	38.5	49.5①	61.6	49.5①
意大利	-1.9	0.0	26.8	16.7①	75.1	83.3①
俄罗斯	8.0	2.3①	46.0	28.5①	46.0	69.2①
英　国	-0.2	0.4①	10.0	6.9①	90.2	92.8①
澳大利亚	4.2	4.1	27.4	25.9	68.4	70.0①

注：①数据根据世界银行基础数据测算。
资料来源：国家统计局 http://www.stats.gov.cn/tjsj/qtsj/gjsj/，世界银行WDI数据库。

表1反映出近年来中国与发达国家的三次产业对GDP贡献率的基本变化情况。实际上一些发达国家在工业化初期就有相当高的服务业产出比重，并且在整个工业化过程中服务业都保持了相对稳定的比重。产业结构服务化演进的拐点应该是第二产业占GDP比重由稳定增长迈向逐渐下降、第三产业占GDP比重持续上升直至超过50%的转折点，截止到2009年，主要发达国家基本达到这一水平。

发达国家进入产业结构服务化趋势以后，产业结构比重上基本呈现"三二一"状态，且第三产业占GDP比重基本超过50%，人均国民生产总值基本在5000美元左右。我国2000—2009年间的三次产业占GDP比重构成变化趋势是：第一产业逐步下降；第二产业由2000—2007年上升到2007—2009下降；第三产业逐步上升；截止到2009年，第三产业生产总值达147642.1亿元，占GDP比重已接近44%，人均国民生产总值达25575元，按当年汇率计算可达4000美元，基本赶上发达国家在进入产业结构服务化趋势时的水平，如图1所示。同时，2000—2009年间的三次产业就业人数变化趋势是：第一产业持续下降；第二产业缓步上升；第三产业持续上升；截止到2009年，第三产业就业人数达26603万人，占总就业人数的34.1%，已经超过第二产业就业人数（21684万人）和占比比重（27.8%），如图2所示。

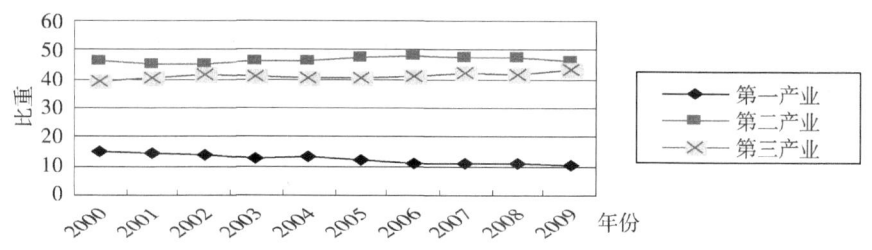

图1 我国2000—2009年三次产业总值占GDP比重（%）

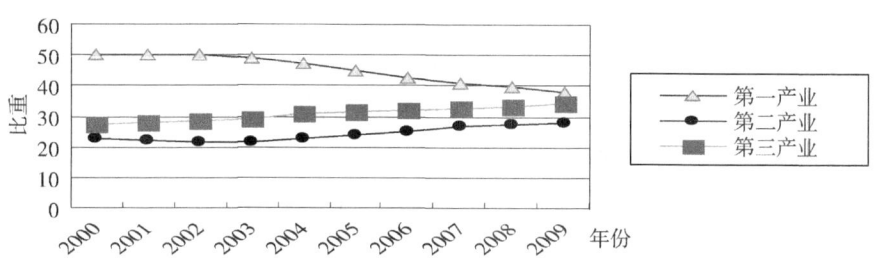

图2 我国2000—2009年三次产业就业人数构成（%）

资料来源：根据国家统计局数据整理作图。

这些数据说明，我国第三产业在生产总值、劳动力人数两个方面的发展都基本符合产业结构服务化趋势的变化，各种新兴产业尤其是现代服务业的扩张将是中国下一轮经济增长的主要动力。

加快发展现代服务业是事关一个地区经济社会发展全局的重要途径，也是实现区域跨越式发展的有力抓手。目前，江西省正处于工业化加速发展并向中后期推进的阶段，现代服务业快速发展、比重上升的格局即将来临，江西产业结构服务化的拐点可能出现在2014—2015年。考虑到人民币升值、服务业漏统、城镇化进程加快、经济发展加速和国家鼓励节能减排的产业政策导向等因素，江西现代服务业尤其是战略新兴产业发展的提速期大约出现在2010年之后。

二、发展文化产业是江西发展现代服务业的题中应有之义

（一）文化产业在现代服务业中具有重要地位

文化产业作为一种特殊的文化形态和特殊的经济形态，影响了人民对文化产业的本质把握，不同国家从不同角度看文化产业有不同的理解。联合国教科文组织关于文化产业的定义如下：文化产业就是按照工业标准，生产、再生产、储存以及分配文化产品和服务的一系列活动。我国国家统计局在与

中宣部及国务院有关部门共同研究的基础上，从国家有关政策方针和课题组的研究宗旨出发，结合我国的实际情况，将文化产业概念界定为：为社会公众提供文化、娱乐产品和服务的活动，以及与这些活动有关联的活动的集合。

随着产业结构服务化趋势的到来，现代服务业的扩张为文化产业带来极大的发展契机，文化产业在现代服务业的急速发展过程中如雨后春笋般成长起来，并发挥着越来越重要的作用。一方面，文化产业是现代服务业的重要组成部分，被誉为朝阳产业，现代服务业要求高技术含量和高文化含量，而文化产业的高创意和高文化含量恰恰符合现代服务业发展的要求；另一方面，文化产业既属于服务业，又超越了服务业，它更是以创造无形资产为主的新兴创意产业，理应成为发展现代服务业的重要"引擎"之一，强调以发展文化产业带动现代服务业，同时促进文化产业与现代服务业融合发展，只有当文化成为现代服务业的灵魂和运营内涵时，服务业所创造的价值才能倍增。

(二) 文化产业是江西战略性新兴产业

文化产业是经济转型中的绿色火车头，文化与经济的日益融合已成为时代的潮流，这与江西"十二五"规划中科学发展、绿色崛起的总体发展理念相契合。江西文化产业发展的总体战略为"守正出奇"——守文化之正，出经济之奇：初步建立与社会主义市场经济体制相适应、政府调控市场、市场引导企业的文化产业运行框架，力争文化产业总收入每年以20%以上的比例快速增长，占国民生产总值的比重达到0.57%以上，城镇人均文化消费支出占全部消费性支出的比重提高到5%左右，建设文化强省，走有江西特色的文化产业发展之路。江西省十大战略性新兴产业（文化及创意）发展规划纲要（2009—2015）中强调：实施重大文化产业项目带动战略，尽快培育出一批新的文化龙头企业，成为新的增长点；努力发展新的文化业态；以大开放姿态吸收社会资本和外资；对重大项目实行责任制。这显示出江西文化产业规划的重点是培育并鼓励发展文化及新兴创意产业。

(三) 江西文化产业发展现状解读

2011年是"十二五"规划开局之年，也是江西经济社会发展关键之年，2011年前两个月，在一系列政策有力推动下，十大战略性新兴产业呈现出较好的发展势头，其中文化及创意新兴产业增速强劲，呈现良好开局。文化及创意产业产业增加值突破40亿元，占全省比重位列第二，仅次于金属新材料；主营业收入接近140亿元，增速高达92.8%；利润总额高达11.37亿元，增速达 62.0%；财政税金贡献总额达到 2.4 亿元。文化及创意产业对全省产业增加值贡献比重不断加大，成为江西省经济发展的重要支撑增长点，如表2所示。

表2　2011年1—2月江西省十大战略性新兴产业主要指标

指标名称	产业增加值（亿元）		主营业务收入（亿元）		利润总额（亿元）		税金总额（亿元）	
	本月止累计	占全省比重	本月止累计	增减（%）	本月止累计	增减（%）	本月止累计	增减（%）
十大新兴产业总计	232.67	44.2	1098.11	56.6	57.01	60.7	28.55	26.4
光伏	26.44	5.0	88.03	126.3	6.81	43.6	0.84	46.3
风能、核能	0.32	0.1	1.37	36.1	0.12	922.8	0.04	212.2
新能源汽车及动力电池	5.9	1.1	16.61	98.9	0.99	141.1	0.35	40
航空制造	1.8	0.3	7.7	261.7	0.37	212.8	0.1	138.7
半导体照明	2.92	0.6	9.41	41.8	0.34	111	0.19	34.2
金属新材料	85.19	16.2	551.35	50.2	20.63	61.2	14.57	17.8
非金属新材料	17.03	3.2	72.37	44.4	4.21	59.3	2.29	83.3
生物	17.24	3.3	62.24	21.6	4.28	28.4	3.32	26
绿色食品	35.32	6.7	149.26	44.6	7.89	67.7	4.45	30.5
文化及创意产业	40.51	7.7	139.73	92.8	11.37	62	2.4	26.3

资料来源：根据江西省统计局统计数据整理。

为了更直观地显示出文化及创意产业的发展态势，笔者根据表2的数据，设计并制作出以下文化及创意产业1—2月四项主要指标占十大产业合计比重示意图，如图3所示，从主营业收入、利润总额、税金总额以及产业增加值四大指标来看，文化及创意产业都占据十大产业举足轻重的位置。其中，主营业收入上文化及创意产业占十大产业总额的13%，利润总额占十大产业总额的20%，税金总额占十大产业总额的8.5%，而产业增加值更是占十大产业总额的17.5%。这些数据说明，文化产业逐渐成为江西经济发展的新一轮增长点。

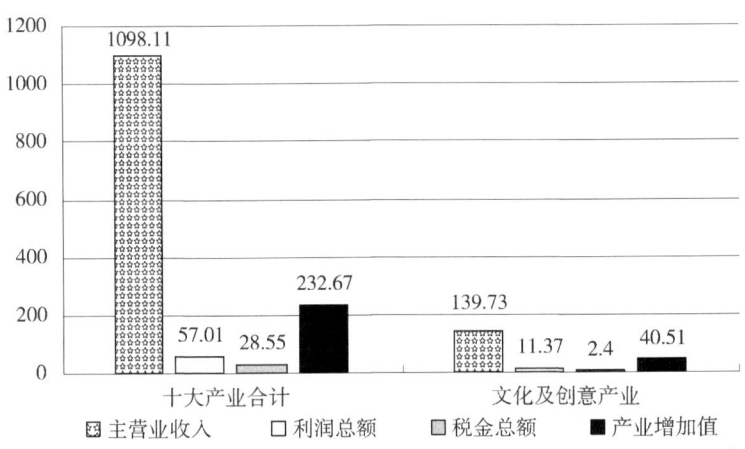

图3 文化及创意新兴产业1—2月四项主要指标占十大产业合计比重示意图　　（单位：亿元）

三、江西非物质文化遗产产业发展的市场潜力分析及规划构想

(一) 江西非物质文化遗产价值评估

江西非物质文化遗产分布广泛，种类齐全，四级名录体系较完整。据统计，全省共有国家级非物质文化遗产43项、省级非物质文化遗产370项、市级非物质文化遗产386项、县级非物质文化遗产801项（截止到2011年6月），形成了以县为基础单位、涵盖全省且种类齐全的具有鲜明赣鄱特色的非物质文化圈。其中，有的具有十分深远的历史传承价值，如兴国山歌、铅山连四纸制作技艺、弋阳腔、西山万寿宫庙会等，它们凝结着世世代代赣人的口心相授的智慧结晶；有的富含极高的艺术审美价值，如景德镇手工制瓷技艺、赣剧、丰城岳家狮、瓷板画等，它们不仅具有实用性，同时也具有极高的艺术审美价值，是人们精神需求的衍生品；有的具有特殊的科学认知价值，如樟树药俗、景德镇传统瓷窑作坊营造技艺、夏布织造技艺等，它们从民间实践中来，满足人们生产与生活的需要，它们不仅记载、传承着长期以来的民间工艺实践，也与当代江西人的日常生活密切相关；有的蕴含广泛的经济开发价值，如万载花炮制作技艺、萍乡烟花制作技艺、莲花血鸭、瑞昌剪纸等，它们大多具有原生态的文化特征，蕴含着巨大的经济价值。当然，其中也不乏四种价值兼具的文化形态。正因为江西非物质文化遗产蕴含丰富，得天独厚，其知名度和关注度日益提高，民间艺术的真实再现、传统工艺品的创新与营销、民俗文化的深度开发等市场活动日益活跃，非物质文化遗产形成产业并发展壮大的时机日益成熟。

(二)江西非物质文化遗产市场潜力分析

江西文化产业占 GDP 比重在产业结构服务化的趋势推动下不断加大,近些年,江西已经开拓了较强的消费市场,居民的文化消费基础能力显著提高。

江西先民在历史上所创造的丰富灿烂的赣文化,具有浓郁的地域特质,江西的非物质文化遗产因此而源远流长,独具特色。据调查,20世纪90年代至今,江西共有中国民间(特色)艺术之乡16个,省级民间艺术之乡32个,涉及傩(傩舞、傩面具等)、戏剧、灯彩、铜管乐、唢呐、山歌、歌舞、诗词,以及摄影、版画、漫画、剪纸、书法、根艺等十多个艺术种类。由非物质文化遗产的地域生态性所决定,它们的传承与发展在一定程度上带有鲜明的地域色彩。在居民具有较强的文化消费能力这一背景下,非物质文化遗产有广泛的市场受众,是江西非物质文化遗产产业发展的前提。为了解江西省具有较高知名度和较大市场潜力的非物质文化遗产项目,笔者进行了问卷调查,共涉及非物质文化遗产20项。调查对象涵盖企业人员、政府人员、医生、学生、教师、农民、工人等各个行业,发放问卷500份,收回有效问卷418份。内容主要涉及两个问题:1. 江西非物质文化遗产的受欢迎市场;2. 对江西具代表性的非物质文化遗产相关产出品是否有购买(欣赏)意向。

从社会调查的角度分析,目前江西非物质文化遗产的潜在市场主要集中在旅游、工艺品、演出、餐饮这四大块(见图4),且产业化商品化程度越高,公众认知度就越高;文化生态性越强,与受众的交流互动就越直接。那些贴近民众生活,能够满足公众的精神需求和物质需求,公众的购买(欣赏)意向较强,如丰城岳家狮、采茶戏、景德镇手工制瓷技艺、莲花血鸭、建昌帮药业以及西山万寿宫庙会等(见表3),因贴近百姓日常生产生活,许多人表示愿意参加、观看或购买相关产品。

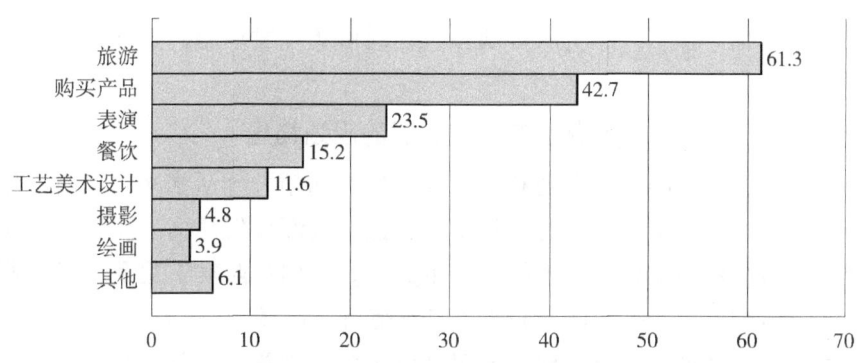

图4 江西非物质文化遗产项目受欢迎市场或领域及比重(%)

表3 江西代表性非物质文化遗产相关产出品的购买（欣赏）意向表

类别	名称	购买（欣赏）意向（百分比）
民间音乐	兴国山歌	34.5%
	得胜鼓	18.3%
民间文学	欧阳修故事	36.9%
	景德镇瓷窑的传说	57.8%
民间舞蹈	傩舞	13.7%
	丰城岳家狮	73.1%
传统戏剧	弋阳腔	31.7%
	采茶戏	66.5%
曲艺	萍乡春锣	53.6%
	马戏灯	28.7%
民间美术	瑞昌剪纸	77.3%
	瓷板画	68.2%
杂技与竞技	梅林高跷	37.4%
	韩氏武术	59.2%
传统手工技艺	景德镇手工制瓷技艺	81.5%
	莲花血鸭	85.8%
传统医药	建昌帮药业	88.3%
	拔火罐	53.7%
民俗	西山万寿宫庙会	63%
	南昌祭轿	11.4%

上述调查显示，江西非物质文化遗产中有相当一批项目，因其具有独特的魅力，而拥有较广泛的受众基础和一定的市场开发潜力，为进一步制定产业发展规划提供了依据。

（三）江西非物质文化遗产产业发展的规划构想

随着经济社会的迅速发展和人们物质生活和精神生活水平的提高，作为文化产业一个重要组成部分的非物质文化遗产逐渐焕发活力，江西非物质文化遗产正成为江西文化产业中的一支生力军。根据江西对文化及创意产业布局的基本构想，2009—2015年将重点打造南昌、景德镇、九江、赣州、萍乡、抚州六市文化及创意产业基地，即南昌市综合型创意产业基地及传统书画艺术基地、九江共青城影视基地、赣州民间工艺创意基地、景德镇陶瓷艺术创意基地、萍乡网络游戏与动漫基地、抚州传统工艺基地。其中,有四个基地都是以非物质文化遗产为主题的。由此可见,非物质文化遗产在江西文化产业发展规划中占据十分重要的战略地位,江西未来一段时期内将重点着力于非物质文化遗产产业的发展。

2008年以来,江西文化及创意产业九大分类中,新闻出版、艺术品交易等行业在主营业务收入、利润、人均资产收入等方面居于前列,成为产业发展的主导;产业链环节主营业务收入中,制作和出品、产权交易、服务配套成为产业发展的支撑。文化及创意产业集聚态势明显,艺术品交易、新闻出版、文艺演出、茶文化、传媒、动漫等成为产业品牌。同时,九大分类中非物质文化遗产的占比越来越大,尤其在艺术品交易、茶文化、文艺演出和制作和出品四大块,非物质文化遗产的占比平均已经超过60%。其中,在艺术品交易中,非物质文化遗产占到了75.3%,占据绝对优势,主要集中在瓷器、瓷板画、工艺雕塑、剪纸、编扎织染等非物质文化遗产项目;在茶文化中,非物质文化遗产占到了63.2%,主要集中在采茶戏、茶艺、茶灯等非物质文化遗产项目;在文艺演出中,非物质文化遗产占到了56.8%,主要集中在赣剧、采茶戏、弋阳腔、傩舞、狮舞等非物质文化遗产项目;在制作和出品中,非物质文化遗产占到了47.1%,主要集中在瓷器、花炮烟花、药业、工艺品等非物质文化遗产项目。其他五大分类中非物质文化遗产也占了相当大的比例,如图5所示。

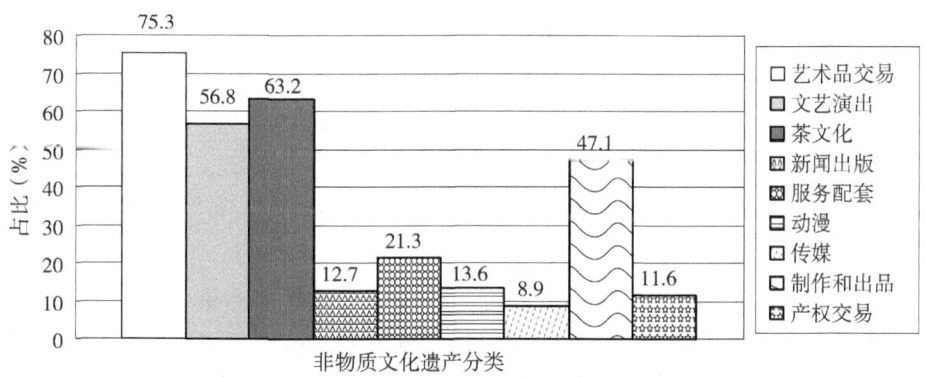

图5 2010年江西文化产业九大分类中非物质文化遗产占比(%)
资料来源:根据江西统计数据和网络数据整理。

这些数据显示:非物质文化遗产已成为江西文化产业百花园中争相竞放的朵朵奇葩,它犹如江西文化产业发展的"阿基米德支点",撬动、催生、拓展江西文化产业新一轮的发展空间，焕发着蓬勃生机与活力。

四、江西非物质文化遗产产业发展的原则与建议

发展非物质文化遗产产业应遵循必要的原则：在严格保护非物质文化遗产项目基本特质基础上，突出本土优势、地方特色和"非遗"项目传承人培养，推陈出新，古为今用，多方参与，配套部署，推进重点项目与重点领域的突破，实现非物质文化遗产产业的可持续发展。为此，笔者提出以下建议：

（一）坚守本土优势领域，创新内容和技术

非物质文化遗产作为文化产业的"生产资料"，是其赖以生存的重要资源。在文化产业中黏附、注入非物质文化遗产的"因子"，有利于提升文化产品的品位，拓展新的市场空间。但是，任何一种非物质文化产品的开发，如果脱离本土特色，必然会成为无源之水、无本之物，其市场业态形式不可能长久发展。为此，我们应坚持从本土优势领域出发，挖掘、整理、生产适应市场需求的非物质文化遗产项目，使其发展具有坚实的生活基础。

在坚守本土优势的前提下，发展非物质文化遗产产业还应该大力倡导创新。要将现代社会审美观念和价值理念融入非物质文化遗产中，使两者在内容和形式上能够有机拼凑、搭配及糅合；同时探索引入新技术，借助现代科技的表现与传播手段，使其影响力更加显著，提高受众市场关注度，从而实现非物质文化遗产在新的历史条件下的华丽转身。

（二）打造特色品牌，拓展产业链及营销空间

非物质文化遗产具有的经济价值和品牌属性，往往使之成为当地独特的文化符号。江西在这方面已有比较成功的案例，比如，以非物质文化遗产项目"莲花血鸭"烹调技艺为依托，近年来莲花传统菜肴业发展迅速，据不完全统计，目前在全国各地"莲花血鸭"餐馆多达1000余家，每年可为莲花赚回逾2亿元，不仅成为赣籍游子联络感情的"驿站""会馆"，也形成了赣西萍乡地区"非遗"项目成功产业化的一个特色区域品牌。

很多有潜质的特色品牌还需要进一步延伸为品牌产业链，通过多元化市场营销策略，将潜在的消费需求变成现实的消费。就江西省而言，比较具有代表性的案例是景德镇陶瓷多元化产业链模式，即非物质文化遗产群+特色产品产业+相关产业集群产业链模式，通过传统手工技艺（手工制瓷技艺）、民间美术（民窑陶瓷美术）、民间风俗（瓷业习俗）、景德镇民间音乐（民间瓷乐艺术）集一体的非物质文化遗产群，以陶瓷产业为核心，形成陶瓷产品市场优势，运用统一规划下的多重营销方式，形成区域间各环节的联动效应，

带动旅游、餐饮、娱乐休闲、文艺等多个产业集群的综合发展。

(三) 加强对传承人的保护，培育优化人才资源

由于非物质文化遗产口传心授的传承方式，使得传承人成为非物质文化遗产传承的核心。因此，加强对传承人的保护是江西非物质文化遗产产业发展的重要前提和保障。江西目前入主国家级非物质文化遗产目录的43个项目传承人，是江西非物质文化遗产产业发展的宝贵财富，应通过立法给予他们的资格认证、传承机制、荣誉称号、专有版权、公共财政资助及税收减免等有力的保护和支持。

为了使非物质文化遗产产业在江西发展蔚然成势，我们还需要进一步加强相关人才培养。要依托高校、科研机构，建设非物质文化遗产相关学科，着力培养既具有非物质文化遗产知识基础，又懂市场营销和经营管理的复合型创新人才，为非物质文化遗产产业发展提供源源不断的智力支持。

■ 参考文献

[1] 郑克强，彭迪云. 江西产业结构服务化拐点预测及其政策涵义 [J]. 江西社会科学，2008 (8).
[2] 国家统计局 [EB/OL]. http://www.stats.gov.cn/tjsj/qtsj/gjsj/.
[3] 江西省统计局 [EB/OL]. http://www.jxstj.gov.cn/Index.shtml.
[4] 江西省十大战略性新兴产业（文化及创意）发展规划（2009—2015）.
[5] 刘昂. 山东民间艺术产业开发研究 [D]. 济南：山东大学，2010.

(原文出处:《求实》，2011年第11期)

江西非物质文化遗产产业发展的 SWOT 分析

/ 王志平　郑克强 /

【摘　要】 加快文化产业的发展是推进经济社会转变发展方式的重要举措之一，江西在保护非物质文化遗产的基础上对其加强利用并形成产业，对繁荣江西文化产业有着积极意义。本文应用 SWOT 方法，分析江西非物质文化遗产产业发展的优势、劣势、机会与威胁并列出矩阵，进而提出产业发展"东融西进"、技术与管理标准化、拓展国内外市场及加快区域一体化协调推进等对策建议。

【关键词】 非物质文化遗产产业；SWOT 分析；对策建议

非物质文化遗产作为一种民族文化个性化的代表，是民族、民间的集体智慧和民族精神传承的象征，既具有精神层面的教育价值，又具有一定物质层面的经济价值。非物质文化遗产的产业化是指将那些可塑和可变性较强、具备生产和再生产的项目通过资源整合、价值再造以及生产销售等方式使其转化为文化产品和服务的过程，使其由文化资源转变为文化产业发展所需的"生产资料"，从而实现非物质文化遗产在生产实践中的更高层次的保护和传承。

根据非物质文化遗产"能否进入市场"的情况，本文按照存在状况、资源特征和市场价值等不同要素，将非物质文化遗产项目分为规模开发型、市场培育型和静态保护型三大类。规模开发型非遗项目本身就具有市场商品属性，如曲艺歌舞、木竹根雕、刺绣剪纸、中药炮制技艺等，通过市场化组织及现代营销手段把它们转化为日用生活用品、旅游纪念品和服务类产品形式，并按照市场运行规律进一步对其进行保护、传承与发展；市场培育型非遗项目大多具有较强的文化地域性，如地方戏剧、节庆庙会、山歌、傩舞等，可在其流传区域内适度进行商业性开发，使之在新的经济环境中既满足当地民众的精神文化需求，又能够创造一定的经济效益，在一边保护一边利用中获得可持续发展；静态保护型非遗项目主要包括一些地方传统习俗等与精神文化相关的内容，对其存在空间、区域性文化特征均有较严格的要求，一般不宜进行商业性开发，主要应保持其本真性和完整性。

江西省现有 16 个中国民间艺术之乡、32 个省级民间艺术之乡，涉及傩（傩舞、傩面具等）、戏剧、灯彩、铜管乐、唢呐、山歌、歌舞、诗词，以及农民摄影、农民画、版画、漫画、剪纸、书法、根艺等十多个艺术种类，非物质文化遗产资源十分丰富。近年来，江西省非物质文化遗产的保护利用工作在各级政府的引导、社会各界的参与下取得了一定成绩，但产业化发展方面仍有不足。为了探讨江西非物质文化遗产产业发展问题，本文运用 SWOT 战略分析方法，即根据研究对象自身的既定内在条件进行分析，找出其优势、劣势及核心竞争力之所在。其中，S 代表 Strength（优势），W 代表 Weakness（弱势），O 代表 Opportunity（机会），T 代表 Threat（威胁）。通过对江西非物质文化遗产产业发展的优势、劣势、机会和威胁进行系统分析，以求提出较为合理的对策建议。

一、江西非物质文化遗产产业发展的优势分析

（一）区域经济发展水平提高，经济实力日益增强

"十一五"以来，江西省经济增长和经济总量均创新高。从经济相关指标看，2010 年全省生产总值 9451 亿元，是 2005 年的 2.3 倍，五年平均增速 18.12%；消费需求持续活跃，2010 年全省社会消费零售额 2932.9 亿元，是 2005 年的 2.4 倍，年均增速 19.13%；服务业平稳较快增长，2010 年全省服务业增加值达 3034.4 亿元，是 2005 年的 2.2 倍，年均增速 17.08%，成为拉动经济增长的重要动力，如图 1 所示。从经济发展速度看，全省经济延续了自 2002 年以来的两位数快速增长势头，"十一五"期间年均增长 13.2%，高出"十五"期间平均增速 1.6 个百分点。增速在全国列第 9 位，跃居中部六省的首位，居于中部地区的领先位置，经济实力日益增强。

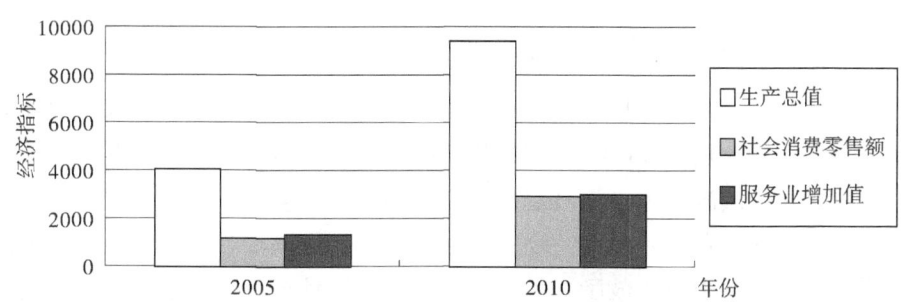

图 1 全省经济相关指标"十一五"与"十五"情况比较 （单位：亿元）

(二) 区域文化产业发展迅速

区域文化产业的发展与非物质文化遗产产业的发展有正相关性。近年来，江西省文化产业的快速发展为非物质文化遗产产业的开发奠定了良好的产业基础。文化产业增长速度不断加快，产业增加值和主营业收入占全省产业比重不断提高，2010年，全省文化产业实现产业增加值229.49亿元，占全省生产总值的2.43%，比2008年提高1.21个百分点；创造主营业收入844.3亿元，占全省生产总值的2.64%；文化产业结构逐步优化，"非遗"成为新的亮点，全省在稳固以新闻出版、广播影视、文化艺术为主体的传统意义上的文化产业"核心层"基础上，红色文化旅游、传统文化艺术、民间工艺等非物质文化遗产渐渐成为文化产业新的增长点；骨干龙头文化企业成为带动全省文化产业快速发展的生力军，截止到2010年年底，全省有文化产业经营企业7657家，解决就业人数超过25万人。非物质文化遗产正随着文化产业发展的大潮渐渐成为江西社会经济发展的"闪光点"。

(三) 非物质文化遗产及关联文化资源丰富

江西非物质文化遗产分布广泛，种类多、涵盖面广，四级名录体系完整。据统计，全省共有国家级非物质文化遗产43项、省级非物质文化遗产370项、市级非物质文化遗产386项、县级非物质文化遗产801项（截止到2011年6月）。关联文化资源遗存丰富，品种齐全，历史名人多，拥有大量的古遗址、古建筑、文物、博物馆等历史文化资源，其中有南昌、景德镇、赣州3座国家级历史文化名城，60多处全国重点文物保护单位，30多处国家级古建筑和古遗址。江西各地独具特色的鄱阳湖文化、赣江文化、宗教文化、红色文化等文化形式，为非物质文化遗产产业化奠定了文化基础。同时，非物质文化与其母体历史文化交相辉映，共同构成非物质文化遗产产业的创造源泉、创意灵感和发展题材。

(四) 非物质文化遗产产业开发条件日益完善

"十一五"以来，江西省基础设施、交通环境日渐改善，全省交通基础设施建设投资同比增长30.4%，高速公路通车里程达2433公里；旅游业财政扶持力度加大，旅游服务设施日趋完善、旅游生态环境不断改善；非物质文化遗产保护工作经费投入加大，政府划拨专项资金鼓励项目传承人进一步开展研习活动，政策引导，鼓励个人、企业和社会团体的资助，逐步形成政府主导、社会力量广泛参与的良性投入机制；广泛开展民间非物质文化遗产展演、展览，加大宣传力度，展示运作成功的产业化项目，鼓励适当的项目开发和商业运作，使民众对非物质文化遗产的认知度和产业化开发的认可度日益提高。

二、江西非物质文化遗产产业发展的劣势分析

（一）非物质文化消费需求水平不高

江西文化产业占 GDP 比重在产业结构服务化的趋势推动下不断加大，近些，江西已经开拓了较强的消费市场，居民的文化消费基础能力显著增强，但居民的非物质文化遗产消费水平增长缓慢。2009 年，江西省城镇居民人均消费 9740 元，其中，人均文化消费支出为 1066.9 元，2010 年为 1179.9 元，在各项消费支出中居第三位；增幅达 11%，在各项消费中居第二位；但统计数据中文化消费支出中的非物质文化遗产消费支出增长缓慢，增速仅 4.3%。实际上，江西省非物质文化遗产具有广阔的市场空间，2008 年以来，江西文化及创意产业九大分类中非物质文化遗产的占比越来越大，尤其在艺术品交易、茶文化、文艺演出和制作与出品四大块，非物质文化遗产的占比平均已经超过 60%。其中，在艺术品交易中，非物质文化遗产占到了 75.3%；在茶文化中，非物质文化遗产占到了 63.2%；在文艺演出中，非物质文化遗产占到了 56.8%；在制作和出品中，非物质文化遗产占到了 47.1%。由于收入水平不高、对非物质文化遗产项目认识不够，居民休闲消费偏好打牌、打麻将等文化含量较低的节目，江西需要进一步培育和拓展非物质文化遗产的消费需求与消费空间。

（二）利用和开发资金投入不足

目前，财政扶持非物质文化遗产资金主要针对保护和传承，而用于非物质文化遗产利用以及产业化开发的不多。2009 年，江西省共投入专项资金 982 万元，用于对国家和省级非物质文化遗产名录项目进行保护、保存、研究、传承等，省文化部门更是对孟凡林（武宁打鼓歌）、程长庆（婺源傩舞）、刘诗英（瑞昌剪纸）、宋增礼（瑞昌竹编）、殷武焕（青阳腔）、王炎生、曹开永（景德镇手工制瓷技艺）7 位国家级代表性传承人给予每人每年 1 万元的补助，用于鼓励、支持他们开展研习活动。虽然江西省非物质文化遗产产业开发市场潜在空间很大，但由于引导政策不清晰、公共财政扶持力度不够等原因，欲涉足非物质文化遗产相关企业常常犹豫不决，大都处在观望的起跑线上，不敢踏出产业化的第一步。产业化主体缺乏成为影响江西非物质文化遗产产业化发展的主要症结。

(三) 缺乏利用和开发的技术、专业人才

江西非物质文化遗产利用和开发专业人才匮乏，主要表现为非物质文化遗产传承人的断代消失和非物质文化遗产艺术创意与经营管理人才的短缺。许多非物质文化遗产项目属独门绝技，口传心授，往往要依靠掌握技艺的专业人员才能生存和发展，而今掌握一定传统技艺的人为数不多，他们或年事已高，或生活困难无法维系，非物质文化遗产传承人的老龄化与断代现象使得非物质文化遗产的传承和挖掘面临严重的威胁；由于江西省非物质文化遗产产业开发尚未形成规模，使得进一步吸引艺术创意与经营管理等高层次文化产业人才比较困难，成为江西非物质文化遗产产业开发的制约因素；近年来，江西省部分高校、科研院所设立了多元的非物质文化遗产研究方向，力求培养相关人才，但大多处在课题攻坚和学院式研究阶段，真正对非物质文化遗产项目进行田野调查、精细化和实用化研究得较少，进入非物质文化遗产产业开发环节中的就更为稀缺了。

(四) 品牌影响力较弱

近年来，不少省份加大了打造地域特色文化品牌的力度，并取得了明显成效。如云南省的本土传统民间表演艺术系列之《云南映象》、广西的"印象刘三姐"、东北的"二人转"等，已成为当地文化建设的亮点。目前，江西省已有"中国井冈山国际杜鹃花节""龙虎山道教文化旅游节""婺源县中国乡村文化旅游节""庐山中国旅游日""鄱阳湖国际生态文化节""赣州国际脐橙节""南丰国际蜜桔文化节""广昌国际莲花节""中国赣州客家生态文化旅游节"等110多个节庆活动；中国（江西）红色旅游博览会、中国景德镇国际陶瓷博览会、中国樟树药交会、中国（上栗）烟花爆竹产业交易会、江西绿茶博览会、南昌绳金塔庙会、南昌万寿宫庙会、九江世界名山大会等230多种会展。但缺乏既叫响又叫座的传世精品，在中国文化产业品牌研究中心2008年5月发布的首届"中国文化产业品牌"榜涉及的9大项、78小项中，江西省只有"中国红歌会"位列其中一个小项。品牌影响力不足，主要表现在非物质文化遗产产品低端化、单一化，品牌创新能力差，缺乏核心竞争力和产业吸附力；品牌产业链不健全，衍生品开发不充分；缺乏具有较强竞争力的龙头文化品牌三个方面。

三、江西非物质文化遗产产业发展的机会分析

(一) 国家和江西省保护力度加大

近年来，我国逐步颁布实施《关于加强我国非物质文化遗产保护工作的

意见》《中华人民共和国非物质文化遗产法》等法规，为各省做好非物质文化遗产保护利用工作奠定了法律基础。江西省也相继出台了一系列政策法规，从 2006 年开始，通过非物质文化遗产普查和名录体系建立国家、省、市、县四级非物质文化遗产分级保护体制、非物质文化遗产项目保护责任单位的认定和非物质文化遗产传承人保护机制等，按照"保护为主、抢救第一、合理利用、传承发展"的总体工作方针，立足本省优势，突出本省特色，大力加强对非物质文化遗产的保护和利用等工作。宽松的政策环境和良好的前期准备工作为江西省做好非物质文化遗产产业发展奠定了扎实的基础。

(二) 国家和江西省鼓励发展文化产业政策相继出台

党的十七大报告以前所未有的篇章，论述了加快文化和文化产业发展的重要性。党的十七届六中全会明确提出了深化文化体制改革，推动社会主义文化大发展、大繁荣，全面建设社会主义文化强国。中央高度重视文化产业发展，在体制机制上做出一系列改革，各省市的文化产业发展明显提速。江西制定和实施江西省"十一五"文化规划，制定江西省"十二五"文化产业规划，优化文化产业布局，大力发展文化产业。在这一系列鼓励发展文化产业的政策和举措的推动下，作为文化产业中的一个重要组成部分，非物质文化遗产将迎来广阔的发展空间。

(三) 产业环境逐渐改善

《江西省十大战略性新兴产业（文化及创意）发展规划（2009—2015）》对文化及创意产业布局的构想是：重点打造南昌、景德镇、九江、赣州、萍乡、抚州六市文化及创意产业基地。其中包括南昌市综合型创意产业基地及传统书画艺术基地、赣州民间工艺创意基地、景德镇陶瓷艺术创意基地和抚州传统工艺基地，力争到 2015 年，全省文化及创意产业主营业务收入达到 800 亿元，年均增长 30% 以上，每年打造 10~20 个文化及创意产业品牌，以非物质文化遗产相关项目为主要支撑，引导和鼓励社会资本兴办文化产业，主要涉及赣剧、上坂关公灯、南昌采茶戏等演艺艺术；鄱阳湖牌米粉制作技艺、南酸枣糕制作工艺、石城砚制作技艺、景德镇手工制瓷技艺、景德镇传统瓷窑作坊营造技艺、南丰蜜桔栽培技艺等传统手工技艺和艺术品以及瓷板画、赣宣绣、安义印模雕刻技艺等传统书画艺术。在未来一段时期里，江西省文化产业发展的重点是加大非物质文化遗产产业发展力度。

四、江西非物质文化遗产产业发展的威胁分析

(一) 文化体制障碍

在文化体制改革启动初期,江西政府在加强文化宏观管理、方向引导、转变职能、建设公共文化服务体系、培育市场、扩大文化国际传播等诸多方面都做了大量工作,收到了一定的效果。但是,随着改革的深化和市场化发展,旧体制中不合时宜的核心矛盾、关键环节和实质问题就凸现出来,如政出多门、部门分割、条块分割、权责不一、市场壁垒、立法落后等问题,新型文化管理体制远未形成。文化体制的改革仅仅依靠国家推动、地方执行是远远不够的,必须让民营资本参与其中,逐步形成真正的自负盈亏、自我发展的企业经营主体,建立起规范的现代企业制度,真正实现在市场经济背景下的文化大发展、大繁荣。

(二) 国际影响、国内竞争加剧

区域非物质文化遗产产业发展会由于宏观经济局势的变化遭遇挑战和威胁。金融危机过后,从非物质文化遗产产品出口、消费和投资三大块来看,江西省非物质文化遗产产业同其他行业一样面临着需求不足、产品消费弹性小和投资减量的问题,就江西省一直以来的出口大腕——艺术品交易来说,2009 年,江西省外贸出口 73.64 亿美元,下降 4.7%,其中艺术品出口规模仅有 768 万美元,同比下降 51.2%。同时,承载非物质文化遗产的红色旅游和节庆旅游更是雪上加霜。甚至由于本身根基不深,一些非物质文化遗产产业项目不得不更改或者延迟。

同时,在国内其他省份,如云南的《云南映象》、广西的"印象刘三姐"、东北的"二人转"等非物质文化遗产项目相继在全国引起反响之际,江西省非物质文化遗产产业面临异常激烈的国内竞争。这些渐成规模效应的区域非物质文化遗产产业品牌已经将市场向省际拓展,正慢慢占领中部包括江西省在内的本就不饱和的文化消费市场。

(三) 工业化挤压

进入 21 世纪以来,在以工业化为核心战略的指引下,江西全省工业化步伐明显加快,工业主导经济增长格局基本形成。"十一五"时期,江西大力推进新型工业化,新型工业化成为推动江西工业化进程、完成全面建设小康社会阶段性任务的必然和最重要的选择。工业化的快速推进必然要以一些传统产业的牺牲为代价,其中包括文化产业。非物质文化遗产产业作为文化产业的一个重要组成部分,必然也会受到江西加快推进新型工业化的挤压,发展潜力短时间难以释放出来,这成为发展非物质文化遗产产业不得不面临的挑战。

五、江西非物质文化遗产产业发展建议

近年来,作为表演类非物质文化遗产项目,"二人转"和《云南映象》在赵本山团队和杨丽萍团队的带领下,充分发挥文化精英对传播非物质文化遗产的重要力量,运用全国巡演和驻地演出等市场化组织营销方式,既获得了良好的经营业绩,也在很大程度上刺激了社会对民间传统文化的关注;作为美术类非物质文化遗产项目,山西广灵剪纸坚持传承与研发并重,率先建设剪纸文化产业园区和剪纸文化艺术博物馆,依托旅游产业,开发时尚美术工艺品、旅游纪念品、剪纸挂历、剪纸贺年卡等具有观赏、收藏和实用价值的艺术品,实现由民间走向市场的跨越;作为技艺类非物质文化遗产项目,山东无棣苇帘采用"公司+农户"经营模式,以龙头企业带动生产、加工和销售,形成完整的产业链,从业人员5万多人,年营业收入超过3亿元,年创产值3.2亿元,出口创汇2600万美元,占全国苇帘出口总额的7成,成功实现非物质文化遗产产业化的突围。国内还有很多这样成功实现产业化发展的非物质文化遗产项目。江西是一个资源大省,非物质文化遗产存量大,尤其是民间演艺类、手工技艺类和民俗类资源丰富,这类资源可以成为演艺演出、日用和工艺品以及旅游业等业态的主要"生产资料"。

下面是对江西省非物质文化遗产产业发展的SWOT矩阵的比较分析,如表1所示。

表1 江西省非物质文化遗产产业发展的SWOT矩阵

优势S	劣势W
1. 区域经济实力日益加强	1. 消费需求水平不高
2. 区域文化产业发展迅速	2. 利用和开发资金投入不足
3. 遗产及关联文化资源丰富	3. 缺乏技术、专业人才
4. 产业开发条件日益完善	4. 品牌影响力较弱
机会O	威胁T
1. 保护力度加大	1. 文化体制障碍
2. 文化产业政策相继出台	2. 国际影响、国内竞争加剧
3. 产业环境逐渐改善	3. 工业化挤压

按照"依靠内部优势,克服内部劣势,利用外部机会,应对外部挑战"的原则,本文提出对江西非物质文化遗产产业发展建议如下:

(一)发挥后发优势,定位重要产业,力促"东融西进"

江西具有承接东部发达地区产业转移的基础和天然优势,应该充分利用非物质文化遗产资源丰富、环境优美的比较优势和区位优势,抓住产业结构调整和建设鄱阳湖生态经济区的有利时机,发挥后发优势,助推经济迅速增长。将非物质文化遗产产业定位为促进江西文化产业崛起的重要产业,给予政策扶持和资金投入倾斜,瞄准资源节约、低碳经济的发展目标,大力推进江西非物质文化遗产产业的现代化和专业化建设。在充分稳固内需的基础上,利用市场手段和政府规划引导文化产业走出去,促进其加快融入周边地区,尤其是东部和西部的广阔市场,实现江西非物质文化遗产产业跨越式发展。

(二)改善资源生存环境,构建创新体系、实现技术与经营管理标准化

加大专项资金投入,完善非物质文化遗产资源基础设施布局,构建多样化、稳固性非物质文化遗产资源展示平台,保护并鼓励项目传承人进行传习和表演活动。打造科技创新的公共平台,完善技术和产业链、投资融资、企业孵化等服务体系,鼓励高校根据市场需求开设现代化非物质文化遗产保护与产业开发等相关专业课程,创造文化优势和资源优势向产业发展优势转化的条件,探索构建"公司+农户"和"文化精英+市场营销"的经营管理模式,让非物质文化遗产成为跨行业产业的衍生品,拓宽发展面。

(三)做强传统优势项目产业,提高对外贸的服务能力、拓展国际市场

江西省非物质文化遗产,如景德镇陶瓷、烟花爆竹和樟树中药药理等项目在国际市场享有美誉,可以建立陶瓷工业产业园,扩大日用卫生陶瓷和工业建筑陶瓷研发生产,拓宽市场;借助节庆会展和旅游业,举办烟花节和药交会,推广江西烟花爆竹和中药产品,继续做大做强这些优势项目,形成产业集群,提高与国际上相关产品的辨识度,避免重复竞争导致的困境,抵消国际同行业竞争的负面影响。提高外贸出口的配套服务,做好外贸物流、国际售后等服务体系建设,鼓励具有竞争优势的省内企业通过参股、控股、投资、收购等方式,实现规模扩张,吸引境外文化企业到省内发展,为江西非物质文化遗产产业发展创造国际经验参照,进而为拓展国际市场奠定基础。

(四)完善体制机制,完善法规,加快区域一体化协调推进

构建以市场资源自由分配为主、政府引导为辅的非物质文化遗产产业发

展机制,建立权责明晰、管理到位、立法鲜明的新型文化管理体制。借鉴北京、东北、山东等东部地区发展非物质文化遗产产业优秀品牌的成功经验,承接东部地区文化产业发展有利走势,完善相关法规,加快产业转型,适应市场需要,抵消区域竞争的负面影响;凸显中部地区文化特色,提高区际竞争实力。中部地区文化形态和发展水平相近,但又各有特点,应利用区域协调发展机遇,加快文化产业一体化进程和合作共赢的协调发展规划的制定和实施,形成常设机构和协商机制,合作建设区域内大型文化基础设施,消灭区域内地方保护主义,形成中部独特的非物质文化遗产产业形态,促进中部非物质文化遗产产业崛起。

■ 参考文献

[1] 李昕. 非物质文化遗产:文化产业发展重要的文化资本 [J]. 广西民族研究, 2009 (3).

[2] 傅安平,喻峰. 江西非物质文化遗产的抢救与保护 [J]. 江西广播电视大学学报, 2007 (2).

[3] 中国文化产业网. 主营收入近千亿元 江西文化产业发展进入新阶段 [EB/OL]. http://www.ccitimes.com/yejie/caijing/2011-12-01/540071322720219.html.

[4] 郑克强,王志平. 产业结构服务化与江西非物质文化遗产产业发展 [J]. 求实, 2011 (11).

[5] 江西省人民政府制定印发《江西省十大战略性新兴产业(文化及创意)发展规划(2009—2015)》(赣府发〔2009〕29号), 2009.

(原文出处:《企业经济》,2012年第8期)

鄱阳湖生态经济区非物质文化遗产禀赋评价与保护利用模式

/ 王志平　郑克强 /

【摘　要】 非物质文化遗产的保护利用是建设鄱阳湖生态经济区的题中应有之义，为此，需要认识非物质文化遗产的基本内涵，并对鄱阳湖生态经济区非物质文化遗产资源禀赋状况进行归纳梳理，分析其优势和不足。本文在对项目数量占比及类别分布情况分析基础上，通过网络搜索非遗项目关注数据、知网检索相关学术研究成果、非遗产品购买（欣赏）意向问卷调查等方式，对鄱阳湖生态经济区非物质文化遗产项目影响力进行了研判，并得出四点评价性结论。根据保护利用的三项原则，提出了构建鄱阳湖生态经济区非物质文化遗产保护利用的分类建档、层次联动和产业带动三种模式。

【关键词】 鄱阳湖生态经济区；非物质文化遗产；禀赋评价；保护利用模式

鄱阳湖生态经济区规划实施以促进生态和经济协调发展为主线，生态文明和文化生态是鄱阳湖发展的重头戏，非物质文化遗产是文化生态系统中的重要内容，因而建设生态经济功能区应将非物质文化遗产的保护利用作为一项重要工作内容，做好非物质文化遗产的保护利用工作，必将有力推进鄱阳湖生态经济区的建设发展。

一、非物质文化遗产概念界定和内涵解析

我国学术界对"非物质文化遗产"一词的概念，主要有两大代表性观点：一种观点认为"非物质文化遗产"是与群众生活密切相关、为世人代代相传的各种传统文化形式（如民俗活动、表演艺术、传统表演艺术和文化空间）；另一种观点将"非物质文化遗产"定义为：人类通过口传心授，世代相传的、无形的、活态流变的文化遗产。本文采用联合国教科文组织的理解，将非物质文化遗产界定为"被各社区、群体、个人视为其文化遗产组成部分的各种社会实践、观念表述、知识、技能以及相关的工具、实物、手工艺品和文化场所"。按照联合国教科文组织的界定，非物质文化遗产包括五个方面的内

容：（1）口头传统，包括作为无形文化遗产媒介的语言；（2）表演艺术；（3）社会实践、仪式礼仪、节日庆典；（4）有关自然界和宇宙的知识和实践；（5）传统的手工艺技能。

从非物质文化遗产概念的界定可以看出，作为一种现实存在的民族传统文化，非物质文化遗产是具有活态文化体系和丰富内涵的文化"生命"体，龙先琼提出应从历史环境遗存、传承载体、精神内质三个方面来把握非物质文化遗产的内涵，认为只有理解了非物质文化遗产结构体系的产生背景和其精神内质，才能准确理解和发掘保护利用非物质文化遗产的价值和意义。任何一项非物质文化遗产都体现了各民族传统文化的差异性、多样性和民族个性，代表了不同民族文化群落的精神实质和价值观念，这是非物质文化遗产多样性存在的根本依据，其核心内涵是"非物质"，是一种看不见、摸不着的无形意识形态和精神内质。物质文化遗产告诉人们过去的历史，而非物质文化遗产是强调传统文化精神内质的传承和发展，承载着文字、语言、音乐舞蹈、风俗及其对应的生产方式、日用工艺品和传统手工技艺等直接而重要的文化内容。

二、鄱阳湖生态经济区非物质文化遗产禀赋评价

鄱阳湖生态经济区包括南昌、景德镇、鹰潭、九江、新余、抚州、上饶、宜春以及吉安等共38个县（市、区），以江西省30%的土地面积，承载了全省近50%的人口，创造了60%以上的经济总量。区域内非物质文化遗产资源丰富，基本形成了十大类别完整、四级名录齐备、资源覆盖面广、优势项目集中、各级非遗保护单位完善的非物质文化圈，截止到2011年6月，共有四级非物质文化遗产项目334项，其中国家级项目有8大类、20项，如表1所示。

表1 鄱阳湖生态经济区20项国家级非物质文化遗产一览表

项目名称	民间品类	申报地区	项目名称	品类	申报地区
A1 九江山歌	民间音乐	九江市九江县	A11 瑞昌竹编	传统手工技艺	九江市瑞昌市
A2 丰城岳家狮	民间舞蹈	宜春市丰城市	A12 湖口草龙	传统手工技艺	九江市湖口县
A3 赣剧	传统戏剧	省赣剧研究中心	A13 景德镇手工制瓷技艺	传统手工技艺	景德镇市

续表

项目名称	民间品类	申报地区	项目名称	品类	申报地区
A4 西河戏	传统戏剧	九江市星子县	A14 景德镇传统瓷窑作坊营造技艺	传统手工技艺	省文物保护中心
A5 青阳腔	传统戏剧	九江市湖口县	A15 金星砚制作技艺	传统手工技艺	九江市星子县
A6 抚州采茶戏	传统戏剧	抚州市临川区	A16 樟树中药材炮制	传统医药	宜春市樟树市
A7 高安采茶戏	传统戏剧	高安市	A17 西山万寿宫庙会	民俗	南昌市新建县
A8 武宁打鼓歌	曲艺	九江市武宁县	A18 上坂关公灯	民俗	南昌市湾里区
A9 南昌瓷板画	民间美术	南昌市	A19 樟树药俗	民俗	宜春市樟树市
A10 瑞昌剪纸	民间美术	九江市瑞昌市	A20 全丰花灯	民俗	九江市修水县

(一) 项目数量占比及类别分布情况

从项目数量占比上看，区域内共有国家级、省级、市级、县（市、区）级四级非物质文化遗产项目334项，占江西全省四级非遗项目总数的21.8%。具体分级项目占比情况（不同级别之间存在重复）为：国家级20项（46.9%），省级138项（37.4%），市级149项（38.8%），县级291项（36.4%），四级项目平均占比达40%，其中尤以国家级项目占比最高。这在一定程度上说明鄱阳湖生态经济区非物质文化遗产资源丰富且项目的知名度和社会价值较高。

从项目类别分布上看，区域内主要以民间文学、民间演艺（音乐、舞蹈、戏剧、曲艺）、传统手工技艺以及民俗为主，主要分布在南昌、景德镇和九江三市，其中南昌有民间文学17项、民间演艺27项、传统手工技艺19项、民俗23项；景德镇有民间演艺14项、传统手工技艺21项；九江有民间文学16项、民间演艺62项、传统手工技艺17项、民俗14项；其他六市由于被划入区域的范围有限，分布较少。

(二) 项目影响力研判

为便于了解鄱阳湖生态经济区非物质文化遗产的影响力和知名度，本文以表1中20项非遗项目为分析对象，并选取国内8大类优势品牌项目（见表2）作为参照，借助网络搜索平台、知网学术研究检索以及问卷调查三种方式对这28项非物质文化遗产项目进行对比检验。

表 2 国内 8 大类优势品牌项目情况表

项目名称	品类	申报地区	项目名称	品类	申报地区
B1 蒙古长调	音乐	内蒙古	B5 高密扑灰年画	美术	山东
B2《云南映象》	舞蹈	云南	B6 潍坊风筝	技艺	山东
B3 京剧	戏剧	北京	B7 九芝堂传统中药	医药	北京
B4 东北二人转	曲艺	东北	B8 南京夫子庙会	民俗	江苏

1. 网络搜索非遗项目关注数据。本文选取百度、搜狐、雅虎、网易四大网络搜索引擎，分别对表 1 和表 2 中 28 项非物质文化遗产的网站关注数据进行汇总分析，其中鄱阳湖生态经济区 20 项非遗项目网络搜索量比较大的有：景德镇手工制瓷技术在四大网络搜索引擎的平均搜索量为 47 万，赣剧 41 万，以下依次是南昌瓷板画 32 万、瑞昌剪纸 30 万、樟树药俗 28 万、万寿宫庙会 27 万；国内 8 项优势品牌项目中京剧在四大网络搜索引擎中的平均搜索量为 73 万，东北二人转 54 万，8 项平均网络搜索量达 40 万。鄱阳湖生态经济区中只有景德镇手工制瓷技艺和赣剧达到国内平均网络搜索量水平以上，区域非遗项目整体网络关注度较低。

2. 知网检索非遗学术研究成果。在中国知网上分别以表 1 和表 2 中 28 项非物质文化遗产为题进行检索，其中鄱阳湖生态经济区 20 项研究成果较多的是景德镇手工制瓷：期刊、学位论文 82 篇，报纸、会议论文 48 篇；赣剧分别是 78 篇、44 篇；青阳腔分别是 36 篇、19 篇；以下依次是：万寿宫庙会 35 篇和 20 篇、樟树药俗 33 篇和 16 篇、瑞昌剪纸 31 篇和 30 篇、南昌瓷板画 30 篇和 15 篇；国内 8 项优势品牌项目中京剧分别是 140 篇和 72 篇、潍坊风筝 100 篇和 75 篇，8 项平均学术研究成果分别是 68 篇和 43 篇。鄱阳湖生态经济区只有景德镇手工制瓷技艺和赣剧在国内平均学术研究成果水平以上，区域非遗项目整体科研成果不足。

3. 非遗产品购买（欣赏）意向问卷调查。笔者针对表 1 和表 2 中 28 项非物质文化遗产进行问卷调查，调查对象涵盖企业职工、政府人员、医生、学生、教师、农民、工人等，问卷内容主要涉及对这 28 项非物质文化遗产及其相关产出品是否有购买（欣赏）意向，发放问卷 500 份，收回有效问卷 418 份，通过对有效问卷的相关数据分析得到图 1。结果显示，鄱阳湖生态经济区的景德镇手工制瓷技艺的购买（欣赏）意向百分比为 75.5%、樟树药俗 69.4%、南昌瓷板画 67.3%、赣剧 65.2%、瑞昌剪纸 63.5%、万寿宫庙会 63.2%；国内 8 项优势品牌项目中东北二人转的购买（欣赏）意向百分比高达 81.3%、潍坊风筝 79.8%，8 项平均购买（欣赏）意向百分比为 69.3%。鄱阳湖生态经济区只有景德镇手工制瓷技艺和樟树药俗两个项目在国内平均购买（欣赏）意向水平以上，产业化项目较少。

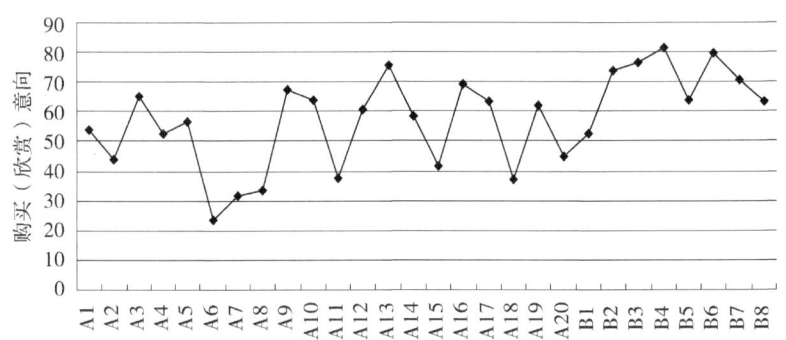

图 1　28 项非遗相关产品购买（欣赏）意向问卷调查对比情况（%）

(三) 总体评价

1. 存量丰度高，四级名录完整，国家级项目比重大。鄱阳湖文化历史悠久，区域内非物质文化遗产资源经济实用价值、历史价值和审美价值较高，项目总数达 334 项，四级建档名录体系健全，国家级项目 20 项，占全省近一半比重。

2. 品类齐全，但区域分布不均匀，呈现较强的文化地域差异性。民间文学、民间演艺、手工技艺和民俗较多，主要分布在南昌、景德镇、九江三市，地域上呈现相对集中性，且与鄱阳湖地区传统文化发展脉络息息相关，多数项目对文化地域环境的依赖性较强，衍生可变性较弱。

3. 少数项目知名度较高，但整体影响范围不广，优势产业化项目较少。20 项国家级项目中景德镇手工制瓷技艺、赣剧、樟树药俗、万寿宫庙会、南昌瓷板画、瑞昌剪纸六项的知名度较高，但与国内其他同类优势品牌项目相比，产业化发展综合实力不强，且主要集中在景德镇制瓷技艺、樟树药俗等少数传统优势项目，整体实力较弱。

4. 资源现状呈现出濒临消失、发展缓慢和产业开发三种状态并存的局面。受市场经济的冲击，一些品类如九江山歌、西河戏、武宁锣鼓等演艺艺术因其表演形式、内容节奏与现代文化生活有一定距离，失去了原有社会文化的受众基础，甚至面临消亡的困境；多数品类（如瑞昌剪纸、湖口草编等民间美术）由于传承人老龄化加剧和文化环境变迁而难以为继，逐渐走向低迷与衰退；有些品类（如景德镇手工制瓷技艺、樟树中药材炮制等手工技艺）经过市场运作和包装，融入现代市场经济中，焕发出新的生命力和活力。

三、鄱阳湖生态经济区非物质文化遗产保护利用模式构建

（一）保护利用的主要原则

我国非物质文化遗产保护利用工作的十六字总原则为"保护为主、抢救第一、合理利用、传承发展"。鄱阳湖生态经济区非物质文化遗产保护利用应以非物质文化遗产的可持续发展为指导思想，坚持保护与利用并重，有针对性、有层次性地延伸非物质文化遗产产业链，拓展开发空间，从而实现非物质文化遗产产业开发的规模效应，使之成为文化产业新的增长点。具体来说，应坚持以下原则：

1. 保护与利用并重原则

保护与利用并重原则是非物质文化遗产保护利用的首要原则。保护是利用的基础，而利用是更高层次的保护，两者相辅相成。积极有效的保护有助于正确认识和提高非物质文化遗产的利用价值和知名度，进而促进利用；合理适当的利用能为保护提供资金和培养传承专业人才，进而推动保护。

2. 资源整合原则

资源整合原则是非物质文化遗产保护利用的指导原则。非物质文化遗产资源的整合是对传统民间文化的发掘、选取和价值再造的过程，把原本分散的、零碎的、不成系统的非物质文化遗产资源根据市场的需要加以集中优化，使之形成具有较高社会价值和市场价值的文化资本。

3. 可持续发展原则

可持续发展原则是非物质文化遗产保护利用的核心原则。对于非物质文化遗产而言，可持续发展的内在含义就是其自身寻求进步和外部产业力量的结合和对非物质文化遗产资源的可持续利用，在保护、开发和利用资源中使非物质文化遗产能够在一种健康、稳定和平衡的产业格局中获得快速增长。

（二）保护利用的主要模式

非物质文化遗产保护利用模式是为实现非物质文化遗产的持续健康发展而进行总体构想，并在实践中逐渐形成的系统化、立体化的战略模式。主要分为以下三类：

1. 分类建档模式

非物质文化遗产项目共有十种类型：民间文学、民间音乐、民间舞蹈、传统戏剧、曲艺、传统杂技与竞技、民间美术、传统手工技艺、传统医药、民俗。分类建档模式包括建立完备的省、市、县三级非物质文化遗产保护单

位,开展全面普查,建立国家、省、市、县四级名录保护体系和界定归档十大品类,选定与保护非遗项目传承人以及建立典型性非物质文化遗产生态试点保护工程等一系列工作。鄱阳湖生态经济区已经形成较为完善的非物质文化遗产分类建档体系,四级名录体系健全,十大品类齐全,其中有民间文学42项,民间演艺(民间音乐、民间舞蹈、传统戏剧、曲艺)131项,民间技艺(传统手工技艺、民间美术、传统杂技与竞技)96项,民间习俗(传统医药、民俗)65项,国家级传承人10人,省级传承人73人,典型性非物质文化遗产生态试点保护工程一个——抚州非物质文化遗产保护重点工程,如图2所示。

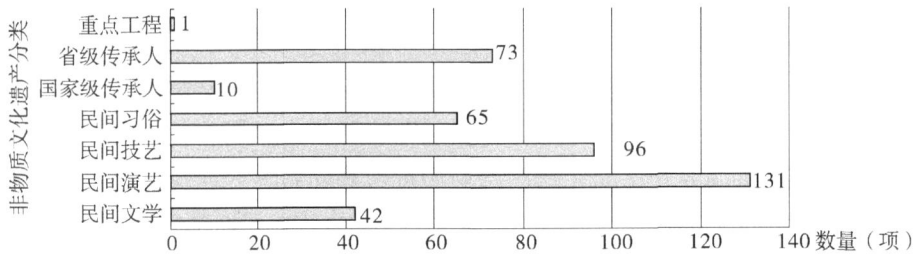

图2 鄱阳湖生态经济区非物质文化遗产分类建档情况

在构建分类建档模式时应着重注意三点,一是发掘。很多传统文化资源由于长期散落在野史资料或民间生活中,有些甚至濒临消失,正渐渐随着时代的变迁隐没于历史的尘埃中或被人们遗忘,把那些在今天仍然具有较高社会价值和市场价值的非物质文化元素发掘出来,对其所隐含的文化意义与价值进行深入发掘,使之成为具有生命力的活资源。二是筛选。不是所有传统民间文化都能成为非物质文化遗产,要考虑其是否包含民族民间特色、文化理念和思想气质,是否符合主流社会价值观等深层次的文化内容。三是本真性记录。由于非物质文化遗产具有生态性和变异性特征,任何一项非物质文化遗产在形成和发展传承过程中都与其所处的文化生态环境息息相关,同时又会伴随着人们的生产生活方式的变迁而呈现局部或整体的变异,因此,对非物质文化遗产进行分类建档时必须考虑这些因素,尽量依据同质化的文化生态背景进行本真性记录。

2. 层次联动模式

根据非物质文化遗产"能否进入市场"的情况,本文按照存在状况、资源特征和市场价值等不同要素,将鄱阳湖生态经济区非物质文化遗产项目划分为"静态保护型""市场培育型"和"规模开发型"三个层次。其中,"静态保护型"数量较多,居于底层,"市场培育型"属待开发项目,居于中间,"规模开发型"的市场条件较优越,但目前能在产业化上做强做大的项目仍为少数,因此居于金字塔尖部。建议对"静态保护型"实行静态化展示,对"市场培育型"实行区域内推广,对"规模开发型"实行产业化经营,以期在三者的层次联动下实现非遗项目的有效保护利用,如图3所示。

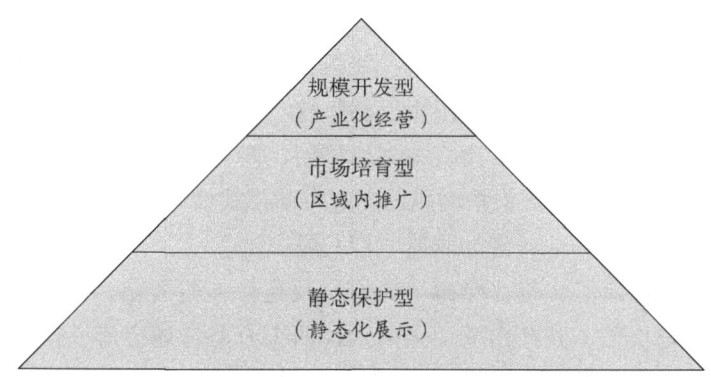

图3 非物质文化遗产保护利用层次模式图

(1) 静态保护型

静态保护型非遗项目主要包括一些地方传统习俗等与精神生活相关的内容,对其存在空间、区域性文化特征均有较严格的要求,一般不宜进行商业性开发,应认真保持其本真性和完整性。如南昌祭轿、畲族祭祖仪式、瑞昌祭龙文以及一些流传不广的民间故事,可以通过建立小型民间艺术保护中心及非物质文化遗产命名、展示、研习等方式进行静态记载,由政府出资或争取社会资金来维持其原有的特质,予以静态保护。

(2) 市场培育型

市场培育型非遗项目大多体现较强的文化地域性,对原有的地域文化环境依赖性强,可在其流传区域内进行适度的开发利用,在保护传承的同时可带来一定的经济收益。如樟树药俗、西山万寿宫庙会、青阳腔、九江山歌、抚州、高安采茶戏等,可以通过在当地市、县或村镇间进行展览、演出,把能够满足市场需要的元素整合在一起进行梳理、提炼,使之成为能满足当地民众不断提升的精神文化需求的文化休闲产品,并创造一定的经济效益,服务区域经济发展。

(3) 规模开发型

规模开发型非遗项目本身就具有市场商品的活跃属性,可塑性和可变性强,甚至有的产业开发已形成一定规模,对其进行规模化开发,有助于形成完善的文化产业链，实现在市场运行规律基础上的更高层次的保护传承。如景德镇手工制瓷技艺、赣剧、樟树中药材炮制技艺、昌瓷板画、瑞昌剪纸等，可以通过市场化组织、规模化生产以及现代营销手段将其转化为日用生活用品、旅游纪念品和文化休闲等服务类产品，创造可观的经济效益，培育文化产业新的增长点。

3. 产业带动模式

非物质文化遗产的利用与开发，要根据非物质文化遗产资源特点进行产业项目运作，突出产业的拉动作用，要坚持"有所为、有所不为"的产业策略，切忌平均用力、重点不清。本文以旅游、陶瓷以及中药制药三大产业为例，试做非物质文化遗产保护利用的产业带动模式探讨。

（1）依托旅游产业，带动非遗项目发展

鄱阳湖传统渔俗文化、樟树中药炮制及药俗、药文化、仙女湖传说、景德镇手工制瓷技艺、九江山歌、采茶戏、西山万寿宫庙会等，作为独特的非物质文化遗产，可以成为旅游产业的特色"生产资料"，加强非遗文化与旅游产业的深度融合，有助于带动非遗项目的传承和发展。2010年，江西省旅游产业产值增速明显，实现旅游总收入818.3亿元，同比增长35.15%，增幅居全国第4位；旅游总产值占全省GDP比重8.7%，占全省第三产业比重32.53%。其中，非物质文化遗产成为江西旅游产业的大功臣，一些非遗项目，如景德镇瓷俗和制瓷、樟树药俗、傩舞、山歌及客家文化等已经成为江西旅游的重要攻略点。近年来，鄱阳湖国际生态文化节、中国（江西）红色旅游博览会、中国景德镇国际陶瓷博览会、中国樟树药交会、江西绿茶博览会、南昌万寿宫庙会、南昌绳金塔庙会等一系列大型旅游节、庆活动在海内外产生了广泛影响；这些主题旅游产品的推出吸引了众多的游客，产生可观经济效益的同时也使相关非遗项目得以发展。

（2）稳固陶瓷产业优势，延伸陶瓷产业链

陶瓷资源丰度和跨度与文化关联度都较高，与瓷板画、烙画、彩绘及雕版画、印刷技艺等非遗项目联系紧密，在利用与开发过程中，应以支柱产业为战略重点，以点带线，带动相关非遗项目的综合开发，形成完整的产业链条。享有"千年瓷都"盛誉的景德镇依托国家级非物质文化遗产景德镇手工制瓷技艺、景德镇陶瓷美术以及传统瓷窑作坊营造技艺等，逐渐形成以陶瓷产业为龙头的支柱产业，发展势头欣欣向荣，陶瓷产业在蓬勃发展的同时又反哺了相关非遗项目的保护与传承，实现更高层次的生产性保护利用。近年来，经过了一路震荡颠簸的转型，景德镇终于重新雄起在中国陶瓷业界前列：

2011年，景德镇瓷器在全国300个最具综合价值量地理标志名单中列第六位，居轻工产品类第三名；产值方面，2011年景德镇陶瓷产业年产值达192.6亿元，同比增速32.73%，占全市全部工业产值的19.3%，成为支撑景德镇经济发展的龙头产业；就业方面，以2011年景德镇市制造业为例，2011年陶瓷制造业就业人数为173136人，占制造业就业总人数的37.04%、工艺日用制造业的60.1%，陶瓷制造业职工年平均工资均高于制造业与工艺日用制造业。陶瓷产业已经具备较强的经济拉动作用，未来在稳固陶瓷艺术优势的基础上，应做大日用卫生陶瓷与工业建筑陶瓷，改变落后的自产自销经营模式，建立完善的产业链和物流链，积极拓展与陶瓷制作有关的艺术品出口交易、陶瓷艺术节庆与会展、陶瓷文化旅游等业态。

(3) 推广樟树制药，打造品牌制药企业

依托国家级非物质文化遗产樟树中药材炮制和樟树药俗，利用樟树丰富的中药材资源，樟树制药精选道地药材，医用疗效较高。近年来，每年一度的樟树全国药材交流大会为全国各大药市之冠，药材以及成药成交量逐年攀升，每年全国3000多家医药企业、8000余种药材（药品）参展，交易额年均达10亿元。2011年，全市药业年创产值超过15亿元，占全市GDP比重16.1%，增速达30%。全市规模以上医药工业企业已超过90家，税收超百万企业10多家，年产值达42.65亿元，占全市医药企业产值比重21.3%；主营业务收入达80.25亿元，占全市比重22.4%；税金贡献额达4亿元，占全市比重34.6%。药业正日渐成为推动樟树工业经济增长的强力引擎和财政收入支柱，未来应加快形成大药业的观念，不仅种药、做药、卖药，更要借助传统品牌，发展药膳、药酒、药茶及其他中药保健食品、中药保健用品等相关产业；围绕实现中药产业化、现代化、国际化的发展目标，发展壮大仁和集团、樟树制药厂和清江制药厂等一批兼顾生产加工与营销的品牌药企，实现非物质文化遗产产业化推广的成功突围。

综上所述，构建分类建档模式能较详细地记载保存资源项目，使各项非物质文化遗产有案可查；层次联动模式有助于针对不同类型项目采取不同措施，促进联动效应；产业带动模式有利于树立区域非物质文化遗产品牌，起到行业辐射作用。在实际工作中，根据运作主体和实施角度的不同，三种模式不应固定不变或单独作用，它们相互关联、互为补充，从而合力推进非物质文化遗产保护利用工作的顺利开展。

建设鄱阳湖生态经济区，要站在文化的"高地"，注重经济、生态以及文化三者之间的联系，加强文化生态与生态经济的深度融合，有序部署和开展非物质文化遗产保护利用工作。非物质文化遗产项目的严格保护和有效利用，必将进一步推动鄱阳湖生态经济区整个文化产业发展的深度化、多元化，拓展鄱阳湖生态经济区新的增长空间。

■ 参考文献

[1] 王文章. 非物质文化遗产概论 [M]. 北京：文化艺术出版社，2006.

[2] 巴莫曲布嫫. 非物质文化遗产：从概念到实践 [J]. 民族艺术，2008（6）.

[3] 龙先琼. 关于非物质文化遗产的内涵、特征及其保护原则的理论思考 [J]. 湖北民族学院学报（哲学社会科学版），2006（5）.

[4] 国务院办公厅《关于加强我国非物质文化遗产保护工作的意见》〔2005〕18号 [R]. 北京：中华人民共和国国务院，2009.

[5] 苑利，顾军. 非物质文化遗产的产业化开发与商业化经营 [J]. 河南社会科学，2009（7）.

[6] 邱荣飞，林坤. 江西旅游发展现状分析与策略探讨 [J]. 企业经济，2011（9）.

[7] 邱瑟. 跟着"非遗"去旅游 [EB/OL]. http://tour.jxnews.com.cn/system/2008/06/25/002781293.s.html，2008-02-25.

[8] 景德镇市瓷局. 景德镇市陶瓷文化创意产业情况简介 [EB/OL]. http://xxgk.jdz.gov.cn/bmgkxx/schj/index_1.html.

[9] 程永康，柳黎游. 樟树市打造新药都壮大药业支柱产业纪实 [EB/OL]. http://info.pharmacy.hc360.com/2005/04/20080028844-2.shtml2009-04-20.

（原文出处：《江西社会科学》，2012年第10期）

基于 DEA 方法的工艺陶瓷产业发展动态实证分析
——以景德镇工艺陶瓷产业为例

/ 王志平　郑克强 /

【摘　要】 针对工艺陶瓷产业发展现状，以景德镇工艺陶瓷产业为例，综合运用 DEA 方法的 CCR 和 Malmquist 指数模型对样本实体 2009—2011 年三年数据进行动态实证分析，发现工艺陶瓷产业生产率主要受技术效率变化影响，市场发展以个体工作室为主导，并针对此提出提高技术效率和技术进步水平、促进产业转型升级，强化劳动者素质和加强个体工作室有序化组织的政策建议。

【关键词】 工艺陶瓷产业；DEA；景德镇；动态实证分析

随着市场经济的快速增长，全国几大陶瓷产区，如广东佛山、广东潮州、江西景德镇、山东淄博、河北唐山、福建德化等地，基本已形成陶瓷产业集群，我国陶瓷产业获得了较好的发展。与此同时，激烈的市场竞争和全球化趋势加强也为陶瓷行业带来了挑战，陶瓷行业在发展过程中出现了许多问题，如缺乏文化支撑；产品档次低、创新研发不足；生产率、资源利用效率低；技术落后、能耗高、污染重等，缺乏产业核心竞争力。现有对陶瓷产业的理论研究大多是围绕产业集群模式、产业园区建设、日用建筑陶瓷等展开，如杨辉等（2009）系统地对中国建筑陶瓷产业的发展现状进行了分析，并提出建筑陶瓷产业节能减排对策建议；左和平（2010）采用固定效应面板数据模型对中国八大陶瓷产区整体和细分陶瓷行业的产业集群绩效及其影响因素进行了实证分析；余炳才等人（2011）主要针对陶瓷产业园区自主创新服务平台建设的相关问题展开分析并提出战略思考。而对于提高陶瓷文化核心竞争力、产业结构升级、工艺陶瓷产业方面的研究尚有匮乏。显然，文化底蕴高、能耗低、富有创新性的工艺陶瓷产业能有效缓解陶瓷行业在发展过程中的上述症结，因此对工艺陶瓷产业发展的现状和问题进行研究具有重要的战略意义。

一、工艺陶瓷产业发展现状概述

按照用途分类，陶瓷可分为日用陶瓷、工艺（艺术）陶瓷、工业陶瓷三大类，其中，工艺陶瓷产业主要包括花瓶、雕塑品、陈设品、艺术餐具、茶具、园林陶瓷、器皿等。近年来，伴随房地产行业的发展，传统日用陶瓷和工业陶瓷产业发展较快，工艺陶瓷产业发展规模逐渐"缩水"，市场空间难以释放，产业发展遭遇瓶颈，几大陶瓷重要产区，如广东佛山、潮州以及山东淄博以建筑、特种陶瓷为主，尤其佛山的建筑陶瓷产量占全国的60%；河北唐山以日用、卫生陶瓷为主，2011年实现出口创汇8000万美元；福建德化则以生产瓷砖为主。而少数产区如江西景德镇、湖南醴陵仍在积极发展工艺陶瓷产业，旨在延续和强化自身的工艺陶瓷产业优势和特色。

2011年，江西景德镇陶瓷年总产值为192.6亿元，贡献税收超过3亿元，解决15万余人就业问题。依托实力雄厚的陶瓷产业，景德镇工艺陶瓷产业发展态势良好，目前，全市共有工艺陶瓷文化创意产业示范基地国家级2家、省级5家、大小实体2000多家，其中，初具规模的有30多家，其他小型创意工作室主要分布在新都民营园、陶瓷大世界及新厂路、朝阳路一带，形成了独具一格的地方工艺陶瓷创意文化产业布局。笔者通过调研分析了解到，景德镇工艺陶瓷产业与其他工艺陶瓷产区一样存在多种发展类型，大致可划分为"规模开发型""市场培育型"和"零散发展型"。其中，"规模开发型"主要指一些民营企业向市场化发展，旨在打造工艺陶瓷产业龙头企业，如景东、望龙、玉风、佳洋等；"市场培育型"主要包括部、省、市陶研院等事业部门以及雕塑瓷厂、建国瓷厂、艺术瓷厂等国有企业在改制后发展工艺陶瓷创意文化产业；"零散发展型"主要是指小型个体工作室，即拥有一定职称的艺术家独立创办个人艺术陶瓷创意工作室，占比较大，据统计，全市这种"工作室"超过1500家，这一类型是景德镇工艺陶瓷产业数量最为庞大的发展类型，是目前景德镇工艺陶瓷产业发展的典型。

本文运用基于DEA方法的CCR和Malmquist指数模型，以景德镇工艺陶瓷产业为例，对其产业绩效进行实证分析，旨在发现工艺陶瓷产业发展过程中的问题、评价投入产出配置是否有效及理清影响生产绩效的因素，并在此基础上提出对策建议。

二、评价模型构建

（一）DEA方法的基本原理与适用性探讨

DEA即数据包络分析法，是评价多输入、多输出同类决策单元

（DMU）相对有效性的一种重要方法，它运用数学规划模型对评价对象进行评价，极大地丰富了经济管理学中的生产函数理论及其应用技术，同时在避免主观因素、简化算法、减少误差等方面有着较高的优越性。在经济管理科学、系统工程、评价技术等领域有广泛的应用和推广，成为一种重要的评价分析工具和研究手段。

经济效率评价是 DEA 方法应用较为广泛的领域，如付智（2010）应用 DEA 方法从技术有效性和规模有效性的角度分析对江西十一个设区市工业企业创新效率进行评价并提出了途径建议；金相郁（2006）则利用 DEA 方法的 Malmquist 指数模型，测度并分析了 1996—2003 年中国 41 个城市的生产率动态变化及影响因素。工艺陶瓷产业是否具有产业绩效有效性，关键在于其在投入产出资源配置方面是否具有相对的有效性，能否在既定的产出下尽可能减少投入，而这种相对有效性与 DEA 所测评的有效性具有相通性，可见，用 DEA 比较和评价经济主体和产业实体的投入、产出、技术、规模效率是十分有用的。

（二）模型推导

DEA 方法中应用比较广泛的模型有 CCR、BCC、Malmquist 指数、成本效率等，本文综合运用 DEA 方法的 CCR 和 Malmquist 指数模型。

1. CCR 模型

CCR 模型以线性规划估计生产前沿面，凡落在可能集范围内的决策单元则为具有投入、产出效率组合，相反，则为无效组合。CCR 模型可表示如下：

$$D_\varepsilon = \begin{cases} \min[\theta - \varepsilon(e_1^T s^- + e_2^T s^+)] = V_D, \\ \text{s.t.} \sum_{j=1}^n x_j \lambda_j + S^- = \theta x_0, \\ \sum_{j}^n y_j \lambda_j - S^+ = y_0, \\ S^- \geq 0, S^+ \geq 0, \lambda_j \geq 0, j = 1, 2, \cdots, n. \end{cases} \quad (1)$$

式（1）的经济学意义是：在形成的有效生产前沿面中，非零的过剩量 S^-、S^+ 使有效生产前沿面沿着水平和垂直方向延伸，形成包络面。ε 是非阿基米德无穷小量，S^-、S^+ 分别表示投入冗余和产出不足松弛变量，θ 表示决策单元距离生产可能集的投影，即决策单元的有效值。

2. Malmquist 指数模型

Malmquist 指数模型是由 Sten Malmquist 基于 DEA 模型提出的一种有效测

算全要素生产率的非参数方法，被广泛地应用于效率的动态变化研究方面。其表达式如下：

$$M(X_i^t, Y_i^t, X_i^{t+1}, Y_i^{t+1}) = \frac{\overset{EC_i}{D_i^{t+1}(X_i^{t+1}, Y_i^{t+1})}}{D_i^t(X_i^t, Y_i^t)} \cdot$$

$$\left[\frac{D_i^t(X_i^t, Y_i^t)}{D_i^{t+1}(X_i^t, Y_i^t)} \cdot \overset{TC_i}{\frac{D_i^t(X_i^{t+1}, Y_i^{t+1})}{D_i^{t+1}(X_i^{t+1}, Y_i^{t+1})}} \right]^{1/2} \quad (2)$$

$$M_{v,c}^{t,t+1} = \frac{\overset{PC_i}{D_v^{t+1}(X_i^{t+1}, Y_i^{t+1})}}{D_c^t(X_i^t, Y_i^t)} \cdot \left[\frac{D_v^t(X_i^t, Y_i^t)}{D_c^t(X_i^t, Y_i^t)} \bigg/ \overset{SC_i}{\frac{D_v^{t+1}(X_i^{t+1}, Y_i^{t+1})}{D_c^{t+1}(X_i^{t+1}, Y_i^{t+1})}} \right] \cdot$$

$$\left[\overset{TC_i}{\frac{D_c^t(X_i^t, Y_i^t)}{D_c^{t+1}(X_i^t, Y_i^t)}} \cdot \frac{D_c^t(X_i^{t+1}, Y_i^{t+1})}{D_c^{t+1}(X_i^{t+1}, Y_i^{t+1})} \right]$$

式（2）中，X_i^t、X_i^{t+1} 分别表示第 i 个决策单元在时期 t 和 $t+1$ 的投入向量；Y_i^t、Y_i^{t+1} 分别表示产出向量；$D_i^t(X_i^t, Y_i^t)$，$D_i^t(X_i^{t+1}, Y_i^{t+1})$ 则分别表示以 t 时期的技术 T 为参照，时期 t 和 $t+1$ 的距离函数；EC_i、TC_i、PC_i、SC_i 分别表示第 i 个决策单元从时期 t 到时期 $t+1$ 的技术效率变化、技术进步变化、纯技术效率变化和规模效率变化。Malmquist 指数模型利用距离函数的比率算出投入产出的比率，并被分解成技术效率、技术进步、纯技术效率变化、规模效率变化等指数，能较好地考查全要素生产率变化是由于技术效率变化还是技术进步实现的，而如果是由于技术效率变化，又可考查是因纯技术效率变化还是因规模效率变化。

本文将工艺陶瓷产业单个主体（单位）看作其中的决策单元，选取前文分析的三种产业发展类型的典型单位：景东、望龙、玉凤、佳洋；市陶研院、雕塑瓷厂、艺术瓷厂、建国瓷厂；蒋立平工作室、舒立洪工作室、刘远长工作室、高峰工作室共 12 个产业主体作为研究对象，这 12 个产业主体基本能够代表景德镇工艺陶瓷产业发展的整体情况，通过对其进行详细的分析能够基本把握景德镇工艺陶瓷产业发展的整体水平。整合基于调研所得 12 个产业主体 2009—2011 年三年动态时间序列数据，通过建立 Malmquist 指数模型对景德镇市工艺陶瓷产业生产绩效进行动态的纵向测度，衡量其生产绩效变化情况及影响因素；运用 CCR 模型评价比较不同产业主体尤其是不同产业发展类型的投入产出绩效情况，从而确定哪种产业发展类型最具有效性。

(三) 指标选取

1. 投入指标：本研究选取以下指标作为投入指标：X_1：固定资产投入（单位：万元）；X_2：职工人数（单位：人）；X_3：劳动时间（单位：h）。在此，需要对选取的投入指标做出说明：固定资产投入主要指房屋、厂房、汽车、机械设备等的建设投入；职工人数指在岗的所有工作人员；劳动时间指平均每天产生效用的劳动时间，也可以一定程度的测度代表抽象的创作灵感或投入（注：由于工艺陶瓷大师、专家们的创作研发投入很难完全将其定量化，故选取产业主体中每位员工的劳动时间来衡量创作研发投入）；另外，本文忽略了如资本资产、研发经费投入等非可控指标变量，工艺陶瓷生产活动既是资本密集型，也是劳动密集型活动（其主要的投入测度指标是人员投入和时间创意投入），这类非可控指标变量对实证结果的影响并不明显。

2. 产出指标：产出指标的选取直接影响评价结果的可靠性，产出指标应该是衡量产业主体产出效用最为关键的要素。在众多的文献中，经济指标是评价产业主体产出效用最为关键的要素，本文选取 Y_1——主营业收入（单位：万元）作为最终产出指标。

三、数据运算与结果分析

根据调研数据，按照前文选取的投入产出指标设置进行整理筛选和修正，得到12个产业主体的投入产出各项近三年数据，如表1所示。由于DEAP2.1能够有效解决DEA方法相关模型的综合效率、技术效率、规模效率分析，本文采用DEAP2.1来做DMU决策单元具体的数据分析工作，结果分别如表2~表4所示。

表1　景德镇工艺陶瓷产业主体投入产出项

产业主体	年份	固定资产投入 X_1	职工人数 X_2	劳动时间 X_3	主营业收入 Y_1
景东 DMU_1	2009	680	180	1800	2564
	2010	750	235	2350	5250
	2011	900	320	3200	6583
望龙 DMU_2	2009	780	290	2900	3218
	2010	850	350	3500	5985
	2011	1000	380	3800	7762

续表

产业主体	年份	固定资产投入 X_1	职工人数 X_2	劳动时间 X_3	主营业收入 Y_1
玉风 DMU_3	2009	500	160	1600	2000
	2010	560	220	2200	3500
	2011	600	300	3000	4600
佳洋 DMU_4	2009	480	120	1200	1800
	2010	520	180	1800	2025
	2011	580	250	2500	3380
市陶研院 DMU_5	2009	335	31	248	1040
	2010	351	40	320	1840
	2011	452	65	520	2350
雕塑瓷厂 DMU_6	2009	1200	880	7040	8126
	2010	1350	950	7600	9280
	2011	1500	1000	8000	9986
艺术瓷厂 DMU_7	2009	400	440	3520	4215
	2010	600	450	3600	4365
	2011	600	500	4000	4628
建国瓷厂 DMU_8	2009	250	49	392	576
	2010	260	55	440	627
	2011	300	58	464	653
蒋立平工作室 DMU_9	2009	80	7	84	258
	2010	103	10	120	391
	2011	132	12	144	410
舒立洪工作室 DMU_{10}	2009	100	10	120	530
	2010	200	14	168	780
	2011	300	17	204	890
刘远长工作室 DMU_{11}	2009	80	12	144	580
	2010	120	14	168	760
	2011	200	15	180	860

续表

产业主体	年份	固定资产投入 X_1	职工人数 X_2	劳动时间 X_3	主营业收入 Y_1
高峰工作室 DMU_{12}	2009	50	3	36	120
	2010	60	6	72	155
	2011	80	8	96	200

(一) Malmquist 指数模型测算与分析

首先，从整个工艺陶瓷产业来看（见表2），2009—2011年三年间，全要素生产率指数上升了5.4%，主要是由于技术效率提高（平均增长率9.8%），而这又主要是因为规模效率变化（平均增长率8.1%），表明生产处于规模报酬递减状况；技术进步增长缓慢（平均增长率-4%），技术进步变化效率的下降在一定程度上抵消了技术效率的促进效果。

表2　2009—2011年景德镇工艺陶瓷产业全要素生产率结果

年份	Effch 技术效率	techch 技术进步	pech 纯技术效率变化	Sech 规模效率变化	Tfpch 全要素生产率变化
2009—2010年	1.185	0.928	0.990	1.197	1.099
2010—2011年	1.017	0.994	1.041	0.977	1.011
均值	1.098	0.960	1.015	1.081	1.054

其次，从各产业主体来看（见表3），总体来说，2009—2011年三年间，景德镇工艺陶瓷产业中各个主体的全要素生产率及其增长率（平均增长率7.1%）随时间推移有不断提高的趋势，但各产业主体之间差异显著。其中，景东、望龙、玉凤、佳洋、市陶研院的全要素生产率有较大提高，都是由技术效率的提高（平均增长率31.2%）带来的促进作用；雕塑瓷厂、艺术瓷厂、建国瓷厂的全要素生产率平均增长率-3.2%，虽然技术效率有所提高（平均增长率4.2%），但是技术进步下降比重较大（平均增长率-19.0%），技术进步变化效率的下降完全抵消了技术效率提高的促进效果；四家大师工作室全要素生产率平均增长率-9.3%，其技术效率和技术进步的平均增长率分别为-8.1%、-3.9%，规模效率指数数值均小于1，生产处于规模报酬递增状况，表明个体工作室虽然技术创新不够，但是生产规模处于比较合理的报酬递增阶段，存在规模可扩大和生产绩效上升的空间。

表3　景德镇工艺陶瓷各产业主体的全要素生产率结果

产业主体	Effch 技术效率	Techch 技术进步	pech 纯技术效率变化	Sech 规模效率变化	Tfpch 全要素生产率变化	Tfpch 排名
DMU_1	1.407	0.963	0.988	1.424	1.354	3
DMU_2	1.394	0.980	1.045	1.334	1.366	2
DMU_3	1.391	0.983	1.063	1.308	1.368	1
DMU_4	1.232	0.979	0.976	1.344	1.205	4
DMU_5	1.139	1.057	1.000	1.027	1.198	5
DMU_6	1.077	0.925	1.000	1.077	0.996	6
DMU_7	1.000	0.887	1.000	0.997	0.943	10
DMU_8	1.048	0.919	1.183	0.986	0.964	7
DMU_9	0.997	0.938	1.067	0.937	0.939	11
DMU_{10}	0.929	1.034	0.943	0.985	0.960	8
DMU_{11}	0.902	0.939	1.000	0.998	0.949	9
DMU_{12}	0.849	0.931	1.000	0.849	0.791	12
均值	1.113	0.961	1.017	1.097	1.071	—

(二) CCR 模型测算与分析

从 CCR 模型结果看（见表4），2009—2011 年三年间，只有舒立洪工作室和刘远长工作室、蒋立平工作室（2011）、望龙（2011）、市陶研院（2010）、艺术瓷厂（2009）属 DEA 相对有效，即 $\theta = 1$ 且所有的松弛变量都为 0，表明舒立洪和刘远长两家工作室同时技术有效和规模有效，投入的资源不存在冗余和浪费，资源利用率高；望龙、蒋立平工作室产业绩效从 2009—2011 年是逐渐上升的，发展潜力较好；市陶研院、艺术瓷厂发展较接近，产业绩效发展不稳定。其他六个产业主体效率值有大有小，差别也较大，均属于 DEA 相对无效，这些 DEA 无效的产业主体中，存在同一个问题——投入冗余，即在固定产出的条件下，投入过多反而造成资源浪费。尤其是玉凤、佳洋、雕塑瓷厂、建国瓷厂在发展过程中，固定资产、职工人数及劳动时间三项投入冗余量大，资源存在极大浪费，投入产出效率过低。

从不同产业发展类型来看，三种产业类型中，民营和国有企事业产业绩效发展不稳定，不同时具备技术有效和规模有效，且投入产出资源配置不合理，投入存在大量冗余和浪费；个体工作室基本具备技术有效和规模有效，资源配置较合理，各项投入冗余很少，资源利用率高，投入产出效率高。

表 4 景德镇工艺陶瓷各产业主体 CCR 模型结果

产业主体	2009 年				2010 年				2011 年			
	θ	S_1^-	S_2^-	S_3^-	θ	S_1^-	S_2^-	S_3^-	θ	S_1^-	S_2^-	S_3^-
DMU_1	0.493	344.703	91.245	913.071	0.981	82.323	0.290	3.484	0.976	21.887	7.782	103.959
DMU_2	0.515	378.629	140.772	1521.582	0.997	2.505	1.032	296.873	1.000	0	0	0
DMU_3	0.510	244.842	78.350	821.097	0.887	63.552	24.967	385.284	0.988	7.369	74.8	748.003
DMU_4	0.495	242.494	61.811	606.235	0.555	231.566	80.157	834.093	0.751	144.545	84.52	845.272
DMU_5	0.949	138.773	11.377	12.528	1.000	0	0	0	0.987	123.321	21.13	25.585
DMU_6	0.739	312.871	257.319	1835.507	0.950	68.138	60.922	383.593	0.858	213.476	511.12	3111.208
DMU_7	1.000	0	0	0	0.985	2.369	36.8	348.003	0.994	3.762	273.43	1734.295
DMU_8	0.355	161.330	37.414	252.966	0.370	163.865	40.852	277.311	0.390	183.025	37.7	283.078
DMU_9	0.795	21.321	2.132	22.585	0.857	18.458	2.432	21.187	1.000	0	0	0
DMU_{10}	1.000	0	0	0	1.000	0	0	0	1.000	0	0	0
DMU_{11}	1.000	0	0	0	1.000	0	0	0	1.000	0	0	0
DMU_{12}	0.755	27.358	0.736	8.830	0.500	36.000	3.000	36.000	0.544	36.473	3.647	52.865

四、结论与建议

(一) 技术效率助推工艺陶瓷产业生产率增长

从指数构成上看,技术效率是构成推进工艺陶瓷产业生产率增长的主要因素,而技术进步的较低增长减缓了生产率的增长;技术效率变化主要由规模效率变化引起,且生产规模处于规模报酬递减阶段。技术效率提高和技术进步缓慢(退步)并存的现象表明,工艺陶瓷产业生产资源的投入产出配置没有达到最优,规模不合理,技术的创新和推广不足。

今后工艺陶瓷产业发展需要同时重视技术效率和技术进步水平的提高,促进产业转型升级。依靠政府政策、法规、资金支持,加大力气推动技术的创新和高新技术的引进,并提高在引进先进技术的基础上消化吸收,并加以研究、改进和提高创新能力,继续促进对现有新兴技术的推广和扩散,提高生产设备技术水平和生产工艺水平,优化资源的投入产出配置,提高投入产出效率,合理规划、适当缩小生产规模,提高产业生产率增长水平。

(二) 工艺陶瓷产业市场发展以个体工作室为主导

从各产业主体的情况看,产业主体各效率的均值水平主要受个体工作室的水平较低影响因而增幅较小。民营企业和国有事业、企业中对全要素生产率影响最大的生产规模效率基本处于规模报酬递减状态,离有效生产前沿面较远,资源存在大量冗余和浪费;个体工作室则处于比较合理的报酬递增阶段,资源投入冗余小,资源利用效率高,生产绩效较好,且现有个体工作室数量庞大,影响面广,是目前工艺陶瓷行业市场发展的主导产业类型。

今后工艺陶瓷产业发展需要着重强化创作人、劳动者综合素质和加强对个体工作室产业化经营的有序化组织和扶持。工艺陶瓷的典型特色在于工艺陶瓷创作过程中人的作用是第一位的,赋予陶瓷制品的文化价值高,且主要取决于陶瓷创作人和劳动者的自身素质,应不断提高陶瓷创作人自身专业素养和市场信息感知能力,进一步提高从业劳动者素质、技能和知识水平。强化政府主管部门的政策和资金扶持,由政府带头,组建个体工作室行业联盟,强化分散的个体工作室的联合与协调,实现资源共享和"信息对称",规范工艺陶瓷个体经营市场秩序和交易营销平台构建,鼓励个体工作室适当扩大生产规模,增加资金和要素投入,促使个体工作室产业发展类型逐渐由分散走向集群。

■ **参考文献**

[1] 王凯平.中国陶瓷产业国际竞争力实证研究[J].知识经济,2011(5).
[2] 杨辉,郭兴忠.我国建筑陶瓷的发展现状及节能减排[J].中国陶瓷工业,2009,(4).
[3] 左和平.基于面板数据的中国陶瓷产业集群绩效实证研究[J].中国工业经济,2011(9).
[4] 余炳才,徐华.景德镇陶瓷产业创新服务平台建设的SWOT分析及战略思考[J].企业经济,2011(10).
[5] 瓷库中国.陶瓷的分类[DB/OL].http://www.gogochina.cn/news/info_6796_1.html,2011-7-29.
[6] 百度文库.中国陶瓷企业全国产区的分布[DB/OL].http://wenku.baidu.com/view/cb164d778e9951e79b892763.html,2011-1-1.
[7] 景德镇市瓷局.2011年景德镇市陶瓷产业基本情况[DB/OL].http://xxgk.jdz.gov.cn/bmgkxx/schj/.
[8] 魏权龄.数据包络分析[M].北京:科学出版社,2004.
[9] 湛泳,曾锴.基于DEA方法的中国工程机械产业竞争力测评[J].求索,2010(5).

(原文出处:《企业经济》,2013年第5期)

论地方高校对区域非物质文化遗产的传承

/ 王志平　郑克强 /

【摘　要】 由地方高校具备人才、环境等资源优势所决定，它们成为传承发展区域非物质文化遗产的重要园地，两者之间存在相辅相成、互为促进的关联。地方高校自觉传承非物质文化遗产能发挥其"存储库""加工厂""孵化器"的作用，充实和拓展思政、德育及专业素质教育的内涵和范畴。实现地方高校对区域非物质文化遗产的有效传承，应从深化认知、选定项目、安排教学、组织研究以及培育人才等多方面综合展开。

【关键词】 地方高校；非物质文化遗产；传承

"非物质文化遗产"起源于日本的"无形文化财"，在术语和诠释上出现过几次明显的变化，从无形文化财、无形文化遗产、民间创作，到口头与非物质遗产，最后到非物质文化遗产，经历了长达数十年的曲折过程。联合国教科文组织将非物质文化遗产界定为"被各社区、群体、个人视为其文化遗产组成部分的各种社会实践、观念表述、知识、技能以及相关的工具、实物、手工艺品和文化场所"。我国将非物质文化遗产分为十类：文学、音乐、舞蹈、戏剧、曲艺、杂技竞技、美术、技艺、医药、民俗。非物质文化遗产是民族社会文化传统的外在表现实体，通过人民群众或个人予以口传心授进行传承和发扬，反映了一定区域内社会群体的道德价值、思想意识和文化理念；其核心内涵是"非物质"，是一种看不见、摸不着的无形意识形态和精神内质，但同时又强调这种无形精神内质的延续与传承，承载着文字、语言、音乐舞蹈、技艺、风俗等，以及其所对应社会群体物质精神方面的生产生活方式。

江西非物质文化遗产资源赋存丰富且独具特色，据统计，全省共有非物质文化遗产国家级44项、省级370项、市级380项、县级800项（共三批，截止到2011年6月），资源品类齐全且分布广泛，较好地形成了具有鲜明赣鄱特色的非物质生态文化圈。然而，由于非物质文化遗产的传承必须通过口传心授的，其传承发展空间具有极大的脆弱性和不稳定性，容易导致传承后继乏人、资源贬损或流失，使非物质文化遗产资源陷入"濒危"困境。在此形势下，地方高校应以传承发扬区域文化为己任，担负起保护传承非物质文化遗产的重任。

一、作用

作为区域内教育、文化传播的主体单位，地方高校应将自觉传承非物质文化遗产作为义不容辞的职责。具体来说，应发挥以下作用。

（一）收集非物质文化遗产资源的"存储库"

作为文化聚集地和文化传播方，地方高校拥有一大批掌握科学文化知识和具有创新能力的教师及青年大学生，他们代表着社会活跃的先进文化的主流，优良的人文环境和文化氛围为地方高校成为区域非物质文化遗产资源的"存储库"创造了基础条件。同时，地方高校的多学科设置，也为非物质文化遗产的进入和传播提供了广阔的空间，来自不同专业的大学生，可以在非物质文化的通识教育中，相互启发、相互切磋，发挥不同学科在学习研究中的"杂交优势"。更重要的是，地方高校可以结合非物质文化遗产的教学科研需要，向社会有针对性地系统征集非物质文化遗产的各种实物，如道具、服装、词谱、曲谱、舞谱等，使之成为当地非物质文化遗产项目可以直接感触的"存储库"，并发挥其向社会展示的橱窗作用。

（二）提升非物质文化遗产价值的"加工厂"

在市场经济和互联网迅速发展背景下，成长起来的当代大学生的主流价值观和道德素养是积极向上的，但也有部分大学生存在人生目标模糊、心理素质脆弱、人文精神淡薄等问题，这些情况不可避免地为地方高校德育和思政教育带来严峻挑战。积极主动开展非物质文化遗产教育，可以让他们体会到本地区非物质文化遗产的博大精深与历史文化魅力，激发他们的民族文化认同感及文化自信，促进他们人文素养的提升和爱国主义情感的升华。同时，结合教学开展相关课题的研究，可以深度挖掘、提炼、总结非物质文化遗产所蕴藏的宝贵价值，创新开拓非遗项目保护利用领域，使过去相对分散的、初浅的有关研究进入深层的、系统的、有组织的研究领域，为保护利用工作提供具有深厚文化意识和完善理论的指导，使非遗文化保护利用成为社会更加自觉的行动。

（三）培养非物质文化遗产传承人才的"孵化器"

传承人是非物质文化遗产的重要载体和传递者，也是传承非物质文化遗产的核心内容之一。地方高校可以尝试邀请当地非物质文化遗产传承人作为特聘教师或客座教授，对大学生开展授课、讲座、创作、学术研讨等活动。高校丰富的生源，大大拓宽了传承人在相关项目传播技艺的受众平台，扩展了非遗项目的传播面和影响面，且可能产生"多米诺效应"，吸引有兴趣、有潜质的青年学生加入传承人队伍，缓解因老龄化问题导致的传承断代威胁。另外，非物质文化遗产传承人常常是父子因袭，而他们的后代在文化知识学习上有可能先天不足、后天失调，亟须进行必要的文化、历史和自然科学知识的补习，对这些特殊人才实行特殊的招生政策及进行合理的教学安排，让他们有机会接受比较系统的高等教育，进一步丰富自身文化修养，提高运用新的科学知识，保护利用非物质文化遗产的意识和技能，努力培养一批技艺娴熟又熟悉文化市场运作规律的复合型传承人才，有效发挥地方高校对非遗传承人的"孵化器"作用。

二、途径

将非物质文化遗产纳入地方高校教育教学科研体系，可从以下几个具体方面展开：

（一）深化认知

加深对区域内非物质文化遗产资源的认知和把握，包括对历史起源、传承现状、现实作用等要素的综合考量与整合建档。组织开展项目资源的调研，全面了解和掌握区域内非物质文化遗产资源的品类、数量、生存环境、分布状况、传承保护现状及存在问题，运用文字、图像、影音等各种数字化多媒体技术，进行真实、系统和全面的记录，建立非物质文化遗产信息档案数据库。重新认识非物质文化遗产在传统德育、思政教育运用中的科学性和可行性，发掘并巩固其在高校教育中的实用价值，强化非物质文化遗产在地方高校传承的现实基础。南昌大学为传承江西民间优秀传统文化成立了相关传统文化研究中心，多次组织专业人员到国家级非物质文化遗产项目——"赣剧""弋阳腔"的起源地弋阳县、万年县进行调研，掌握了大量的第一手资料，全面了解"赣剧""弋阳腔"的留存状况和传承保护现状，其于2005年成立的赣剧文化艺术中心、2011年成立的戏剧影视学院，均设有江西传统民间演艺艺术相关专业，致力于传承与弘扬"赣剧""弋阳腔"等优秀传统赣文化。

（二）选定项目

地方高校应从自身的学科专业背景和发展定位出发，选择适合自身发展且能胜任传承角色的区域非物质文化遗产项目，并适时促进传统文化与现代传播媒介相融合,加强对非物质文化遗产的宣传推广。建立非物质文化遗产专栏网站,搭建高校师生互动交流学习和研究资源共享平台,营造非物质文化认知意识提升氛围,加快促进非物质文化遗产在高校大学生中的知识普及和实践推广,为地方高校开展传承、弘扬非物质文化遗产的实践奠定舆论和群众基础。九江学院依据自身的学科特色和专业设置规划,成立了庐山文化研究中心,选定青阳腔作为"非遗"传承主推项目,下设青阳腔戏曲研究所,并建立了"青阳腔"网站,主要针对青阳腔的剧目、词、曲谱、表演以及青阳腔与宗教、与民俗相关联等设立了专栏,鼓励校内校外各方积极参与青阳腔相关知识的探讨和交流,较好地实现了青阳腔的研究和资源共享,并积极为该项目申报入选联合国教科文组织"人类口头和非物质文化遗产代表作"做准备。

(三) 完善教学

将非物质文化遗产纳入高校专业教育课程体系和专业学生培养计划中,开设非遗项目专业课程,编写非物质文化遗产教材,制定详细的教学计划和考试评定细则,规范并落实课堂专业学科、课程及教学的贯彻实施,聘任非物质文化遗产传承人为专业教授,开展授课、讲座、学术交流等活动,为开展专业教学活动、普及专业知识、培养保护意识奠定基础。设立大学生非物质文化素质教育第二课堂及选修课,增设实践教学环节,让学生通过选修学习修满相应学分,如将民歌、民乐纳入音乐选修课,将传统手工技艺纳入素质拓展第二课堂兴趣班,举办传统文化周活动和组织开展"田野式"调查。开设专业辅助课程,强化文化产业经营管理、非物质文化遗产知识产权等关联辅助课程教育,将文化产业与推广特色民间"非遗"文化相结合,创新非物质文化遗产资源著作权、专利权、商标权等权利体系学科教育。采取一系列课堂教学措施,培养大学生科学的文化资源观和文化产业理念,奠定大学生在文化资源管理、法律认知和文化产业开发中的文化基础和人文理念,提升学生综合素质。江西财经大学增设了文化遗产知识产权保护相关专业学科,涉及"非遗"资源项目的地理标志、成分配方、技艺技巧、商业秘密等要素,重点突破非物质文化遗产权利主体范围、客体活态性的明确和独创权的认定;以景德镇陶瓷学院为代表的一批地方性本科、高职院校纷纷设立民间传统工艺专业,开设如陶瓷设计与制作、美术设计、剪纸设计、竹编设计等与民间传统手工技艺紧密结合的专业课程;江西科技师范学院开设了传统文化教育选修课程,把民间音乐、民间舞蹈等课程教学设置为40个学时,2个学分。这些院校都从不同的侧重点强化了非物质文化遗产的课堂教学,较好地实现了对大学生的非物质文化遗产素质的拓展教育。

(四) 开展理论研究

宣传并发起保护和传承非物质文化遗产文化理念和文化行动，必须做好充分的非物质文化遗产研究的理论准备，在理论研究的基础上，才能进一步揭示非物质文化遗产所蕴含的各种内涵、思想和意识形态。充分利用当代先进、丰富的学术资源，进一步拓宽和深化非物质文化的研究范围和领域，依托地方高校相关科研院所，建立非物质文化遗产研究基地，树科研、立项目、做课题，侧重对项目（如民间演艺的词、曲谱、唱腔、舞蹈技巧、表演、服装等要素）和手工技艺的配方、材料、工艺技术等要素的整理建档，致力于促进非物质文化遗产研究理论的逐渐成熟和不断创新。加强地方高校"非遗"科研机构与省内各级文化主管部门、项目传承人、民间团体之间的研究探讨和信息交流，不断提高非物质文化遗产的理论研究水平，注重本研究领域内的创新和突破，形成系统的非物质文化理论体系，为非物质文化遗产的传承保护工作提供理论指导。南昌大学中国中部经济社会发展研究中心于 2011 年成立了社会发展研究所❶，该研究所紧紧抓住国际国内非物质文化遗产研究热点、重点和难点，积极组织申报国家、省社科项目开展非物质文化遗产课题研究，重点突破区域内非物质文化遗产资源禀赋评价和传承保护模式的构建，为区域非物质文化遗产理论研究与传承保护实践提供了一定的参考和指导。

(五) 建设人才队伍

非物质文化遗产的传承主要有两种形式：一是家庭作坊式传衍；二是行业式推广。长期以来，大部分非物质文化遗产项目传承人进行研习、传承实践都是通过成立家庭作坊来实现的，这种"作坊式"传承方式传播面较窄、被动性较强、影响力较弱，且老一辈传承人由于自身知识结构和生活经历等条件的限制难顺应对现代文化发展趋势和达到市场经济对非物质文化遗产提出的崭新要求，要实现非物质文化遗产的可持续传承发展，还必须有一大批既熟悉非物质文化遗产，又懂得市场管理运作的复合型文化产业人才，这成为地方高校传承非物质文化遗产的重要一环。依据"文化领袖+产业精英"的人才培养模式，吸纳老一辈传承人进校再学习和提升基础文化知识素养；激发年青大学生"非遗"情结、培养年轻传承人；组织学生开展文化产业市场调研和市场营销、积累市场运作经验，具备从事产业实践的基本素质和能力；加强对非物质文化遗产具有认知、研究能力，对文化市场运作具有一定把握

---

❶ 中心主任郑克强全面负责该研究所，同时也是本文依托的两个基金项目的课题主持人。

能力且对文化产业创意具有探索求新能力的复合型人才队伍的建设，找到传统文化与现代产业融合的切入点。江西师范大学成立历史文化与旅游学院，通过对传统历史文化，如文学、艺术、宗教等传统知识的系统教育和当代文化产业概论和其他相关课程的教学安排，培养大学生理解音乐演艺、书画工艺等艺术文化的内涵，掌握文化旅游、艺术展演、信息网络、文化出版等文化产业业态各自的产业特点和管理经营方式，并与文化主管部门和省内一些剧团合作进行订单式培养，为江西民间文化保护传承以及江西文化创意产业的发展培养人才。

■ 参考文献

[1] 王志平，郑克强. 鄱阳湖区非物质文化遗产资源禀赋与保护利用模式 [J]. 江西社会科学，2012（10）.

[2] 黄龙光. 民族文化传习馆：区域性大学非物质文化遗产传承新模式 [J]. 文化遗产，2012（1）.

[3] 佟玉权. 非物质文化遗产传承人的保护与制度建设 [J]. 文化学刊，2011（1）.

[4] 马莹. 论非物质文化遗产的产业化保护 [D]. 北京：中央民族大学，2010.

[5] 和继全. 民族传统文化的课堂传承模式 [J]. 教育学术月刊，2012（5）.

（原文出处：《教育学术月刊》，2013年第6期）

基于准公共品性的非物质文化遗产适度开发研究

/ 王志平　郑克强 /

【摘　要】 作为民族传统文化的重要载体，非物质文化遗产具备准公共品性质。本文在对相关文献梳理基础上，理清非物质文化遗产准公共品性质问题的研究脉络，进而从经济学角度探讨非物质文化遗产在消费上的非竞争性和在开发利用上的外部性，通过对这两个准公共品必要条件的分析，深入论证非物质文化遗产具备准公共品性，并针对其开发利用上的外部不经济性提出对策建议。

【关键词】 非物质文化遗产；公共文化；准公共品性；对策建议

一、非物质文化遗产的准公共品性概述

一项非物质文化遗产的消失，可能意味着错过一段历史，或者失去一种了解民族传统与地域文化发展的重要方式。非物质文化遗产代表着不同民族文化群落各自的传统所形成的精神个性：一方面在观念上被公众认同，并得到公众的自愿参与；另一方面在体制上被政府正式承认，能够得到公共资源的支持。从这个意义来说，保护非物质文化遗产是国家及民众保护民族文化的共同行为。

准公共物品是指介于纯公共物品和私人物品之间、具有较大程度外部性的一类公共物品，主要有两类：一类是消费上有竞争而非排他，另一类是消费上非竞争但可排他。外部性（包括外部经济性和外部不经济性）是指一种行为对其他人的福利产生影响，但相关的成本与利益却难以在市场的价格上反映出来。一般认为，这种情况容易导致市场失灵，市场机制难以发挥正常效用。

非物质文化遗产的权利属于公有领域，市场机制难以对其进行有效的调节，这不仅表现在企业家们较难为赢利而去保护和传承某项非物质文化遗产项目（或者保护和传承它较难以盈利），同时也因为向每个参与者收费在实践中存在极大不确定性。正是基于这种不能很容易地以销售价格的形式向消费

者、受惠者收费的事实，使得政府成为从事非物质文化遗产保护和传承事业的主要"生产者"和"管理者"，而市场扮演"配合者"角色，有限度地促进了非物质文化遗产的适度产业化。

一项非物质文化遗产被认定之后，在传承认定区域内，公众、社会团体及有关部门都可以参与到此项非遗的保护、利用之中，但会产生不同程度的效用（非排他但有竞争）；而由于非物质文化遗产的较强地域生态性，区域外的公众、社会团体及有关部门参与此项非遗的保护、利用会存在障碍，且难以产生实际的效果（非竞争但有排他）；并且无论这种保护、利用行为是否对其他参与者产生影响，其成本和收益都很难以市场价格反映。

由此可见，非物质文化遗产具有一定程度的公共性，但又不是纯粹的公共物品，而是具备准公共品性。

二、非物质文化遗产准公共品性研究回顾

有关非物质文化遗产准公共品性的研究大体可分为以下三个阶段：

第一阶段——提出概念，这一阶段的研究成果主要有：刘锡诚认为非物质文化遗产是民族文化之根，代表的是本民族生生不息、自强不息的文化精神，保护非物质文化遗产，就是在继承、发扬本民族的文化精神和维系本民族群体的集体智慧和精神内质；宋俊华提出非物质文化遗产具有社会性的特征，是人类创造能力、认知能力和群体认同力的集中体现，指出考查这种社会性特征，对理解政府和社会大众积极倡导组织非物质文化遗产的传承和保护工作具有重要的启示作用；李世涛指出非物质文化遗产体现了特定民族的独特的思维方式、智慧、世界观、价值观、审美意识、情感表达等因素，认为非物质文化遗产代表的是民族群体的心理结构、审美趣味、生活方式、民族认同等具有公共文化性质的元素。此外，王宁、巴莫曲布嫫、杨怡也都从分析非物质文化遗产的特征和内涵入手，指出非物质文化遗产本质上是公共性的大众文化代表。这些研究对非物质文化遗产的公共性做出了初步的解释，为非物质文化遗产的准公共品性的提出奠定了理论基础。

第二阶段——推进共识，这一阶段的研究成果主要有：高丙中认为"非物质文化成为遗产，或者简单地说，被命名为遗产的程序就是一种公共文化的产生机制"，提出应启动公共财政来支持作为公共文化的非物质文化遗产的传承和保护，并积极探索在现代教育体制中进行有效传承，将传统的非物质文化纳入现代公共文化机制中予以制度支持；高小康认为"非物质文化遗产的保护和发展工作是整个社会的公共文化服务体系建设的一部分"，倡导将非

物质文化遗产的保护利用纳入文化建设的范畴，由政府作为主导；张红英指出非物质文化遗产是一个民族的文化核心，因此应将非物质文化遗产的保护与利用作为公共文化服务体系来建设。这些研究都提出了应将非物质文化遗产纳入社会公共文化体系中，在政府制度层面上详细地阐述了非物质文化遗产的公共性，进一步论证了非物质文化遗产具有公共品性的特征。

第三阶段——成熟定位，这一阶段的研究成果主要有：余悦认为"非物质文化遗产保护的决策者、组织者、统筹者是各级政府和相关部门，处于保护的强势地位，而出资者（具体投入资金者）对于非物质文化遗产的保护和利用期盼得到经济回报"，这一见解对政府和市场在非物质文化遗产保护和利用中的角色进行了准确的定位，从而反映出非物质文化遗产的保护和利用主要是一项社会公共事业；刘国强认为"非物质文化遗产是民族文化的识别标志和'文化基因'，保护非物质文化遗产，已不是少数人的事情，而是全社会的共同责任"，因而，非物质文化遗产是维系民族文化生存、影响文化经济发展的关键因素，对非物质文化遗产的保护应该形成一种自上而下，自发自觉的全民公共运动；韩成艳指出非物质文化遗产不仅是"原产地"社区的公共文化，还是大共同体的公共文化，而公共领域的推介就是完成社区公共文化向大共同体公共文化转化的主要方式；李昕则正式提出了非物质文化遗产的准公共品性，认为"作为一种特殊的文化产业业态，非物质文化遗产的产业化运作既要受产业发展因素的影响，又与其作为民族文化组成部分的准公共品性密切相关"。这些研究从政府应作为非物质文化遗产保护和利用的主要"管理者"和主要"生产者"、市场机制作为辅助的"无形推手"的角度出发，明确了非物质文化遗产的准公共品性。

上述研究大多是围绕非物质文化遗产作为公共文化属性而进行的探讨，但"准公共品性"更多属于经济学领域概念，从经济学角度来分析非物质文化遗产的准公共品性，对开辟非物质文化遗产研究新的视角应有积极的意义。

三、非物质文化遗产准公共品性的经济学分析

"每个人对该产品的消费不会造成其他人消费的减少""公共物品一旦被生产出来，生产者就无法或很难决定或排斥谁来得到它"。非物质文化遗产要具备准公共品性，无疑必须满足消费非竞争（非排他）和在开发利用上的外部性，林达尔均衡可以在理论上解释这一问题。

林达尔均衡主要依据单个消费者对公共物品的消费偏好进行估价加总得到边际收益，进而决定均衡状态下公共物品的社会需求曲线。对于非物质文

化遗产及其产出品,每个参与者所消费的水平都相同,而且这一水平是其对整个社会的总供给规模,并且每个消费者都能从这种消费活动中获得相应的效用收益,因此我们可以根据对单个消费者的需求曲线分析出整个社会的需求曲线。为了方便分析,在此假设非物质文化遗产只有两个消费者甲和乙。

如图1所示,横坐标 Q 表示非物质文化遗产的存量水平,纵坐标 P 表示消费非物质文化遗产的价格,直线 S 表示社会供给曲线,$D_甲$ 和 $D_乙$ 分别表示甲、乙两位消费者各自的需求曲线。

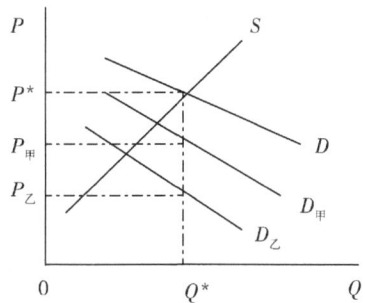

非物质文化遗产的林达尔均衡示意图

按照公共物品定价追求帕累托最优的效率标准,每一公共物品的价格应与该产品的边际成本相等。可以看到,在林达尔均衡条件下,当单个消费者对该项非物质文化遗产的需求数量为 Q^* 时,由于消费偏好不同,甲愿意支付 $P_甲$ 价格,而乙愿意支付 $P_乙$ 价格,它们分别是甲和乙对消费 Q^* 数量的消费偏好估价,此时社会消费 Q^* 数量总的边际收益为两个消费者的消费偏好估价之和,由于公共物品的帕累托最优状态下的边际收益等于边际成本,故而社会愿意支付 P^* 价格($P^* = P_甲 + P_乙$),同理,可以得出其他规模下社会对非物质文化遗产消费的支付水平,将这些点连接起来,即可得到非物质文化遗产的社会需求曲线 D。

由此我们可以看出,非物质文化遗产的社会需求曲线与私人产品的市场需求曲线之间的不同:后者是每个消费者需求曲线的横向加总,而非物质文化遗产是每个消费者需求曲线的垂直加总。之所以如此,关键在于非物质文化遗产在消费上的非竞争性,每个消费者消费量都相同,消费者甲的消费并不会减少消费者乙的消费,且每个消费者的消费量都与社会总消费量相同,由于消费的非竞争性,因此社会对这个总消费量支付的价格是所有消费者支付的价格总和。

同时,由于非物质文化遗产的精神内质在于它的本真性、原生态、不可替代性，而一旦破坏这些特质，很难实现其市场价值的潜在发挥，这就导致了非物质文化遗产在保护和开发利用上的两难，就如同经济学的"囚徒困境"一般——既要保护非物质文化遗产的本真性和原生态，又想挖掘非物质文化遗产的市场价值。由于市场追求利润最大化的本性、资源优化配置的内在机理以及受非物质文化遗产资源的稀缺性约束，非物质文化遗产的开发利用很容易对其本身造成不良影响，如过度商业化使某一项目丧失本真原生态，且难以进行补偿，从而导致外部不经济性。近年来，各地纷纷开展非物质文化遗产节庆、博览活动，在对非物质文化遗产进行展示的同时，促进产业化发展，是将非物质文化遗产与旅游产业深度结合、开发利用的主要模式，但同时也造成了非物质文化遗产过度商业化问题。开发经营商为了追求利润最大化，常常会过度建设人工设施，从而破坏非物质文化遗产的本真性、原生态和造成资源的耗竭，打破原有的非物质文化生态平衡，导致非物质文化遗产承载力的下降和生存环境的恶化。这些做法背离了非物质文化遗产保护与利用的初衷，会逐渐丧失旅游消费者的消费需求，最终使得这些非物质文化遗产节庆、博览活动的功能丧失和资源的闲置浪费，导致外部不经济性，影响非物质文化遗产可持续性传承和发展。

综上分析，非物质文化遗产项目既具有公共物品的特征，又具有一定的私人物品性质，它应当定成为具备准公共品性的特殊物品。正因为非物质文化遗产具备准公共品性，它可以由政府提供，也可以部分由市场提供，因而非物质文化遗产不能采取像普通商品一样按照成本和效用以及资源优化配置作用下追求利润最大化的市场化定价、运作方式。消费者们更愿意为消费它们支付低价格，甚至希望免费使用（"搭便车"），因此，最大限度地让民众参与到非物质文化遗产的保护和利用中，以保证非物质文化遗产价值的最大限度发挥和健康有序的传承发展，就应当将具备准公共品性的非物质文化遗产的保护、利用控制在一定范围内，在以政府作为主要"生产者"和"管理者"的前提下进行适当的开发利用，而不是放之于完全自由的市场竞争环境中。

四、对策建议

由于非物质文化遗产的准公共品性以及在开发利用上的外部不经济性，市场难以有效地实现非物质文化遗产的保护与利用并重，无法弥补非物质文化遗产开发利用的外部不经济性，而政府干预和其他非经济手段可以有效缓解这个瓶颈。基于以上分析和我国非物质文化遗产保护、利用的实际情况，

笔者提出以下对策建议:

1. 强化政府组织引导,确保开发、利用的和谐适度。单纯的市场运作奉行完全自由的资源配置和竞争,而非物质文化遗产的保护,尤其是开发利用在市场运作的过程中是很难掌控的;实行适当的政府干预,是对非物质文化遗产这种"公共文化"发展的合理保护与引导。政府干预主要是通过行政、立法和经济三种手段来作用:将非物质文化遗产保护和开发利用纳入各级国民经济和社会发展规划,通过立法和制度约束来明确保护的范围和主体、规制有关主体的行为和责任,对违规和违法行为进行依法惩罚,使非物质文化遗产保护和开发利用有法可依,有制可循;在经济手段方面,除了加大政府对非物质文化遗产保护和开发利用的专项投入外,还应通过财政补贴、鼓励信贷和征收税费等方式来规制具体行为,对积极发展非物质文化创意产业、有利于非物质文化遗产保护的行为实行资金扶助和税收减免,对造成破坏非物质文化遗产生存环境和资源浪费的行为征收处罚性税费。行政、立法和经济手段三管齐下,发挥政府在非物质文化遗产保护和开发利用工作中的主导作用,实现非物质文化遗产的有效保护和合理利用。

2. 完善非物质文化遗产知识产权保护,维护权利主体合法权益。由于面临不断流失和消亡的困境,作为传统知识成果代表的非物质文化遗产,逐渐成为一种高度稀缺的文化资源。没有形成完备的非物质文化遗产的专门知识产权保护体系,就难以完全避免一些非物质文化遗产侵权、滥用、浪费而造成损害和流失的现象和行为,目前非物质文化遗产知识产权纠纷事件频频发生,中韩端午节申报资格认定就是这类事件的典型代表,完善知识产权保护成为非物质文化遗产保护与开发利用工作的当务之急。具体措施包括加快非物质文化遗产著作权、专利权、商标权等权利体系的确立,重点突破非物质文化遗产权利主体范围、客体活态性的明确和独创权的认定,切实维护非物质文化遗产有关权利主体的合法权益,将非物质文化遗产权作为一项独立的民事权利纳入立法体系;加快涵盖非物质文化遗产资源主要品类项目的专门知识产权法规条例的出台实施,将涉及资源项目的地理标志、成分配方、技艺技巧、商业秘密等要素写进保护条例,扩大非物质文化遗产项目要素保护范围。

3. 推进非物质文化遗产主题公园基地建设,探索资源展示与产业化协调发展新途径。从整体和长远利益看,由政府牵头,吸引社会资本投资建设非物质文化遗产主题公园是探索非物质文化遗产保护和利用内在的有益尝试,也是避免单纯由市场开发容易导致外部不经济性的有效方式。在主题公园的设计方面必须强调对非物质文化遗产资源本身知识、情感和技能技术及其"活体"的传承，具体的实物承载必须能使人们直观而清晰地认知这些特质，在突出对非物质文化遗产的宣传主题前提下，兼顾公园的基本造景需要，设计加入一些休闲的娱乐元素，让游客在饱览非物质文化遗产非凡魅力之余得以休憩。同时，规范公园内的休闲辅助建设，严格实施特许经营制度，通过公开招标规范和准许餐饮住行、非遗体验式娱乐、纪念品等的经营活动，并对经营规模、质量和价格进行跟踪式监督，严格控制在不影响非物质文化遗产宣传效果的适度范围内。

4. 增强"文化自觉"意识，营造良好社会氛围。全球化加速了文化趋同进程，外来文化对传统文化的冲击不断加大，作为一个历史悠久的多民族文化大国，抵制强势文化的冲击，重塑民间传统文化、保持民族传统文化的高度独立自主性和个性，培养和提高民族民间"文化自觉"意识，是当前非物质文化遗产保护利用工作的基本立足点和着力点。要长期不懈地开展非物质文化遗产保护和利用的宣传和教育工作，培养公共机构、市场经营者及普通民众重视非物质文化遗产的保护、珍惜和有效利用非物质文化遗产资源等意识，自觉提高道德和素养，提高全社会对合理保护、利用非物质文化遗产的自觉性和积极性，营造良好的社会氛围，推进非物质文化遗产保护、利用工作的顺利开展。

■ 参考文献

[1] 孙昊亮. 非物质文化遗产的公共属性 [J]. 法学研究, 2010 (5).

[2] 刘锡诚. 非物质文化遗产的文化性质问题 [J]. 西北民族研究, 2005 (1).

[3] 宋俊华. 非物质文化遗产特征刍议 [J]. 江西社会科学, 2006 (1).

[4] 李世涛. 试析"非物质文化遗产"的基本特点与性质 [J]. 广西民族研究, 2007 (3).

[5] 高丙中. 作为公共文化的非物质文化遗产 [J]. 文艺研究, 2008 (2).

[6] 高小康. 非物质文化遗产: 保护与利用的再思考 [J]. 探索与争鸣, 2008 (4).

[7] 张红英. 略论非物质文化遗产保护与公共文化服务 [J]. 图书馆理论与实践, 2009 (12).

[8] 余悦. 非物质文化遗产研究的十年回顾与理性思考 [J]. 江西社会科学, 2010 (9).

[9] 刘国强. 非物质文化遗产保护与文化产业发展的思考 [J]. 神州民俗, 2011 (1).

[10] 韩成艳. 非物质文化遗产作为公共文化的保护 [J]. 思想战线，2011 (3).
[11] 李昕. 非物质文化遗产进入文化产业的评估研究 [J]. 东岳论坛，2011 (4).
[12] 保罗·A. 萨缪尔森. 经济学 [M]. 高鸿业，译. 北京：商务印书馆，1982.
[13] 朱兵. 我国非物质文化遗产保护与立法 [J]. 文化遗产，2012 (02).

(原文出处：《企业经济》，2014 年第 12 期)

■ 个人简介

徐丽媛，女，江西临川人，1978年出生，江西财经大学法学院副教授、博士、硕士生导师。主要研究方向为环境法、经济法。主持国家社科基金1项、省部级课题5项，在《江西财经大学学报》《江西社会科学》等期刊发表论文20篇。

■ 学术简介

学术研究聚焦于两个部分：一是中部革命老区（贫困地区）经济社会发展方面的研究。这部分的研究主要是以郑克强担任教育部人文社科重点研究基地中国中部经济社会发展研究中心主任时结合工作实际申报的一个教育部规划基金项目为基础，衍生出了系列成果。其中，在本书中，主要选取了《中部革命老区（贫困地区）发展竞争力的阶段定位与对策研究》《中部革命老区（贫困地区）经济社会发展的 SWOT 分析》和《江西 25 个贫困县发展水平比较与"摘帽"排序建议》这几篇文章或策论，以此作为这方面研究的代表性成果；二是生态补偿式扶贫方面的研究。主要是从经济学、法学的视角研究生态补偿式扶贫的机理和路径。这方面的研究是作者博士期间从事革命老区（贫困地区）问题研究工作的深化和延伸。在此书中，选取了《生态补偿式扶贫的机理分析与长效机制研究》《生态补偿式扶贫的合作博弈分析》这两篇文章。

中部革命老区（贫困地区）发展竞争力的阶段定位与对策研究

/ 徐丽媛　郑克强 /

【摘　要】 中部革命老区（贫困地区）发展竞争力培育是其稳步脱贫和持续发展的关键。中部革命老区（贫困地区）发展竞争力的内涵丰富，为进一步理解，我们构建了基于科学发展观本质要求的概念"圆锥模型"。结合波特的竞争优势阶段理论和钱纳里工业化阶段理论，指出中部革命老区（贫困地区）发展竞争力处于要素推动阶段，产业竞争优势表现为自然资源的充分利用及开采利用效率，要素禀赋的竞争是其竞争的主要形式。为此，要提升本地区的发展竞争力，需要基层领导提高反思能力、发挥比较优势、培育自生能力、加强基础设施建设、提高人才素质以及规划环境友好生产模式等。

【关键词】 中部革命老区（贫困地区）；发展竞争力；"圆锥模型"；阶段定位；自生能力

中部革命老区（贫困地区），指第二次国内革命战争时期和抗日战争时期，在中国共产党领导下创建的中部六省革命老区县兼依据《中国农村扶贫开发纲要（2011—2020年）》确定的国家扶贫开发工作重点县，共计138个县（市）。2013年3月17日，第十二届全国人民代表大会第一次会议上，国家主席习近平多次谈到"中国梦"，要实现"国家富强、民族振兴、人民幸福"，而彻底改变贫困地区长期贫困面貌，大幅提高贫困群众生活水平，实现共同富裕，正是实现中华民族伟大复兴中国梦的重要内容。如何实现中部革命老区（贫困地区）稳步脱贫和持续发展呢？本研究认为培育中部革命老区（贫困地区）发展竞争力是关键。马克思说："竞争是挡不住的洪流。"在全球化的激烈竞争时代，中部革命老区（贫困地区）由于先天性发展不足，经济社会各方面发展落后，要想在激烈的市场竞争中生存和实现发展，必须挖掘自身的比较优势，培育竞争优势，并使两者相结合，以增强自身的区域竞争力。

一、中部革命老区（贫困地区）发展竞争力的内涵与概念模型

（一）中部革命老区（贫困地区）发展竞争力的概念与内涵

从经济学视角，中部革命老区（贫困地区）发展竞争力是指某一中部革命老区县（贫困县）在经济社会发展过程中相对于其他县域吸引资源、争夺市场以及合理配置资源，促进县域经济社会繁荣和提升国民福祉的能力，是竞争过程与结果的统一体。这一能力综合反映在该区域经济、社会、环境、科技、文化、教育等持续发展过程之中。中部革命老区（贫困地区）发展竞争力这一概念包括了以下四方面的含义，（1）它是一个相对性的概念，竞争力分析是一种比较研究。（2）它是抽象与具体的统一。中部革命老区（贫困地区）发展竞争力不是直接就能看到的东西，它存在于什么领域，如何形成，受什么因素影响，都需要进行认真的分析与研究，表现为内隐性；但同时中部革命老区（贫困地区）发展竞争力又是客观存在的，是经过系列努力形成的一种竞争优势，表现为客观性。（3）它是一种综合反映，是一个区域在经济、社会、环境、科教文化等方面所能达到的先进程度的综合体现。（4）它是一种可持续竞争力。可持续竞争力是在竞争力评估的基础上创立高效的运行机制，以实现经济长期持续增长的战略目标的能力。其一，表现为长期性，即一个区域的竞争力不是一朝一夕形成的，是一个不断积累的过程；其二，表现为潜在性，即区域竞争力不仅关注其现在的竞争优势，更应该关注其未来发展的潜力；其三，表现为可持续性，即区域的发展不能只看眼前的成绩，还应该实现经济社会的平衡发展与持续增长。

（二）基于科学发展观内在要求的中部革命老区（贫困地区）发展竞争力"圆锥模型"

从管理学视角，中部革命老区（贫困地区）发展竞争力是中部贫困革命老区县相对于同类区域，提高其经济、社会、环境全面发展的能力。2003年党的十六届三中全会的召开标志着中国经济社会发展进入了一个全新的阶段——即提出了科学的发展观。科学发展观"坚持以人为本，树立全面、协调、可持续的发展观，促进经济社会的和人的全面发展"，强调"按照统筹城乡发展、统筹区域发展、统筹经济社会发展、统筹人与自然和谐发展、统筹国内发展和对外开放的要求，推进改革和发展"。

按照科学发展观，发展是第一要义，但发展不仅是经济的发展，还包括社会的发展和资源环境的可持续发展；发展的核心是以人为本，要求把人民的利益作为一切工作的出发点和落脚点，不断满足人们的多方面需求和促进

人的全面发展。其主轴是保障和改善民生，2007年，党的十七大报告指出，"发展为了人民、发展依靠人民、发展成果由人民共享"，要"努力使全体人民学有所教、劳有所得、病有所医、老有所养、住有所居"；创新是科学发展观的重要原则，创新的理论，需要以创新的观念、创新的思维去理解和把握，在创新中实现发展。党的十六届五中全会慎重地把"必须提高自主创新能力"作为贯彻落实科学发展观的一个重要原则提了出来。党的十八大报告强调要"实施创新驱动发展战略"，同时也指出要"加强和创新社会管理"，实际上就是要加强政府的统筹能力，形成源头治理、动态管理、应急处置相结合的社会管理机制，推动社会主义和谐社会建设。可见，经济发展、社会发展、资源环境发展、以人为本以及创新驱动五方面是科学发展观的内在要求，是衡量一个区域发展质量的必不可少要素。

基于科学发展观的内在要求，结合中部革命老区（贫困地区）发展的实际情况，本研究构建了中部革命老区（贫困地区）发展竞争力概念模型，包括经济发展竞争力、资源环境竞争力、科教文化竞争力、民生保障竞争力以及政府统筹竞争力五个方面。如图1所示，本研究将其定义为中部革命老区（贫困地区）发展竞争力概念的"圆锥模型"。

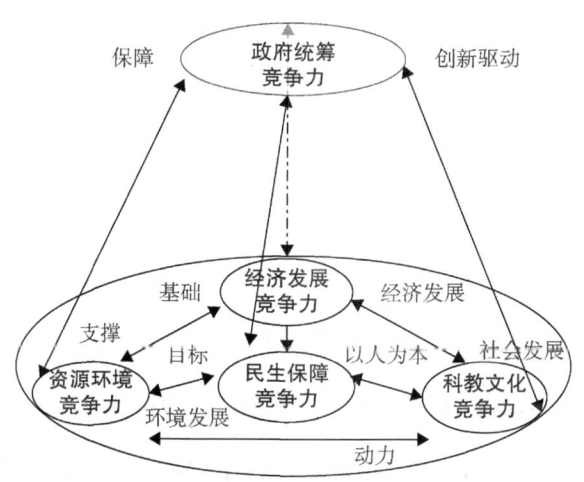

图1 中部革命老区（贫困地区）发展竞争力概念的"圆锥模型"

事实上，中部革命老区（贫困地区）发展竞争力的五个纬度之间的关系，除了体现科学发展观的本质要求外，内部还存在密切的联系。如图1所示，两两之间都是双箭头的关系，具体而言，经济发展竞争力是中部革命老区（贫困地区）获取经济社会竞争力优势的基础，能为资源节约、环境保护、科教文化和民生保障提供经济支持；资源环境竞争力是中部革命老区（贫困地区）获取竞争优势的支撑，资源环境为经济发展提供物质基础和场所，良好的资源环境能推动科教文化的发展和提高人们的生活质量；科教文化竞争力是中部革命老区（贫困地区）获取竞争力优势的动力，能为经济发展、资源节约、环境保护和人们生活改善提供技术支持；民生保障是中部革命老区（贫困地区）提升竞争力的目标，反过来，人们生活质量提高为经济发展、环境保护、科技创新提供源动力；政府的保障与支持能力是中部革命老区（贫困地区）获取竞争优势的坚实后盾，反之，经济的稳定发展、环境质量的改善、科教文化的进步和人们生活幸福感的提升都将提高政府的保障与支持能力。经济发展、资源环境、科教文化、民生保障、政府的统筹五者之间互相影响、相互作用，每个要素都可能改变其他要素的表现。

长期以来，由于战争年代的牺牲和损耗，地处偏僻一隅的地理条件和封闭保守的文化与环境让中部革命老区（贫困地区）在改革开放的大环境中处于落后的地位，影响了中部革命老区（贫困地区）人民的生活水平的提高和幸福感。中部革命老区（贫困地区）还存在比较明显的贫困状况。有学者甚至指出贫困县的经济发展水平比全国平均水平落后15~20年，可见贫困地区的经济发展与其他地区还存在较大的差距。中部革命老区（贫困地区）这一弱势单元要想在激烈的竞争环境中吸引、争夺发展资源，是有一定困难的。主要表现为经济发展中的5个薄弱点，即经济起飞的基础和实力不强，三次产业联动的功能和合力不足，市场经济竞争力的机制和活力不够，跨入国内外两个市场的水平和能力不行，量的扩张和质的提高有机结合的条件和潜力不统一。这些薄弱点对于贫困地区提升发展竞争力形成了巨大的挑战。因此，中部革命老区（贫困地区）在培育竞争力的过程中必须认识问题、正视困难，特别是认清自己所处的竞争力发展阶段，明确优势与劣势，这样才能有的放矢，采取合适的对策，才能有所突破、有所发展。

二、中部革命老区（贫困地区）发展竞争力的阶段定位

任何一个区域竞争力都不是静止不变的，随着生产要素的流动以及不同的组合，其竞争优势也会相应地改变，对区域竞争力进行阶段定位正体现了其动态化的特征。一般情况下，区域竞争力的发展阶段通过其产业竞争优势的发展阶段来体现。

（一）区域竞争力的一般演进阶段

美国的波特教授在研究了许多国家特定产业发展和参与国际竞争的历史的基础上，将一国产业竞争的过程大致分为四个阶段：第一阶段为要素驱动

(Factor-driven)，第二阶段为投资驱动（Investment-driven），第三阶段为创新驱动（Innovation-driven），第四阶段为财富驱动（Wealth-driven）。其中，前三个阶段为产业竞争力增长时期，第四个阶段为产业竞争力的下降时期。

波特的竞争优势"四阶段"理论，为我们深入理解竞争优势的动态演进过程，提供了一个清晰的理论分析框架。也有学者对他的阶段衰退论（财富驱动）表示质疑，如张金昌（2002）认为经济衰退只是一种暂时的、短期和个别的情况，从长期的发展来看，进步是必然的，财富导向阶段并不能对其进行合理的解释。本文旨在为初步发展阶段的中部革命老区（贫困地区）产业竞争优势进行阶段定位，因此，研究中排除掉竞争力弱化或衰退的可能性分析，主要阐述波特的要素驱动、投资驱动和创新驱动三阶段理论：

1. 要素驱动阶段。此阶段，产业竞争优势主要来自一个区域在生产要素具有的优势，即是否拥有丰富的自然资源和廉价的劳动力，低廉的要素价格是赢得竞争的主要战略。产业结构上，低层次的农业、资源开采业和劳动密集型加工产业如纺织业成为区域主导产业。企业的技术层次相对较低，主要是广泛流传、容易得到的一般技术，以及来自模仿或注资方提供的经验与技术。企业的规模小，多为单打独斗型。政府多起领导作用，许可资源开采，积极进行劳务输出。

2. 投资驱动阶段。此阶段，产业竞争优势来源于政府和企业积极投资的意愿和能力，区域优势产业的资本密集型特征日益突出。竞争优势产业主要表现为：注重规模经济的产业；资本密集但需要大量廉价劳动力的零件与标准化产品的产业；售后服务技术不到位、不怕转移其提供产品和流程技术的来源不止一处的产业等。此时企业不仅利用外来的技术和方法，也注意改善外来的技术。企业有能力吸收并改善外来技术，是其突破要素驱动阶段，迈向投资驱动阶段的关键。此阶段，政府的作用主要是提供更有效率的基础设施，引导有限的资本集中流向潜力产业，鼓励冒险精神，为企业提供保护措施，刺激产业改善和创新。

3. 创新驱动阶段。此阶段，竞争优势主要在于知识、信息、技术和人才，创新越来越成为产业维持竞争优势的主要动力。有竞争力的产业已经由资本密集型产业转向技术更新换代快的资本密集型产业和技术密集型产业（如精密仪器、飞机、自动化生产线等）。同时由于竞争优势的扩散，产业集群逐渐形成（如产业开发园区），并向垂直和水平方向深入发展。企业除了改善外来技术和生产方式，也具有一定的创造力。处在这个阶段的政府不再直接干预产业，而是从事如创造更高级的生产要素、改善需求质量、鼓励新商业出现等工作。

本研究认为,中部革命老区(贫困地区)产业的发展,将基本遵循要素驱动—投资驱动—创新驱动而演进。当然,波特也指出,产业竞争优势的演进阶段并不是绝对的,也不一定一阶一阶地往前走,一些区域的经济一直处于要素推动阶段或投资推动阶段,也有可能实现跳跃式发展。

(二) 中部老区(贫困地区)发展竞争力的阶段定位

准确把握中部革命老区(贫困地区)发展竞争力所处的阶段具有重要意义。因为,竞争力决定因素的确定、主要竞争力动力源泉的研究、主要竞争战略的制定与改善,都与特定产业竞争力的发展有直接的关系。例如,在产业竞争的第一阶段,要素成本的高低特别重要;在第二阶段,资本的实力特别重要,大量投资可更新设备、扩大规模,增强产品竞争力;在第三阶段,研究开发、自主知识产权、信息等的获得,具有竞争战略意义。

对国家竞争力素有研究的中国社会科学院工业经济研究所张金昌教授将波特的竞争优势阶段理论和工业化发展阶段理论结合了起来,形成了有竞争力产业的基本假说(见图2),由此理论,工业化的初期阶段,竞争优势主要表现为生产要素驱动;工业化阶段,竞争优势主要表现为投资驱动;工业化国家,竞争优势主要表现为创新驱动;创新国家,竞争优势主要靠财富驱动。根据经典工业理论,衡量一个国家或地区的工业化水平,一般可以从经济发展水平、产业结构、就业结构和空间结构等方面进行。其中人均收入的增长和产业结构转换是工业化推进的主要标志,考虑到目前数据的可获得性,本研究依据钱纳里工业化阶段理论(以 2000 年美元为基),仅以人均 GDP 指标作为工业化发展阶段的划分标准,以 2013 年相关年鉴数据为依据,对中部革命老区(贫困地区)所处工业化演进阶段进行大致划分,如表 1 所示

竞争驱动	国家经济竞争发展的不同阶段			
	生产要素驱动	投资驱动	创新驱动	财富驱动
工业化阶段	工业化初期	工业化阶段	工业化国家	创新国家
有竞争力的产业	资源开采 纺织服装 劳务输出	钢铁 汽车 机加工 电子业	精密机械 轮船飞机 智力产业 科技产业	科技 服务 金融 生物工程

图 2 有竞争力产业的基本假说

表1 2012年中部革命老区（贫困地区）
所处工业化演进阶段划分（仅以人均GDP指标为标准）

发展阶段	江西省		湖北省		河南省		湖南省		安徽省		山西省		中部革命老区（贫困地区）	
	个数	百分比	个数	百分比	个数	百分比	个数	百分比	个数	百分比	个数	百分比	总个数	总百分比
初级产品生产阶段	1	4.8	1	4	0	0	6	30	2	15.4	10	28.6	20	14.5
工业化初级阶段	17	81	21	84	11	45.8	13	65	10	76.9	14	40	86	62.3
工业化中级阶段	3	14.2	3	12	12	50	1	5	1	7.7	9	25.7	29	21
工业化高级阶段	0	0	0	0	1	4.2	0	0	0	0	2	5.7	3	2.2
总和	21	100	25	100	24	100	20	100	13	100	35	100	138	100

注：工业化阶段人均GDP测评标准以2000年美元为基，参见牛文涛. 中国工业化阶段演进分析——基于PGDP指标[J]. 中国商界, 2008 (9).

从2012年的统计结果来看，138个中部革命老区（贫困地区）县（市）中，20个县处于初级产品生产阶段，即传统的农业期，占总数的14.5%；86个县处于工业化初级阶段，占总数的62.3%；29个县处于工业化中级阶段，占总数的21%；3个县处于工业化的高级阶段，占总数的2.2%。其中，江西省21个贫困老区县（市）里，81%的县处于工业化的初级阶段，14.2%的县处于工业化中级阶段，还有4.8%的县处于传统农业期。湖北省25个贫困老区县（市）中，84%的县处于工业化初级阶段，12%的县处于工业化中级阶段，还有4%的县处于传统农业期。河南省24个贫困老区县（市）中，50%的县处于工业化中级阶段，45.8%的县处于工业化初级阶段，4.2%的县处于工业化高级阶段。湖南省20个贫困老区县（市）中，65%的县处于工业化初级阶段，30%的县处于传统农业期，5%的县处于工业化中级阶段。安徽省13个贫困老区县（市）中，76.9%的县处于工业化初级阶段，15.4%的县处于传统农业期，7.7%的县处于工业化中级阶段。山西省35个贫困老区县（市）中，40%的县处于工业化初级阶段，28.6%的县处于传统农业期，25.7%的县处于工业化中级阶段，还有5.7%的县处于工业化高级阶段。

依据人均GDP标准划分的工业化演进阶段，在产业结构上得到了相应的验证，中部革命老区（贫困地区）的产业结构比例基本体现"二一三"或"二三一"特征，只有个别县（市）存在例外。例如，江西省井冈山市属于工业化的中级阶段，但实际上2012年井冈山市三产比为9.6：37.3：53.1，呈现"三二一"产业结构特征，三产比重高过二产，其主要依靠文化资源、自然资源发展旅游业带动了经济的增长，竞争优势表现为要素推动。

上述数据表明，中部革命老区（贫困地区）目前基本处于初级产品生产、工业化初级阶段，即处于初级产品生产、工业化初级阶段的中部革命老区（贫困地区）占到了76.8%，如湖南省占到了95%，安徽省为92.3%，湖北省为89%，江西省为85.8%，山西省为68.6%，河南省也有45.8%的贫困老区县（市）处于工业化初级阶段。尽管有一部分贫困老区县已率先进入工业化中级阶段，有些甚至进入了工业化高级阶段（如河南栾川县、山西保德县和中阳县），但毕竟数量极为有限，不能起到主导中部革命老区（贫困地区）工业化特征的作用。另外，初级产品主要指农业、林业、渔业或矿业中，未给任何程度加工的产品，包括为国际贸易销售需要而稍作加工的产品，如羊毛、天然橡胶、原油、铁矿石等。根据中部革命老区（贫困地区）产业主要类型，可以判断其初级产品生产主要是进行农业、林业、渔业和矿产开采等，初级产品生产阶段主要靠自然资源和劳动力等生产要素来驱动经济增长。

因此，综合竞争优势阶段划分理论和工业化阶段理论，本研究认为，中部革命老区（贫困地区）发展竞争力处于要素推动阶段，产业竞争优势表现为对自然资源的充分利用及开采利用效率，要素禀赋的竞争是其竞争的主要形式。

三、中部革命老区（贫困地区）提升发展竞争力的对策研究

国务院扶贫办主任刘永富指出：革命老区的扶贫工作是全国扶贫工作的重要组成部分。贫困地区主要领导的主要精力要放在扶贫开发上。依据中部革命老区（贫困地区）发展竞争力的阶段定位，本研究认为，中部革命老区（贫困地区）要提升发展竞争力，除了关注要素成本外，关键是推动产业往高层次竞争优势前进，如加强基础设施建设、提高人才素质、与高等院校加强合作等，培育初级生产要素向高级生产要素转变的创造机制；利用市场竞争机制培养企业的创新能力，促进产业集群的发展；政府采取措施引导消费，

以高水平的消费需求促使产业朝专业化、高级化方向发展。

(一) 提高当地基层领导的反思能力，认清发展潜力

一些贫困地区基层干部把本地在国家开展扶贫开发数十年后依然没有脱贫致富的原因归结为本地资源太贫乏、交通太闭塞、群众太落后等，很少认为是自己的扶贫开发政策实施不到位所致，他们大多缺少对自己针对扶贫开发政策所采取措施的反思。2011年，人民论坛问卷调查中心的一项调查显示，82%的受调查者认为"贫困地区最缺的是优秀干部和人才"，56%的受调查者认为"贫困地区缺乏脱贫理念"。实际上，贫困地区基层干部对于当地扶贫开发至关重要。基层干部的基本职责就是扶贫开发，而扶贫开发要求走出现有的思维窠臼，对现在的境况进行反思，并在现有条件的基础上进行创新。具体到中部革命老区（贫困地区），当地基层领导需要对当地所具有的各种生产要素和扶贫开发政策实施的各种要素进行深度、准确分析，对现有资源有合理认识，进而形成合理的资源配置，有针对性地提出扶贫开发的政策与采取相应措施。

(二) 发展比较优势产业，培育自生能力，增强竞争力

林毅夫先生指出"如果一个企业通过正常的经营管理预期能够在自由、开放和竞争的市场中赚取社会可接受的正常利润，那么这个企业就是有自生能力的，反之，如果一个正常经营企业的预期利润低于社会可接受的水平，则不会有人投资这个企业，这样的企业就是没有自生能力的"。林毅夫进一步指出，一个企业是否具有自生能力，取决于它的产业、技术结构是否和这个经济的要素禀赋结构所决定的比较优势一致。按照比较优势来发展经济，这样生产中密集使用的资源要素就相对丰富，成本最低，竞争力最大，从而获得最高的利润；如果和这个经济的比较优势不一致，这样的企业就没有自生能力，只能靠政府的政策补贴才能生存。企业的发展和赢利是区域发展的基础，无论是居民福祉还是地方财政收入的改善，其主要载体均是具有"自生能力"的企业。正如金碚在《竞争力经济学》一书中指出的"区域产业竞争力是形成区域竞争力的核心，而这种产业竞争力是与企业的竞争力紧密联系在一起的"。一个存在大量有自生能力企业的区域就是有自生能力的区域。

对于中部革命老区（贫困地区）而言，现阶段要素禀赋结构的特征是资本的严重缺乏，在此要素禀赋结构特征下，如果推行资本密集型产业优先发展的战略，所能做的仅仅是把有限的资本倾斜配置到少数几个产业上，其他产业将得不到起码的资本，结果是，所扶持的产业也许能在价格扭曲和政策保护下成长起来，但这样的企业在一个开放、自由、竞争的市场中将没有自

生能力，整个产业就难以形成有效的竞争力，因而整个经济缺乏竞争力，该地区综合实力的提高只能落空。同时，违背比较优势所形成的畸形产业结构与劳动力丰富的要素禀赋形成矛盾，大大抑制了对劳动力的吸收，广大人民依然不能分享经济发展的好处，使得相当多的贫困人口依然处于贫困中。因此，中部革命老区（贫困地区）要成为具有自生能力的区域，就应该推行与本地要素禀赋（劳动力和自然资源相对丰富）相一致的经济发展战略，吸引本地企业选择与本地要素禀赋相符的产业，如农业、资源开采业和劳动密集型加工产业等。

（三）加大基础设施建设投入，为全面发展奠定基础

针对当前中部革命老区（贫困地区）基础设施特别落后的问题，应该首先加大基础设施的建设投入，促进本地区在道路交通、水利设施、电力通信等方面的全面发展。道路建设方面，应该进行铁路、高等级公路、乡镇和村级公路齐抓并进，考虑到本地区基本属于山区的特殊情况，与其他地方道路修建预算相比应该酌情提高比重，给予更大的支持，避免由于投入不足而导致不能落实，或者出现半拉子工程的问题。水利设施建设方面，应该加大投入，全面规划和建设本地区的水利设施网络。铺设管网、布局水网、装备节水灌溉设备，引进先进的水利设施和设备，改造落后的设施、补充不足的设备。应该进一步加大在电力通信方面的投入和建设。尤其是一些偏僻的乡村，人口分散、地形复杂，所以必须有针对性地、脚踏实地地改进电力设备，补足通信网络缺口。

（四）加大教育投入，提高人才素质

基础教育方面应该加大投入、灵活机制、争取达标，职业教育需要得到重视，加大投入、提高水平、发挥效用。特别是需加大幼儿和小学教育投入，保证每个孩子都能够安全、便利地上学。针对个别偏远山村的孩子入学难的问题，应该建立教师扶助激励机制，鼓励大学生轮流帮扶和支教，或者建立专项基金，支持其转入中心学校就读，并妥善解决其生活问题。

（五）规划环境友好的生产模式，促进可持续竞争力形成

竞争力来自理论中，无论是比较优势理论，还是要素禀赋理论，都没有考虑资源环境这一独立的生产要素对竞争力的影响。但实际上，任何生产活动都离不开环境，资源环境是一项不可或缺的生产要素，所有产品生产都存在环境成本的问题。迈克尔·波特在其经典著作《竞争论》中就指出，环境与经济之间相矛盾的观点是建立在环境法规静态观基础之上。然而，我们却

生活在动态且不断变化的世界。当今世界，竞争力的范式已经脱离静态模式，国家竞争力的新范式是动态的，并建立在创新基础之上。在一定层面上，环境改善和竞争力是合二为一的。迈克尔·波特提出了"资源生产力（Resource Productivity）"的概念，主张正确处理好环保与竞争力的关系，成功的环保主义者、立法机构和企业等将可以鱼与熊掌兼得，能把环境、资源生产力、创新和竞争力联合在一起。"如今，光有资源是不够的，发挥资源生产力才能形成竞争力。企业能以更有效率的方式生产产品，或提高产品对客户的价值，让客户愿意以更高的价格购买产品，这些都是提高资源生产力的做法。愈来愈多的国家和企业的竞争力来自它们能应用最先进的科技和使用原料的方法，而非它们拥有成本最低的原料。"

中部革命老区（贫困地区）发展竞争力的培育应该坚持"十二五规划"提出的"绿色发展"理念，节约资源、保护环境，增强可持续发展能力，朝着实现可持续竞争力方向努力。作为特殊的自然资源，环境要素对中部革命老区（贫困地区）具有特殊的重要意义。许多产业对自然资源环境具有高度的依赖性。如旅游业的发展就需要良好的自然条件，生态农业的实现也离不开优良的环境质量。但现实中，政府居于经济增长的主导地位，常认为保护环境与提高经济竞争力背道而驰，因为需要高环境成本的投入，对未达环保标准的企业持放任的态度；企业和居民基于利益最大化的考量，通过各种途径规避或抗拒环境资源保护法律法规，而不是以创新来应对，结果耗尽了真正解决问题所需的资源，造成中部革命老区（贫困地区）自然环境恶劣、生态环境脆弱，如山西革命老区（贫困地区）地处燕山—太行土石山区、吕梁山区和晋西北黄土高原丘陵山区，脆弱的生态条件和恶劣的自然环境导致干旱、低温、风暴、洪涝、山体滑坡、泥石流等自然灾害频发。加上由于矿产资源开发引发的大面积土地塌陷和地下水流失，区域内小型煤焦铁企业技术落后，管理粗放，造成了严重的资源浪费、环境污染和生态破坏。中部革命老区（贫困地区）处理好环境与竞争力的关系，预防是关键。形成环境友好理念，采用清洁生产、循环经济发展模式，将环境问题扼杀在摇篮里。此外，还应该形成资源生产力的观念，适时创新，提高资源的综合利用率。

■ 注　释

138个贫困县（市）：江西省革命老区（贫困地区）包括莲花、修水、赣县、上犹、安远、宁都、于都、兴国、会昌、寻乌、上饶、横峰、吉安、遂川、万安、永新、井冈山、乐安、广昌、余干、鄱阳，共计 21 个县（市）；湖北省革命老区（贫困地区）包括红安、麻城、罗田、英山、蕲春、丹江口、大悟、孝昌、房县、郧县、竹溪、建始、宣恩、来凤、咸丰、鹤峰、巴东、秭归、长阳、恩施、阳新、郧西、竹山、利川、神农架林区，共计 25 个县（市）；河南省革命老区（贫困地区）包括洛宁、滑县、范县、台前、卢氏、桐柏、睢县、确山、光山、固始、商城、新县、兰考、嵩县、宜阳、栾川、汝阳、鲁山、封丘、南召、民权、宁陵、淮阳、上蔡，共计 24 个县；湖南省革命老区（贫困地区）包括桑植、邵阳、永顺、龙山、保靖、平江、新化、桂东、汝城、安化、古丈、花垣、城步、隆回、通道、沅陵、凤凰、新田、江华、泸溪，共计 20 个县；安徽省革命老区（贫困地区）包括霍邱、舒城、金寨、岳西、潜山、寿县、太湖、宿松、石台、砀山、萧县、灵璧、泗县，共计 13 个县；山西省革命老区（贫困地区）包括娄烦、广灵、灵丘、浑源、河曲、保德、偏关、五寨、岢岚、神池、宁武、静乐、代县、繁峙、五台、兴县、临县、方山、岚县、中阳、石楼、左权、和顺、平顺、武乡、壶关、大宁、吉县、永和、隰县、汾西、右玉、平陆、阳高、天镇，共计 35 个县。

■ 参考文献

[1] 马克思. 马克思恩格斯全集（第一卷）[M]. 北京：人民出版社，1956.

[2] 夏智伦，李自如. 区域竞争力的内涵、本质和核心 [J]. 求索，2005（9）.

[3] 邱询昱. 可持续竞争力论 [M]. 北京：中国经济出版社，2009.

[4] 刘娟. 贫困县产业发展与可持续竞争力提升研究 [M]. 北京：人民出版社，2011.

[5] 徐荣安. 提高我国贫困地区市场竞争力与发展力之对策 [J]. 华夏星火，1998（11）.

[6] 迈克尔·波特. 国家竞争优势 [M]. 李明轩，邱如美，译. 南昌：华夏出版社，2002.

[7] 张金昌. 国际竞争力评价的理论和方法研究 [D]. 北京：中国社会科学院，2001.

[8] 张金昌. 国际竞争力评价的理论和方法研究 [D]. 北京：中国社会科学院，2001.

[9] 刘永富. 贫困地区主要领导的主要精力要放在扶贫开发上 [J]. 中国老区建设，2014（8）.

[10] 鲁子问，夏谷鸣. 贫困地区扶贫开发能力建设探讨——以批判性思维能力建设为视角 [J]. 湖南社会科学，2014（2）.

[11] 人民论坛问卷调查中心. 82% 的受调查者认为贫困县最缺优秀干部和人才

[J]. 人民论坛, 2011 (12) 下.
[12] 林毅夫. 自生能力、经济发展与转型: 理论与实证 [M]. 北京: 北京大学出版社, 2004.
[13] 金碚, 等. 竞争力经济学 [M]. 广州: 广东经济出版社, 2003.
[14] 迈克尔·波特. 竞争论 [M]. 高登第, 李明轩, 译. 北京: 中信出版社, 2012.

(原文出处:《经济研究参考》, 2014 年 64 期)

中部革命老区（贫困地区）经济社会发展的SWOT分析

/徐丽媛 郑克强/

【摘 要】 中部贫困革命老区经济社会快速发展对于实现区域协调发展理念具有重要意义。在基本概念界定的基础上，运用了SWOT分析方法，分析发现中部革命老区（贫困地区）经济社会发展在地缘性、劳动力、自然资源和革命作风方面具有明显优势，且迎来了区域协调发展战略实施、中部崛起及产业梯度转移加速等的良好机遇，但同时存在资金积累不足、基础设施落后、劳动力水平低及收入外部性依赖强的劣势，以及经济和社会发展相互挤压、难以持续的低成本优势等的挑战，自身条件和外部环境共同作用下的发展需要新的思路与突破。基于此，笔者提出政府责任、教育投入、产业发展、对外开放、城镇建设、生态补偿、集中连片开发等方面的对策建议。

【关键词】 中部革命老区（贫困地区）；SWOT分析；对策建议

一、中部革命老区（贫困地区）的界定及分布

对于中部革命老区（贫困地区），本文界定为第二次国内革命战争时期和抗日战争时期，在中国共产党领导下创建的中部六省革命老区县兼依据《中国农村扶贫开发纲要（2011—2020年）》确定的国家扶贫开发工作重点县，共计138个县（市）。从中部革命老区（贫困地区）的地理分布来看，中部革命老区（贫困地区）绝大部分分布在山区，呈集中连片态势。且大多在省域周边地带，与本省中心城市相距较远，如赣州市距南昌421公里，河南省面积最大的深山区县卢氏距离郑州403公里，湖南龙山至长沙市约500公里等。中部革命老区（贫困地区）山多、沟深、坡陡，交通不便，形成了较封闭的山区地域环境。其中，江西21个革命老区（贫困地区）主要分布在江西赣州、吉安、上饶、抚州、九江、萍乡地区，多为山区县，呈现集中连片状态，土地面积为47670平方公里，占江西省总面积的28.6%。湖北25个革命老区（贫困地区）主要分布在鄂西北秦巴山区、鄂西南武陵山区、鄂东北大别山区和鄂东南幕阜山区，呈集中连片状态，土地面积为72995平方公里，占湖北省总面积的39.3%。河南24个革命老区（贫困地区）集中于秦巴山片区和大

别山片区，土地面积为 43407 平方公里，占河南省总面积的 26%。湖南 20 个革命老区（贫困地区）主要集中在与四川、贵州和广西交界的湘西土家族苗族自治州，集中于武陵山区和罗霄山区，土地面积为 54200 平方公里，占湖南省总面积的 25.6%。安徽省 13 个革命老区（贫困地区）主要位于大别山区、沿淮北地区和皖南深山区，土地面积为 29482 平方公里，占安徽省总面积的 21.1%。山西 35 个革命老区（贫困地区）主要分布在燕山—太行土石山区、吕梁山区和晋西北黄土高原丘陵山区，土地面积为 60436 平方公里，占山西省总面积的 38.6%。

二、中部革命老区（贫困地区）经济社会发展的 SWOT 分析

SWOT 分析方法是一种系统综合分析模型，通过对研究对象的内在条件和外在竞争环境进行综合考察，以期对研究对象的竞争优势做出正确的评估，其中 S 代表 Strength（优势），W 代表 Weakness（劣势），O 代表 Opportunity（机遇），T 代表 Threat（挑战）。系统化方面，早在 SWOT 分析方法诞生之前的 20 世纪 60 年代，就已经有人提出过 SWOT 分析中涉及的内部优势、弱势、外部机遇、挑战这些变化因素，但只是孤立地对它们加以分析。SWOT 方法的重要贡献就在于用系统的思想将这些似乎独立的因素相互匹配起来进行综合分析，使得对研究对象战略计划的制定更加科学、全面。中部革命老区（贫困地区）经济社会发展是一个复杂的多元系统，要了解其发展状况，识别其竞争优势，就需要借助 SWOT 分析方法，对其发展的优势、劣势、机遇和挑战进行全面的分析，在此基础上评价其竞争优劣势，为其经济社会发展战略的制定奠定基础。

（一）中部革命老区（贫困地区）经济社会发展的优势

1. 区位集中连片，地缘性优势有利于经济社会的共同发展

中部革命老区（贫困地区）分属于鄂、赣、豫、湘、皖、晋六个省份，数量较多，乍听之下略显凌乱。但事实上，中部革命老区（贫困地区）集中连成片，并不零散。虽然分属于不同的省，但恰是比邻而居，相互连接，集中于秦巴山区、武陵山区、燕山-太行山区、吕梁山区、大别山区、罗霄山区等。且中部革命老区（贫困地区）同为山区县，地形相似，生活空间具有相同的特性。

从经济发展来看，中部革命老区（贫困地区）经济发展水平普遍较低，人民生活较为贫困，改善生活水平、积极进取的意识强烈。从经济发展方式来看，中部革命老区（贫困地区）因其环境的特性，非常有利于农作物的生

长,优势的发展能为农民带来实利。优美的生态环境,为老区县生态旅游的发展奠定基础。另外,在国人的眼中,中部革命老区(贫困地区)同属"红色区域",是一片英雄的土地,老区人民为革命无私奉献、英勇献身的精神获得了中国人普遍的感动与认同。不忘老区民生疾苦,不忘老区经济发展!这是一个富强的共和国的责任,也是每一位中华儿女的心愿。总之,中部革命老区(贫困地区)这一片红色土地,地域上集中连成片,经济发展基础相同,又具有共同的积极发展经济的强烈意识,如此强大的地缘性优势,非常有利于中部革命老区(贫困地区)经济社会的共同发展。

2. 生态、矿产、文化资源丰富

中部革命老区(贫困地区)多有生态之城的美称。境内山清水秀、风光旖旎、气候宜人,多数县森林覆盖率在70%以上,环境空气质量达到国家一级标准,是旅游观光的好去处。中部革命老区(贫困地区)基本为山区县,境内崇山峻岭、峰峦重叠,复杂的地形蕴藏丰富的矿产资源。如赣州市是全国重点有色金属基地之一,素有"世界钨都""稀土王国"之美誉;已发现矿种106种,其中查明储量的矿种75种;矿产地1254处,其中大型矿床28处、中型矿床60处、小型矿床712处、矿点454处。煤炭是山西省最大的优势矿产资源。山西煤炭资源分布从北至南有大同、宁武、西山、沁水、霍西、河东六大煤田及浑源、五台等煤产地,含煤面积6.2万平方公里,占全省总面积的39.6%等。中部革命老区(贫困地区)不仅生态资源和矿产资源独特,而且文化资源也非常丰富。历史文化景观丰富,是红色旅游的宝贵资源。

3. 劳动力转移,居民思想逐渐开化

中部革命老区(贫困地区)大多农业生产结构单一,剩余劳动力就地消化困难,老区政府都在大力实施劳动力转移政策,因此有大量的农民外出务工。以安徽霍邱为例,霍邱县是安徽省劳务输出大县,全县170万人口中农业人口近140万人,常年外出务工人数达40余万人。截至2009年年底,外出务工人员已实现劳务创收40多亿元,是县财政的4倍,占农民纯收入的50%,劳务输出作为当地农民增收的重要支柱,其作用越来越明显。农民工来到城市,进入非农产业部门,学习新的技能,开阔眼界,扩大交往,从观念到能力都发生了很大的转变。对于人口流动给农村带来的社会后果,列宁曾有过精辟的论述:"迁移是防止农民'生苔'的极重要的因素之一,历史堆积在他们身上的苔藓太多了,不造成居民的流动,就不可能有居民的开化。"外出务工人员经历了现代城市的激烈市场竞争,大大提高了商品意识、竞争意识和风险意识。另外,中部革命老区(贫困地区)都在大力发展旅游业、规模特色农业和相应的工业，吸纳了大量的劳动力，从事酒店管理、导游服务的人员越来越多，在工农业生产和服务业发展的实践中，就业人员的能力和素质得到了提升，逐渐走向专业化、职业化。

4. 后发优势，有利于经济追赶

"后发优势"理论最早是由美国经济学家格申克龙（A. Gerschenkron）提出的。1962年，Gerschenkron从落后国家如何利用"落后的有利性"实现经济赶超概况了后发优势理论的主要内容：（1）相对落后会造成紧张状态，从而激起国民要求工业化的强烈愿望，以致形成一种社会压力，激发制度创新，并促进以本地适当的替代物填补先决条件的缺乏。（2）替代性的广泛存在，使后进国在吸收先进国家的成功经验和失败教训的基础上形成和设计工业化模式时，具有可选择性和创造性。（3）后进国家引进先进国家的技术和设备，可以节省科研经费和时间，加速人才培养，能在一个较高的起点上推进工业化，同时资金的引进也可以解决后进国家工业化过程中资本严重不足的问题。后发优势起因于差距，源于引进、模仿和学习，包括资本、技术和制度等。中部革命老区（贫困地区）远远落后于其他地区的发展，这种差距既是压力也是动力，能激发后进者的决心，而其自身所具有的良好生态、矿产、劳动力、土地、红色旅游等资源，为其追赶奠定了物质基础，在此基础上引进先进技术，模仿和学习发达地区相应的发展模式，后发优势的全面发挥定能促进中部革命老区（贫困地区）经济社会的稳步向前发展。

5. 作风优良，革命历史文化传统深厚

中部革命老区革命历史文化，从很大范围来说，就是指在第二次国内革命战争时期诞生于以瑞金为核心的中央苏区"红土地"之上的人民大众反帝反封建的革命文化。这种红色文化是由毛泽东、周恩来、朱德、方志敏等老一辈无产阶级革命家，领导老区共产党人和广大军民在波澜壮阔的苏维埃革命运动中培育形成的。老区革命历史文化内涵丰富，博大精深，归纳起来就是"星火燎原，信念坚定；反对本本，开拓进取；执政为民，争创第一；艰苦奋斗，廉洁奉公；无私奉献，不怕牺牲"。老区人民长期沉浸在"红色文化"中，受到革命精神的熏陶。红色文化所蕴含的坚定信念、开拓创新、集体主义、为民服务、艰苦奋斗、无私奉献的精神，为中部革命老区（贫困地区）城市建设、新农村建设提供了强大的力量支撑。

（二）中部革命老区（贫困地区）经济社会发展的劣势

1. 资本积累不足

中部革命老区（贫困地区）最主要的弱势就是资本积累不足，生产总值和财政收入偏小，阻碍了其经济社会发展的道路。以安徽省为例，安徽共有62个县（市），其中13个革命老区（贫困地区）2012年的GDP、人均GDP、财政收入、人均财政收入数据和位次如表1所示。从表格可以看出革命老区（贫困地区）生产总值和财政收入都较少，位次基本靠后，石台位列最后一名。资本的缺乏成了革命老区（贫困地区）经济社会发展的障碍。

表1　2012年安徽革命老区（贫困地区）主要经济指标在全省的排序

县（市）	生产总值（亿元）	位次	人均生产总值（元）	位次	财政收入（万元）	位次	人均财政收入（元）	位次
霍邱	193.39	11	11663	52	132269	13	726.90	45
舒城	127.38	28	12765	47	63368	44	635.00	47
金寨	80.00	53	11977	50	38196	55	571.86	50
岳西	64.37	55	15881	36	24254	60	598.42	49
潜山	110.72	38	18838	29	48043	47	817.43	41
寿县	105.31	41	7652	60	45918	49	333.64	60
太湖	80.32	52	14101	43	28416	59	498.85	54
石台	17.18	62	15792	37	12907	62	1186.15	62
宿松	125.19	29	14919	40	44644	52	532.03	51
砀山	114.82	36	11472	54	45736	50	456.92	56
萧县	163.41	17	11406	55	69978	37	488.42	55
灵璧	123.80	30	9899	56	44170	53	353.20	59
泗县	120.08	31	12772	46	47794	48	508.38	53

2. 地方居民的文化观念保守，劳动技能低

由于地处偏远山区，信息闭塞，农村劳动力普遍观念陈旧，群众接受新思想、新技术的能力有限，发展现代农业缺乏技术支撑，科技对农业增长的贡献率不高。劳动力文化程度低，缺少实用技能培训，这是农村贫困家庭普遍存在的一种致贫现象。从劳动力的就业情况来看，绝大部分贫困户都在本地从业，而且从事单一的种植业和家庭式的养殖业，很少有人经营第二、第三产业。由于劳动力束缚在单一的种植、养殖业上，增收渠道狭窄。据调查，江西省赣州市集中连片区域内贫困群众小学毕业以下的占48.8%，还有相当数量的文盲、半文盲。有70%的贫困家庭主要依赖传统农业，卖的是原材料，农产品无任何附加值，商品率极低；有80%以上贫困劳力外出务工，收入低，工作环境差；有50%以上的贫困群众对脱贫致富缺乏信心，因循守旧，"等、

靠、要"依赖思想严重。

3. 交通、通信等基础设施发展不足

中部革命老区（贫困地区）基本都在山区，地理条件的限制导致交通、通信等基础设施建设滞后。这一地区的基础设施状况普遍低于其他地区，特别是农业基础设施薄弱，水、电、路等情况还比较落后。由于基础设施落后，直接导致农民生产成本增加，农民的增收致富难度加大。近年来，虽然乡村通路里程有所增加，但由于地貌以丘陵、山地为主，农户居住十分分散，公路弯弯曲曲，路面状况差，通过能力低，基础设施的改善还有很多工作要做。例如，湖南革命老区大多数公路技术等级低，交通流量已大大超过设计能力，经常造成公路堵塞，特别是国道319线花垣至吉首路段、国道209线凤凰至吉首路段堵车现象更为严重，过境车辆和游客怨声载道。由于路况差，从吉首到龙山近250公里的路程需要6h左右的时间，比吉首到长沙的时间还要长。同时，贫困人口大多分布在边远山区、水库库区和地质灾害多发区，山洪、滑坡、泥石流等自然灾害发生的频率较高，致使广大群众因灾返贫现象突出。因此，道路交通问题已经成为中部革命老区（贫困地区）发展的瓶颈。

4. 地方居民的经济增长力不强和收入外部依赖性强

中部革命老区（贫困地区）县目前大都是农业县、林业县，有少数工业化程度比较好的县也大都是资源开采型、环境污染型、能量高耗型，所生产的农副产品和资源性产品都靠外销，创新能力不足，对外部依赖性加重，成为低端供货商。这种依赖性主要体现在两个方面：经济动力、经济收入依赖于外部，经济投入主要依赖于国家、上级财政支持。

第一，家庭收入的外部依赖性非常强。因本地工业比较少，所以劳动力大部分都流向上海、广东、江苏、福建厦门一带。只有少数县有比较好的产业基础，能带动老百姓在当地就业，比如湖北郧县光农产品工业园，就带动了3万农民就业，"工业梯田"的打造更是为郧县人们提供了广阔的发展空间。但大多数老区县都以农林为主，所以大部分农民出去寻求生计。农民收入有着严重的外部依赖性。收入外部依赖性存在一定的脆弱性、波动性，受制于人、受制于外界环境。例如，2008年金融危机导致了制造业的萧条，很多外出务工人员就早早回家过年，经济收入明显下降，导致家庭生活困难。

第二，财政投入的外部依赖性强。例如，河南洛宁县2011年生产总值116.9451亿元，人均生产总值27698元。全县完成地方财政一般预算收入4.3999亿元，地方财政支出14.4558亿元，2011年4.4亿元占当年财政支出14.4亿元的30%，70%的财政支出依靠上级财政补助，属于典型的财政投入依赖型。外部依赖性的财政很难保证当地农户有更多开创性的产业发展，大多仅仅满足基本的生活需求。

(三) 中部革命老区（贫困地区）经济社会发展的机遇

1. "中部崛起"战略实施提供了强有力的支撑

"中部崛起"战略自 2006 年被正式提出，是我国继西部大开发战略、振兴东北老工业基地后，又一个区域协调发展的伟大战略举措。2010 年，国家发改委通过了《关于印发促进中部地区崛起规划实施意见的通知》，2012 年，国务院发布了《国务院关于大力实施促进中部地区崛起战略的若干意见》，这些政策文件中都强调要把中部地区建设成重要的粮食生产基地、能源原材料基地、现代装备制造及高技术产业基地和综合交通运输枢纽，并着力发展服务业。中部革命老区（贫困地区）生态资源、矿产资源、能源资源、农业资源等都异常丰富，中部崛起突出了县域资源优势，为中部革命老区（贫困地区）经济发展确定了产业发展方向。政策强调扶持欠发达地区加快发展。"增加扶贫资金投入，加大工作力度，推进秦巴山区、武陵山区、燕山-太行山区、吕梁山区、大别山区、罗霄山区等集中连片特困地区扶贫开发攻坚工程，到 2020 年稳定实现扶贫对象不愁吃、不愁穿，保障其义务教育、基本医疗和住房，扭转贫困地区与其他地区发展差距扩大趋势。推动在武陵山区率先开展区域发展与扶贫攻坚试点。支持赣南等原中央苏区振兴发展，促进大别山革命老区加快发展"，这更突显了中部地区发展革命老区（贫困地区）经济的重大决心。

2. 区域协调发展提供了政策支持

20 世纪 90 年代，针对地区差距带来的突出问题，国家"九五"规划纲要适时做出了"坚持区域经济协调发展，逐步缩小地区发展差距"的重大决策，要求更加重视支持中西部地区经济的发展，加强东部地区与中西部地区的经济联合与合作，鼓励向中西部地区投资，引导人才向中西部流动。区域协调发展这一国民经济发展方针，在"十五"规划、"十一五"规划中得到继续贯彻和强化。"十二五"规划纲要中再次确认了区域协调发展的方针政策，并且强调"加大对革命老区、民族地区、边疆地区和贫困地区扶持力度""在南疆地区、青藏高原东缘地区、武陵山区、乌蒙山区、滇西边境山区、秦巴山—六盘山区以及中西部其他集中连片特殊困难地区，实施扶贫开发攻坚工程，加大以工代赈和易地扶贫搬迁力度"，这为身处秦巴山区、武陵山区、燕山—太行山区、吕梁山区、大别山区、罗霄山区等集中连片特殊困难地区的中部革命老区县发展提供了强有力的政策支持。

3. 符合统筹城乡发展与新农村建设的要求

一个社会的收入分配问题,不仅决定着全社会创造的财富为各个阶层带来的福利多寡,同时也影响着未来经济社会的发展状况。中部革命老区(贫困地区)城乡居民的收入差距还较大,在一定程度上影响了本地区经济社会的全面发展。以湖北革命老区(贫困地区)为例,2011年湖北25个革命老区(贫困地区)城镇居民可支配收入与农民人均纯收入之比都较高,多数县超过国家的平均水平(3.16∶1),也基本高于全省的平均线(2.66∶1),其中最低为阳新县2.46∶1,最高为恩施市3.81∶1,接近国际公认警戒线4.0的水平,如图1所示。

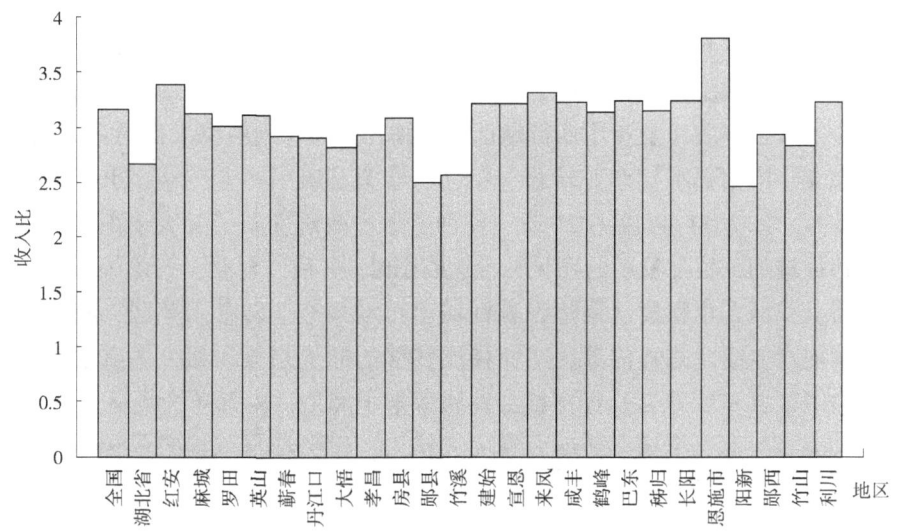

图1 全国、湖北省及湖北革命老区(贫困地区)城乡收入比

数据来源:依据2012年湖北省统计年鉴计算而得。

所幸的是,贫富差距的扩大早已引起了国家的重视,中共十六届三中全会明确把"统筹城乡关系"作为"五个统筹"的第一位提出,并且强调"建立有利于逐步改变城乡二元经济结构的体制",同时中共十六届五中全会提出了"社会主义新农村建设"的要求,"三农"问题反复被党中央列为工作的重点,这是我国从根本上协调城乡关系和解决"三农"问题的重大理论创新和政策保障,是确保城乡社会经济稳定健康发展的战略性思路。这一战略性改革要求各级政府在制定计划、解决问题、分配收入等方面,不要就农村说农村,就城市说城市,而是要改变"城乡两策,重城抑乡"的思路,优先考虑农村,从城乡各自的小循环、小系统走向城乡统一的大循环、大系统,树立城乡一盘棋的总体思想，发挥城市辐射带动优势和城乡之间关联优势，打通城乡，资源共享，双赢共荣。

4. 国内外产业梯度转移加速提供了契机

产业梯度转移理论，源于日本经济学家赤松要"雁行发展理论"和美国经济学家弗农的"产品生命周期理论"。该理论认为，创新活动诸如新行业、新产品、新技术、新的生产管理和组织方法等大都发源于高梯度地区，随着时间的推移和产品生命周期的变化，逐步由高梯度地区向低梯度地区转移。高梯度地区关键在于创新，通过发明新产品，建立新产业，保持区域在技术上的领先地位；低梯度地区则主要基于自己的比较优势，承接从高梯度区域转移出来的产业来加速区域经济发展。梯度理论表明区域间经济发展水平的梯度差异是产业转移发生、发展的客观基础。为了协调区域发展，我国政府积极推行产业梯度转移，制定了一系列政策，如2007年商务部和国家开发银行联合发布了《关于支持中西部地区承接加工贸易梯度转移工作的意见》，旨在金融支持中西部承接产业转移。中部各省为了吸引产业转移，出台了许多优惠政策，如2011年12月20日，江西省人民政府发布了《关于积极承接产业转移促进加工贸易发展的意见》，提供用地、财税、金融、人才等方面的政策支持；安徽省也积极规划建设皖江城市带承接产业转移示范区，积极承接国际国内产业组团式转移等。产业梯度转移的加快趋势和相关优惠政策给中部革命老区（贫困地区）经济社会发展带来了契机，中部革命老区（贫困地区）应发挥生态、资源、劳动力等优势作用，积极参与承接产业转移，促进本地经济社会的发展。

(四) 中部革命老区（贫困地区）经济社会发展的挑战

1. 经济发展与社会发展之间的相互挤压和阻碍

理论上，发展是一个全面的范畴，经济发展是社会发展的基础，社会发展制衡着经济的发展，经济发展和社会发展是相辅相成的关系。经济发展更多地关注"量"，社会发展则注重的是"质"；经济是以"物"为中心的发展，社会则是以"人"为中心的发展。经济发展的最终目的在于提高人的生活质量，并且社会发展渗透在经济每一个发展阶段。我国"十二五"规划纲要就指出，要坚持科学发展，实现发展的综合性、系统性和战略性，实现经济与教育、科技、文化、医疗卫生、环境保护等的共同发展。但在现实中，经济发展和社会发展时常分离，这常表现为不发达国家和地区不顾后果地谋求经济增长的行为。我们追求经济与社会的协调发展，但现实却对这种理想提出了严重的挑战。特别是对于这些还处于贫困状态的革命老区来说，压力更加沉重，在发展经济为主导的价值观下，经济发展成了打开贫困之锁的唯一钥匙，在资本贫乏的情况下势必会影响教育、科技、文化、医疗卫生、环境等方面的建设。如何从这种令人不满的现实走向理想，也就是使经济增长与社会发展的对立走向经济发展与社会发展的整合。加强政府调控是必要的，通过制定一定的规则和制度，逐步实现经济与社会发展的一致性，进而实现经济发展与社会发展的优良整合。

2. 难于持续的低成本优势

前文对中部革命老区（贫困地区）经济社会发展的优势论述表明，生态、资源、劳动力以及相关支持政策都是其重要的发展优势，也就是经济学中的资源红利、人口红利和改革红利。厉以宁指出，红利的消失即发展优势的消失，是经济发展过程中正常现象，每一个国家在发展过程中都会出现这种情况，并不是某一个国家的特殊问题。但是只要加快改革，创造新的制度优势，就会产生新的人口红利、资源红利和改革红利。进一步阐述认为，人口红利通常是指廉价劳动力的存在，廉价劳动力的存在是发展前期成本低的主要原因，经济社会发展到一定阶段，廉价劳动力的优势会消失，然而廉价劳动力时代的结束就是技工时代的开始；资源红利是指比较丰富的土地资源、矿产资源等，经济发展前期，土地资源和矿产资源都比较便宜，但随着经济的发展，资源会越来越紧张，这种旧的资源优势会消失，需要新的资源优势，新的资源优势在于先进的科学技术；改革红利又称为制度红利和体制红利，旧的改革红利消失后，需要不断调整完善制度创造改革的新动力。因此，要应对难以持续的低成本优势，中部革命老区（贫困地区）需要从培养技术劳动工人、节约利用资源并引进先进的科学技术及相适应的政府制度创新等三方面进行突破，以维持经济社会的可持续发展。

3. 专业人才匮乏

由于中部革命老区（贫苦地区）经济比较落后，收入相对较低，所以对人才吸引力小，直接导致了本地适应性人才的引进困难和短缺。以湖南古丈县为例，古丈县现有各类人才4047人，其中党政人才862人，占21.3%；事业单位管理人才932人，占23%；事业单位专技人才1872，占46.3%；企业单位人才98人，占2.4%；农村实用人才283人，占7%。可见，行政、事业单位人才较多，企业人才较少。事业单位专技人才中，教育、卫生人才1691人，占90.3%，其他专业人才181人，仅占9.7%，特别是经济专业人才缺乏。另外，专业技术人才中初级职称人员1757人，占43.4%；高级职称人员仅有115人，仅占2.8%。以上数据表明，古丈县人才队伍数量不足，结构不完整，人才素质不高，专业人才整体匮乏。

三、中部革命老区（贫困地区）经济社会发展的对策与建议

1. 明确政府责任，强化统筹职能

这就要求中部革命老区（贫困地区）的地方政府应该根据中央相关政策，妥善协商，广泛吸纳民智，明确政府责任，强化统筹职能，商讨制定一个中长远规划。这一规划应该涵括了未来发展的基本方面，充分考虑到本地区居民的诉求，综合各方面的要素与条件，包括基础设施、教育卫生事业、人口环境发展、产业发展与居民收入、城市化建设、资源开发与保护等。

2. 加大教育投入，提高人才素质

基础教育方面应该加大投入、灵活机制、争取达标，职业教育需要得到重视，加大投入、提高水平、发挥效用。特别是需加大幼儿和小学教育投入，保证每个孩子都能够安全、便利的上学。针对个别偏远山村的孩子入学难的问题，应该建立教师扶助激励机制，鼓励大学生轮流帮扶和支教，或者建立专项基金，支持学生转入中心学校就读，并妥善解决其生活问题。

3. 扶持特色产业，打造优势集群

中部革命老区（贫困地区）经济发展应以发展扶贫产业为抓手，充分利用贫困地区的资源优势，从整体上谋篇布局，把扶贫开发与发展现代农业结合起来，将传统农业与农产品加工、农产品贸易、生态农业相结合，按照"一村一品"的开发方式，形成区域性的扶贫主导产业。

4. 促进对外开放，加强对外协作

主要可以考虑三方面的对外协作工作，第一，积极推进劳务输出，提高农民的收入。政府不仅要提供更多的就业信息，更重要的是还要提供符合他们需要的人道主义保护和保障措施。让这些外出务工的农民安心务工，同时享受到应该享受的劳动保护、社保和医保待遇。这样可以避免一些外出务工的风险，真正维护农民的利益。第二，积极鼓励本地的学生出外学习，以期日后反哺家乡的发展。如当地政府出台适当的鼓励政策，形成长效的激励机制，既能够推动和保障他们读好大学，同时又能够吸引他们返回家乡，投身到家乡建设中。第三，抓住产业梯度转移的契机，积极加强与沿海地区的产业对接，创造更多的经济机会。

5. 推进城镇建设，挖掘内需潜力

李克强总理强调，"未来几十年最大发展潜力在城镇化"。一方面，城镇化建设提供了大量的就业机会，大量农村居民成为城市居民，相应地扩大了

消费需求规模。另一方面，随着城镇建设的推进，增大了城市基础设施、公共服务设施建设和房地产开发等多方面的投资需求。而无论是城镇化所带来的消费需求还是投资需求，都将为地区经济发展提供强大而持久的动力。中部革命老区（贫困地区）城镇化建设需要综合规划新城建设、旧城改造与小城镇建设，优化产业发展布局，结合财政和市场的能力为城镇化建设提供资金支持，同时兼顾环境保护的要求为可持续发展奠定基础。

6. 实行生态补偿，实现协调发展

贫困地区在国家发展中实际承担了"生态保障""资源储备"和"风景建设"的角色，是"贫困的生态系统服务提供者"。对于这些贫困地区或贫困农户实施生态补偿，一定程度上改变其贫困状况，是公平和谐发展的精神的体现，也是实现生态文明的重要手段。通常情况下，这些补偿水平不需要太高，它只构成家庭总收入的一部分，因为这些农村家庭已经具有保护并改善当地环境的动机。而生态补偿可以帮助他们实现这些目标，同时为他们提供一些经济支持，促使他们向更加适合的环境友好的生产方式过渡。

7. 集中连片开发，促进合作共赢

中部革命老区（贫困地区）多数县呈现集中连片态势，这一态势是中部革命老区（贫困地区）合作发展的先天优势。政府可以在"中部崛起"战略的框架下，针对集中连片区域，根据各个地方的实际情况和内在要求，建立综合的宏观协调性机构，常态性地磋商、讨论乃至研究统筹规划和统筹发展的方案与操作技术，反复交流、形成共识，推动整个中部革命老区（贫困地区）片区的振兴和腾飞。这种机构的组成可以涵括一部分行政人员和一部分专业技术人员，这样既保证协调功能的顺利开展，又保证专业技术方面的支持。只有两方面人才的通力合作，才能确保这一协调机构在具体运作全盘规划的时候可以真正制定出符合本地区客观要求的合理规划。

■ 参考文献

[1] 马姝瑞. 科学谋划"打工经济" 培育"新型农民" 求发展 [EB/OL]. 新华网，http://news.xinhuanet.com/politics/2010-03/03/content_13090 549.html.

[2] 郭丽. 后发优势理论演进及其启示 [J]. 当代经济研究，2009（4）.

[3] 安徽省统计局、国家统计局安徽调查总队. 2013 年安徽省统计年鉴 [G]. 北京：中国统计出版社，2013.

[4] 王斌辉. 交通先行是民族贫困地区实现后发赶超的必然要求 [EB/OL]. 湘西土家族苗族自治州交通运输局网，http://xx.hnjt.gov.cn/static/zyjh/zyjh_297.html.

[5] 赵治华,刘亚铮. 关于产业梯度转移对中部崛起战略的若干影响再分析 [J]. 当代经济,2009 (12).

[6] 顾莉. 论经济发展和社会发展"交融互生"的价值联动——以江苏省沿海地区为例 [J]. 经济论坛,2011 (10).

[7] 厉以宁. 加快改革会产生新的人口红利资源红利和改革红利 [EB/OL]. 财经网,http://t.caijing.com.cn/cjapi/rreply?Cjcmsid=112291371,2012-11-18.

[8] 余小红. 关于加强贫困落后地区人才工作的思考 [J]. 科技创新与运用,2013 (21).

(原文出处:《企业经济》,2014 年第 9 期)

江西 25 个贫困县（市、区）发展水平比较与"摘帽"排序建议

/ 郑克强　李　晶　徐丽媛 /

"脱贫摘帽"问题一直是我国经济发展的重要问题，十八届五中全会指出"到 2020 年国内生产总值和城乡居民人均收入比 2010 年翻一番，产业迈向中高端水平，消费对经济增长贡献明显加大，户籍人口城镇化率加快提高。农业现代化取得明显进展，人民生活水平和质量普遍提高，我国现行标准下农村贫困人口实现脱贫，贫困县全部摘帽，解决区域性整体贫困"。江西省在 2015 年 12 月制定了《关于全力打好精准扶贫攻坚战的决定》，提出力争提前两年实现精准扶贫攻坚的工作目标。

根据 2012 年国务院扶贫开发领导小组办公室网站此前公布的中国贫困县名单数据显示，中国贫困县总数是 592 个，其中中部省份 217 个县，西部省份 375 个县，民族八省区 232 个县。江西省共有国家级贫困县（市、区）21 个、3 个罗霄山集中连片特困地区县（区）及 1 个国家级贫困县帮扶政策县。如何实现 25 个贫困县（市、区）的逐步"脱贫摘帽"，做好精准扶贫，实现全面小康是当前江西扶贫工作的重中之重。

一、贫困县划分标准及江西贫困县现状

按照《国家扶贫开发工作重点县管理办法》（2002）规定，重点县在中西部少数民族地区、革命老区、边疆地区和特困地区范围内确定。确定重点县的主要依据是贫困人口数量、农民收入水平、基本生产生活条件以及扶贫开发工作情况，适当兼顾人均国内生产总值、人均财政收入等综合指标，即人们所谓的"631 指数法"，即贫困人口占全国比例、农民人均纯收入水平、人均 GDP 和人均财政收入这三项，分别占六成、三成和一成的权重。2011 年 11 月 30 日至 12 月 1 日，中央扶贫工作会议在北京召开，颁布了《中国农村扶贫开发纲要（2011—2020 年）》。该纲要将新阶段扶贫开发的任务定位为"巩固温饱成果、加快脱贫致富、改善生态环境、提高发展能力、缩小发展差

距"。为了缩小发展差距,让更多的贫困人口分享改革开放的成果,中央决定将扶贫标准定为"农民人均纯收入2300元(2010年不变价)"。按当前价格计算,最新的扶贫标准为2736元。中部革命老区(贫困地区)脱贫任重道远,扶贫攻坚任务依然艰巨。

当前,江西共有21个国家重点扶持贫困县(市、区),17个罗霄山集中连片特困地区县(区),其中有14个与21个国家重点扶持的贫困县(区)重合,3个未重合的分别是石城县、瑞金市和南康区。另外,都昌县虽然不是国家级贫困县和集中连片特殊困难地区,但其享有与国家级贫困县一样的扶贫补助资金与政策优惠。因此,江西省共有25个贫困县需要在2020年前完成脱贫摘帽。江西25个贫困县(市、区)分布状况如表1所示。

表1 江西25个贫困县(市、区)分布状况

九江市	修水县、都昌县
萍乡市	莲花县
抚州市	乐安县、广昌县
上饶市	上饶县、横峰县、余干县、鄱阳县
吉安市	吉安县、遂川县、万安县、永新县、井冈山市
赣州市	赣县、上犹县、安远县、宁都县、于都县、兴国县、会昌县、寻乌县、石城县、瑞金市、南康区

2014年年底,国家核定江西省存在276万贫困人口。其中,170万贫困人口集中在25个贫困县区,另外100余万贫困人口分布在全省11地市。赣州市有11个贫困县(区),2014年登记贫困人口97.20万人,占全省贫困人口的35.22%,是江西脱贫攻坚的主战场。吉安市是罗霄山集中连片扶贫攻坚的主阵地,目前仍有5个国定贫困县(市),贫困人口37.19万人。抚州市有2个贫困县,贫困人口18.90万人。九江有2个贫困县,贫困人口30.34万人。上饶有4个贫困县,贫困人口50.87万人。萍乡有一个贫困县靠近赣中吉安地区,贫困人口约6.47万人。江西北部的发展较好,南昌、景德镇、宜春、新余和鹰潭5市全部实现了"脱贫摘帽",但仍零星分布着35万贫困人口,这部分人口分布零散,在扶贫工作中容易被忽视,也是精准扶贫需要关注的对象。

比较而言,赣北和赣中发展基础较好,贫困人口数量相对较少,部分贫困县可以在1—2年内完成"脱贫摘帽"。赣南发展基础较为薄弱、扶贫难度较大,且赣中的万安县、遂川县、广昌县都靠近赣南地区,赣南是江西省扶

贫的重要地区。为了全面加大精准扶贫攻坚力度，加快减贫进程，江西省在《关于全力打好精准扶贫攻坚战的决定》中提出力争提前两年实现精准扶贫攻坚的工作目标，即到 2018 年，力争全省基本消除绝对贫困现象，贫困县脱贫摘帽取得突破性进展；2019—2020 年，进一步巩固发展精准扶贫攻坚成果，稳定实现扶贫对象不愁吃、不愁穿，保障其义务教育、基本医疗和住房，贫困县全部脱贫摘帽，确保贫困地区和贫困群众共奔小康不掉队。

二、江西 25 个贫困县经济社会综合竞争力分析

为了更为客观地分析江西贫困县经济社会发展现状和发展能力，判断影响江西贫困地区经济社会发展的关键因素，了解贫困地区的发展潜力，从而进一步分析 25 个贫困县（市、区）"脱贫摘帽"的步骤和途径，本文建立了江西省 25 个贫困县（市、区）的经济社会发展指标体系。通过两轮的德尔菲专家咨询及相关部门（扶贫办、民政局、财政局、教育局、卫生局、农业局、果业局、家具局、党史办、信用社及新农村建设相关机构）座谈会讨论、问卷调查。从 16 个二级指标以及 46 个三级指标中提取出更能体现贫困地区发展现状和发展潜力的经济社会发展实力、发展活力、发展推动力和发展保障力 4 个二级指标以及更能体现经济社会发展数据的 19 个三级指标。利用 2011—2014 年 25 个贫困县（市、区）发展数据，对 25 个贫困县（市、区）的发展现状、发展潜力等进行排名，得到 25 个贫困县（市、区）的经济社会发展指标及排名，具体指标如附表 1 所示。

在指标选择上，农村居民人均纯收入、人均 GDP 与人均地方财政一般预算收入是衡量贫困的最重要标准，GDP 增长速度反映地方发展动力，贫困人口数量反映地区脱贫的基数，本文选择这五个指标作为脱贫核心指标。同时，选择综合发展指标地区 GDP、固定资产投资额、农林牧渔业生产总值、非农产业占 GDP 比重和城镇化率作为发展潜力指标。选择城乡收入比、居民储蓄存款余额、受教育程度、教育医疗保障等指标作为发展推动力和发展保障指标。

本文从静态和动态两个层面进行分析。静态分析以核心指标为主，描述 25 个县（市、区）的发展现状、发展水平（见附表 2）；动态分析利用 2011—2014 年的综合发展数据，通过指标数据标准化、因子分析、指标专家得分等计算方法为 25 个县（市、区）的发展潜力、发展速度、发展持续性进行排名（见附表 3）。排名按照综合指标排名和人均指标排名分别计算，综合指标排名侧重考虑经济发展总量指标，突出反映经济发展势头和潜力；人均

指标排名侧重考虑人均因素，重点反映脱贫的核心经济指标。结合两种分析结果，本文预测了25个贫困县（市、区）在"十三五"期间的"脱贫摘帽"顺序。

综合来看，吉安县、上饶县、井冈山市、横峰县、南康区、赣县是江西省综合发展排名靠前县区，2014年农民人均收入在6700元以上，人均GDP在19000元以上，人均财政收入除上饶县略低外，其他五县均超过2200元，发展基础良好。根据贫困人口规模和近两年脱贫速度，发展居于前6名的县，贫困人口较少的吉安县、井冈山市等有望在2016年完成"基本脱贫"，对于上饶县、南康区、赣县等贫困人口超过5万人的县区，在2016年可实现多数人的脱贫摘帽。

瑞金市、鄱阳县、莲花县、于都县、兴国县、上犹县农民人均收入水平较好，均在6800元以上，但人均GDP较低，集中在15000元上下，财政收入水平不超过2000元，需在拉动经济增长上下功夫，带动实现全面小康。对于贫困人口较少的莲花县、上犹县可精准着力推进，争取在2017年实现全部摘帽。对于贫困人口相对较多的4个县，力争在2018年实现脱贫。

会昌县、余干县、修水县、广昌县、安远县、宁都县、寻乌县、遂川县、万安县、永新县发展现状与发展动力位于中间水平，有望2018年以前完成基本"脱贫摘帽"；乐安县、石城县、都昌县的发展指标综合来看还比较落后，通过分阶段的逐步脱贫，在2018年有望实现大多数贫困人口的"脱贫摘帽"；在后两年，对于尚未脱贫、脱贫难度较大的人口加强帮扶，实现全部摘帽。

三、江西25个贫困县（市、区）实现贫困摘帽的步骤分析

为了实现江西省2018年贫困县脱贫摘帽取得突破性进展；2019—2020年，贫困县全部脱贫摘帽，确保贫困地区和贫困群众共奔小康不掉队的精准扶贫工作目标。本文提出江西省25个贫困县（市、区）"脱贫摘帽"顺序的一种建议（见表2），力争在2019年25个贫困县（市、区）全部脱贫摘帽，270余万贫困人口实现全部小康。

2016年，作为"十三五"的开局之年，对发展基础好，贫困人口少的县区可率先摘帽，但是鉴于发展时间较短，2016年摘帽的县区数量不会太多。对发展基础较好，但贫困人口相对较多的县实行分步摘帽，让不少于50%的人率先脱贫。对发展基础一般的贫困县，保证让20%~30%的贫困人口脱贫。同时，加强非贫困县贫困人口的脱贫工作，保证实现非贫困县贫困人口每年不少于20万人口的脱贫工作。依据发展规律与当前发展水平，建议吉安县和

井冈山市在2016年年底完成"脱贫摘帽"。横峰县、莲花县、南康区、瑞金市、万安县、广昌县、上犹县可完成50%~60%人口的"脱贫摘帽"。其余县区可实现不少于20%人口的脱贫。实现2016年摘帽人口不少于70万人，贫困县脱贫人口不少于50万人。

2017年，力争实现7个贫困县的"脱贫摘帽"，9个贫困县完成不少于60%人口的脱贫，其余县区实现40%人口的脱贫。2017年全年力争完成贫困县摘帽人口不少于55万人，总体摘帽人口不少于80万人。

2018年，力争实现9个贫困县的"脱贫摘帽"，剩余7个贫困县实现80%以上人口的脱贫，完成贫困县"脱贫摘帽"人口不少于45万人，把贫困县贫困人口控制在10万人以内。同时，实现非贫困县贫困人口摘帽人数不少于30万人，把非贫困县贫困人口控制在20万人以内。

2019年，力争25个贫困县（市、区）全部退出。同时进一步做好重点帮扶工作，解决好贫困人口的住房、医疗、教育等问题。对因灾返贫、因病返贫、失去劳动能力的贫困人口做好政府兜底工作。2020年，进行"扶贫摘帽"扫尾工作，实现全面小康建设。

表2 江西省25个贫困县（市、区）"脱贫摘帽"顺序分析

时间	完全摘帽	半数摘帽（50%以上）	部分摘帽（30%~50%）
2016年	吉安县、井冈山市	横峰县、莲花县、南康区、瑞金市、万安县、广昌县、上犹县	上饶县、于都县、赣县、兴国县、修水县、永新县、安远县、宁都县、鄱阳县、遂川县、会昌县、寻乌县、余干县、都昌县、石城县、乐安县
2017年	横峰县、莲花县、南康区、上犹县、瑞金市、万安县、广昌县	上饶县、于都县、赣县、兴国县、修水县、永新县、安远县、宁都县、鄱阳县	遂川县、会昌县、寻乌县、余干县、都昌县、石城县、乐安县
2018年	上饶县、于都县、赣县、兴国县、修水县、永新县、安远县、宁都县、鄱阳县	遂川县、会昌县、寻乌县、余干县、都昌县、石城县、乐安县	
2019年	遂川县、会昌县、寻乌县、余干县、都昌县、石城县、乐安县		

四、江西省脱贫摘帽对策分析

第一，健全精准扶贫机制，做好贫困人口的登记识别工作。一方面要完善扶贫档案卡制度，详细统计贫困人口、贫困程度、致贫原因及贫困人口的居住条件、就业状况、收入来源、收入水平，坚持具体问题具体分析，根据不同的贫困情况出台脱贫政策。另一方面要建立有效的反馈机制，关注扶贫政策的效果和扶贫资金的运行效率。

第二，提高现代农业水平，完善农村基础设施建设。扶贫工作不同于慈善工作，最终还是要落实到发展经济上来。完善农村基础设施建设，提升农业现代化水平，不是针对一家一户，而是从一县一村（或几村）着眼，实行规模经营。同时，解决好群众的用水、用电、用网问题，完善交通设施，做好公路入村入户，为发展农业产业奠定基础。

第三，解决好教育、医疗、社保问题。扶贫先扶智，发展教育是扶贫的治本之策。一方面要发展贫困地区的教育事业，改善办学条件，加强乡村教师培养力度，同时，重视留守儿童教育问题，完善九年义务教育，落实贫困家庭高中教育经费减免政策；另一方面，加强短期职业教育和职业培训，对于接受九年义务教育后不再深造的贫困家庭子女提供半年期的短期职业培训，让贫困家庭的子女能有一技之长，顺利解决就业问题。另外，对有劳动能力但缺少技术，无法就业或就业难度大的贫困人口提供短期教育培训，帮助其早日脱贫。

第四，提高救助水平，完善政府兜底制度。对符合农村低保条件的困难群众实行应保尽保，逐年提高农村低保保障标准和特困人员供养标准，对因支出型贫困造成基本生活严重困难的群体予以特别救助。

附录

附表1　江西25个贫困县（市、区）经济社会发展竞争力评价指标体系

一级指标	二级指标	三级指标	单位
中部革命老区（贫困地区）经济社会发展竞争力	脱贫核心指标	人均GDP	元
		农村居民人均纯收入	元
		人均地方财政一般预算收入	元
		GDP增长速度	%
		贫困人口数	万人

续表

一级指标	二级指标	三级指标	单位
中部革命老区（贫困地区）经济社会发展竞争力	发展活力	地区生产总值	万元
		固定资产投资额	万元
		农林牧渔业生产总值	万元
		非农产业占 GDP 比重	%
		城镇化率	%
	发展推动力	城乡居民收入比	%
		居民储蓄存款余额	万元
		万人中小学生数	人
		万人中小学专任教师数	人
	发展保障力	财政性教育支出占 GDP 比重	%
		医疗卫生支出占 GDP 比重	%
		每万人拥有各种社会福利收养性单位床位数	张/万人
		公路里程密度	公里/百平方公里

附表2 2014年25个贫困县（市、区）发展核心指标

	农民纯收入（元）	县区生产总值（GDP）万元	人均 GDP（元）	财政收入（万元）	人均财政收入（元）	贫困人口（万人）
莲花县	6848	519056	19224.3	56743	2101.59	2.8781
修水县	6689	1221296	14368.19	159055	1871.24	10.5924
都昌县	5461	850909	10251.92	99941	1204.11	7.4431
赣县	6888	1255529	19929.03	141158	2240.60	7.8162
上犹县	6835	469442	15143.29	56095	1809.52	3.9835
安远县	6740	488067	12843.87	45790	1205.00	4.479
宁都县	6780	1224612	15501.42	68428	866.18	10.4158
于都县	6878	1534273	14612.12	107795	1026.62	11.9976
兴国县	6842	1218243	15228.04	80717	1008.96	9.8587
会昌县	6792	733059	14373.71	74443	1459.67	6.6608
寻乌县	6702	524181	16380.66	47384	1480.75	4.0914
石城县	5818	389120	12160	45206	1412.69	3.8896

续表

地区	农民纯收入（元）	县区生产总值（GDP）万元	人均GDP（元）	财政收入（万元）	人均财政收入（元）	贫困人口（万人）
瑞金市	7156	1131575	16640.81	106964	1573.00	8.0412
南康区	7278	1484801	19536.86	171923	2262.14	11.1931
吉安县	7234	1332639	27196.71	174249	3556.10	5.0532
遂川县	6752	960660	16563.1	93503	1612.12	7.2146
万安县	6751	575617	18568.29	68163	2198.81	3.3762
永新县	6667	790038	15193.04	64085	1232.40	6.1338
井冈山市	6799	546494	34155.88	58005	3625.31	1.5342
乐安县	6219	471005	12729.86	48218	1303.19	4.3746
广昌县	6553	470187	18807.48	57931	2317.24	3.016
上饶县	6857	1652925	20661.56	134897	1686.21	9.5521
横峰县	6791	771119	35050.86	104669	4757.68	2.4104
余干县	6827	1127117	10633.18	96460	910.00	10.9458
鄱阳县	6866	1689748	10627.35	114173	718.07	13.8924

附表3　25个贫困县（市、区）动态指标得分及排名

地区	综合指标得分	排名	地区	人均指标得分	排名
于都县	0.75052	1	横峰县	2.69399	1
上饶县	0.62239	2	井冈山市	1.47541	2
鄱阳县	0.55825	3	吉安县	1.17946	3
吉安县	0.54819	4	上饶县	1.04554	4
南康区	0.50361	5	莲花县	0.61799	5
兴国县	0.46557	6	南康区	0.56541	6
赣县县	0.46059	7	赣县	0.34177	7
井冈山市	0.44766	8	广昌县	-0.03588	8
横峰县	0.36408	9	万安县	-0.04323	9
瑞金市	0.35986	10	瑞金市	-0.05361	10
会昌县	0.35551	11	遂川县	-0.08732	11
余干县	0.35466	12	修水县	-0.17032	12
修水县	0.27245	13	上犹县	-0.35016	13

续表

地区	综合指标得分	排名	地区	人均指标得分	排名
莲花县	0.10681	14	永新县	-0.37827	14
广昌县	0.08462	15	于都县	-0.39596	15
宁都县	0.08082	16	寻乌县	-0.50768	16
永新县	0.06102	17	宁都县	-0.65044	17
遂川县	0.03807	18	兴国县	-0.66561	18
上犹县	0.00967	19	会昌县	-0.71587	19
万安县	-0.13177	20	乐安县	-0.7208	20
安远县	-0.18357	21	安远县	-1.14532	21
寻乌县	-0.28343	22	石城县	-1.21311	22
乐安县	-0.36044	23	鄱阳县	-1.41508	23
石城县	-0.38812	24	余干县	-1.43906	24
都昌县	-0.41044	25	都昌县	-1.49721	25

（原文出处：《内部论坛》，2016年2月）

生态补偿式扶贫的机理分析与长效机制研究

/ 徐丽媛 郑克强 /

【摘　要】 保护环境和扶贫解困是政府义不容辞的责任。长期以来，贫困地区在国家发展中实际承担了"生态保障""资源储备"和"风景建设"的角色。实行生态补偿式扶贫，从法理上体现了社会公平正义，也为扶贫解困实践开拓了新的途径和手段。做好生态补偿式扶贫需要从思想观念、机制建设、资金支持等方面构建有保障的长效机制。

【关键词】 生态补偿式扶贫；生态保障；资源储备；风景建设；长效机制

一、贫困问题与生态补偿理论

（一）贫困的含义及区域分布

贫困的最经典定义是"收入贫困"。20世纪初英国学者朗特里（Rowntree）在其著作《贫困：城镇生活研究》中定义："如果一个家庭的总收入不足以支付仅仅维持家庭成员生存需要的最低量生活必需品开支，这个家庭就基本陷入了贫困之中。"依据这一最直观的贫困定义可知，不管是发展中国家还是发达国家，贫困仍然是一个全球范围内普遍存在的现象，并且贫困人口的规模还相当巨大。2011年发布的《中国农村扶贫开发的新进展》白皮书指出，我国农村扶贫标准从2000年的865元人民币逐步提高到2010年的1274元人民币，10年间，农村贫困人口数量从2000年年底的9422万人减少到2010年年底的2688万人，扶贫工作取得了良好效果。但是，根据联合国有关标准，中央决定按农民人均纯收入2300元作为新的国家扶贫标准后，对应的扶贫对象规模到2011年年底又扩大为1.28亿人。将更多的人纳入扶贫范围，表明我国的扶贫任务更加艰巨。

为了科学地把握贫困的分布状况，有效推进扶贫开发工作，中央政府在1994年《国家八七扶贫攻坚计划》中确定了592个国家级贫困县，分布在全国27个省、自治区、直辖市。从中国农村贫困人口的空间分布来看，贫困人口呈现集中连片的空间格局。生态脆弱地区、山区、革命老区、少数民族地区、边境地区等是贫困人口集中分布的典型区域。贫困地区在空间布局上有着显著的空间重叠特性,这主要表现为贫困地区与生态脆弱地区、与主体功能区格局下的限制和禁止开发区域、与少数民族地区、与资源富集地区、与边境地区以及与革命老区都具有高度重叠性。《中国农村扶贫开发纲要(2011—2020)》明确指出,"在贫困地区继续实施退耕还林、退牧还草、水土保持、天然林保护、防护林体系建设和石漠化、荒漠化治理等重点生态修复工程。建立生态补偿机制,并重点向贫困地区倾斜。加大重点生态功能区生态补偿力度。重视贫困地区的生物多样性保护"。可见,生态补偿和扶贫解困有着密切的关系。

(二) 生态补偿理论

一般认为,生态补偿是以保护和可持续利用生态系统服务为目的,以经济手段为主调节相关利益关系的制度安排。更详细地说,生态补偿机制是以保护生态环境,促进人与自然和谐发展为目的,根据生态系统服务价值、生态保护成本、发展机会成本,运用政府和市场手段,调节生态保护利益相关者之间利益关系的公共制度。生态补偿包含了以下三方面的内容:第一,生态补偿的目的是通过促进人与自然和谐发展,实现社会可持续发展;第二,生态补偿体现公平的精神,人与人之间、区域之间享有平等的公共服务,享有平等的生态环境福利;第三,生态补偿的核心理念是运用社会经济系统向自然生态系统的"反哺投入",将经济效益的外部性内部化,同时协调不同主体之间如区域之间、政府与企业之间以及企业与企业之间的利益矛盾,最终实现效益的最大化。

二、生态补偿式扶贫的机理分析

我国扶贫的模式经历了救济式扶贫向开发式扶贫、输血式扶贫向造血式扶贫的转变过程。一度人们把贫困的原因主要归结为主观上——人的懒惰,客观上——经济开发力度不够,所以开发式扶贫一直以来被认为是扶贫解困的"金钥匙"。但随着贫困研究的深入,人们逐渐发现造成贫困的原因是复杂、多方面的,其中重要但一直被忽视的原因就是相当一部分贫困地区的农民实际上成了生态农民,生态农民的主要任务不是发展农业经济,而是保护和恢复生态环境。从这个角度看,生态补偿式扶贫应该成为扶贫的重要模式。生态补偿与扶贫是两个联系十分密切的概念,从贫困地区的角色定位、生态补偿与扶贫的法理关系以及扶贫工作的实践看,生态补偿是扶贫解困行之有效的新手段、新途径。虽然有学者指出,"生态补偿与'扶贫'是有区别的",但两者之间的内在联系十分紧密,不容抹杀。

(一) 贫困地区的生态角色定位

长期以来，贫困地区在国家发展中实际承担了"生态保障""资源储备"和"风景建设"的角色。因此，这些地区在限制开发或禁止开发的政策下失去了许多经济发展的机会，从而陷入贫困或无法摆脱贫困的境地。

1. 贫困地区的"生态保障"角色。中国的贫困地区，从环境相似度和地带性来看，相当一部分分布在生态脆弱区域。国家"十一五"规划纲要强调推进主体功能区的建设，明确了22个限制开发区域，其中包括藏西北羌塘高原荒漠生态功能区、桂黔滇等喀斯特石漠化防治区、黄土高原丘陵沟壑水土流失防治区、甘南黄河重要水源补给生态功能区等贫困人口集中的地区。这些区域的资源环境承载能力本身较弱，且地理位置呈片、带状，承担着涵养水源、生物多样性的保护、沙漠化的防治和防止水土流失等重要功能，它们的发展关系到全国或较大区域范围的生态安全。因此，国家对其发展定位是保护优先、适度开发、点状发展，因地制宜发展资源环境可承载的特色产业，加强生态修复和环境保护，引导超载人口逐步有序转移，逐步成为全国或区域性的重要生态功能区。

2. 贫困地区的"资源储备"角色。由于独特的地质构造历史和地质地形条件，许多贫困地区往往拥有丰富的矿产资源、水能资源和生物资源，如欠发达的贵州乌蒙山区作为国家重点建设的能矿基地，资源富集。其中煤炭保有储量436.5亿吨，号称"西南煤海"；重稀土矿144万吨，居全国第二；泥炭146亿吨，居全国第十位。充足的自然资源是国家经济建设与社会发展的物质基础，没有自然资源，就没有经济与社会的可持续发展。因此，对于这些资源富集、能量储备足的区域，国家的发展政策趋向于保守和限制，比如，对矿产资源丰富的地区，依据《全国矿产资源规划（2008—2015年）》，明确实施矿产地储备机制，稀土、钨等矿产资源按照年度开采总量指标控制制度，依法限制或禁止在自然保护区、地质遗迹保护区（地质公园）、重要饮用水水源保护区等区域一定范围内开展矿产资源开发活动等。

3. 贫困地区的"风景建设"角色。国家"十一五"规划纲要确立了国家级自然保护区、世界文化自然遗产、国家重点风景名胜区、国家森林公园、国家地质公园等千余个禁止开发区域。我国《自然保护区条例》规定，禁止在自然保护区内进行砍伐、放牧、狩猎、捕捞、采药、开垦、烧荒、开矿、采石、挖沙等活动；在自然保护区的核心区和缓冲区内，不得建设任何生产设施。在自然保护区的实验区内，不得建设污染环境、破坏资源或者景观的生产设施；建设其他项目，其污染物排放量不得超过国家和地方规定的污染物排放标准。这些禁止开发的政策对于"靠山吃山""靠水吃水"的农民传统生产和生活方式带来了挑战，使人陷入贫困或无法摆脱贫困的状态。全国926个自然保护区中有224个位于国家标准的贫困县，许多保护区处于贫困与环境问题的夹击之中。但恰是这些贫困地区为我们提供了绝佳的风景，如优美的森林风景、清洁的空气、清洁的水源、珍稀动植物栖息地以及独特稀有的自然现象等，这对于当今崇尚生态旅游的人们来说无疑是最大的实惠，同时，对于国家财政收入的增长也是一大贡献。为此，有学者建议，中央财政应对国家级自然保护区、世界文化自然遗产、国家重点风景名胜区、国家森林公园、国家地质公园等内的居民提供相关的补偿资金；这些景观的门票经营收入应主要用于提供相关补偿，不得挪作他用。

综上所述，生态脆弱和资源富集的贫困地区起到了生态保障、资源储备和风景建设的功能，为了国家整体良好的生态功能而让渡了自身的经济利益，然而诸如国家、发达地区、单位和自然人等获益主体，在获得经济利益的同时，无偿享受着良好的生态环境，这种利益上的不平衡必然降低贫困地区生态保护的积极性。因此，应重视这些贫困地区公平的发展权利，用生态补偿的方式给予必要的保障。

（二）生态补偿式扶贫从法理上体现社会公平正义

过去，人们往往认为自然条件恶劣，交通不便，贫困者懒惰、愚昧、不努力等是造成贫困的主要原因，因此，扶贫被认为是社会主义制度的优越性，是党和政府的关怀，是对穷人的恩赐。但是，把扶贫完全看成是对穷人的恩赐，是忽略了造成贫困的政策体制和机制方面的原因。扶贫不是对穷人的恩赐，而是贫困者发展权利的回归，是公平正义的体现，这应当成为全社会的责任。

"受益者付费，保护者得到补偿"的生态补偿原则，体现了权利保障和社会的公平正义。生态补偿说到底是个社会公平问题，环境资源产权界定或者说权利的初始分配不同造成了实际上的发展权利的不平等，需要一种补偿来弥补这种权利的失衡。如流域上游的生态保护者需要比下游的人遵守更为严格的水质标准，流域上游地区的发展权利受到了限制，下游地区的发展未受限制，反而因此获得了生态利益。而发展权利受到限制的上游地区，为了保护生态环境付出了大量的建设成本或丧失了良好的发展机会，经济上逐渐陷入贫困。这种经济上的损失理应从受益者那里得到补偿，而且补偿不是简单的发达一方对贫困落后方的同情或扶持，而是其的责任，是贫困者利益和权利的回归。只有切实做好这一补偿制度的安排，生态改善和脱贫才可能呈现一致性,最终实现双赢。

(三) 生态补偿是扶贫实践的新途径、新手段

我国贫困地区生态补偿的研究与实践开始于20世纪90年代初期。发展至今,其主要表现形式有三类:

一是中央政府主导的贫困地区生态补偿。我国最早实施的最具影响的成功典例是退耕还林、退耕还草、退田还湖的生态补偿。20世纪90年代西部退耕还林、还草的试点工作中,国家无偿对退耕农户进行粮食补偿和现金补助。每亩退耕地每年粮食补助标准为长江流域及南方地区150公斤,黄河流域及北方地区100公斤。现金补助标准为每亩退耕地每年补助20元。无偿向农民提供种苗,种苗和造林费补助标准为退耕地和宜林荒山荒地每亩50元。截止到2004年11月底,退耕还林工程实施6年来,全国累计共完成退耕还林、荒山荒地造林1913.3万公顷。有2000多万农户、9700万农民获得相应补助,国家已累计投入资金700多亿元,其中粮食补助资金达到540多亿元,种苗补助费140多亿元,现金补助63亿元。

二是地方政府主导的贫困地区生态补偿。这一类型的补偿主要采取四种形式,①协商。主要存在于省与省之间,基于生态补偿的横向转移支付。如河北、北京获得水资源供应的生态补偿。②强制。表现为地方政府内部通过立法的形式确立生态补偿的责任、标准等。③交易。近年来被广泛讨论的排污权交易、水权交易、碳汇交易和草原放牧权交易等制度就是这种交易形式的补偿。交易补偿是一种市场机制,不借助法律或行政手段,完全依靠用户之间的相互信任、签订合同实现。我国甘肃省张掖市的水权交易和浙江省义乌东阳市水权交易等就是成功的典例。④合作。生态获益发达地区通过异地开发、产业转移等方式扶持受限制的落后地区进行符合生态经济理念的产业开发,补偿这类地区因被剥夺传统经济开发模式而失去的发展机会,最终实现生态获益发达地区和受限制落后地区在生态和经济发展方面的"双赢"。我国最成功的生态合作例子是浙江省金磐异地开发。磐安县是浙江省有名的"贫困县",也是浙江省最重要的水源保护地之一。1994年,浙江省政府批准在金华市的经济技术开发区内设立一个异地扶贫开发区,开发区的建立不仅解决了磐安县大量农民的就业问题,而且发展了磐安县的经济,增加了财政收入,同时生态环境得到了明显的改善,实现了金华市和磐安县环境保护和经济发展的"双赢"。

三是与国际合作的生态扶贫项目进行的生态补偿,充实了扶贫资金渠道。例如,香港乐施会资助的"甘肃省民勤县绿洲沙漠化防治与社区生态扶贫项

目"中，通过给农民提供草料等物质，建立暖棚养畜的现金补助，以及建设蓄水用的涝坝等补偿，在解决农民生计问题的同时，激励农民从事防沙治沙的公益活动，其效果显著。

上述实践表明，生态补偿在扶贫中具有巨大的潜力和作用，对于消除贫困也有非常重要的作用。特别是交易和合作等市场补偿方式往往能带来双赢的效果，这与单纯输血式的扶贫手段完全不同，起到了"造血"扶贫的功能。因此，生态补偿是扶贫的新途径、新手段，应该加以完善与巩固。在重视生态补偿扶贫的同时，我们必须清醒地看到，尽管生态补偿是扶贫与环保的最好措施之一，但是生态补偿不是扶贫的救命稻草，必须防止生态补偿陷入贫困陷阱，坚持生态补偿不等同于扶贫的原则。

三、生态补偿扶贫长效机制的建立与完善

贫困地区生态补偿虽然已有所成效，但在中国还处于初级阶段，从现有的补偿实践看，还存在许多问题和制约因素，需要从多方面采取措施来建立和完善生态补偿扶贫制度，以保障其长效性。

（一）贫困地区生态补偿的问题与制约因素分析

贫困地区生态补偿存在的问题，主要表现为，第一，生态补偿扶贫还缺乏长效的保障机制。不管是生态补偿还是扶贫，我国都缺乏明确的法律规定，相关制度建设（如财政转移支付制度、激励制度等）还不完善。第二，生态补偿扶贫解困的目的远未实现。生态补偿应是对受损者或特别牺牲者的补偿，但现实并未落实到位。"生态公益林补偿基金原本主要是用于依赖于那些具有重要生态功能价值的林子生活生产的人群受益的补偿，但实际调研发现，基金的大部分基本只是保证管护这些林子和造林使用了。天然林保护工程的补偿也同样，即只是给过去国有林场个人补偿管护费用，并没有对周边地区的人群补偿。"第三，中央政府主导的生态补偿标准单一。补偿标准的制定往往采用"一刀切"的方式，没有遵循分类补偿的原则，以退耕还林为例，尽管在实施补偿时，根据不同的区域对粮食补偿数量做了粗略的区分，但并未根据补偿对象和具体的区域类型分类补偿，不切合实际的补偿难以保障生态治理工程可持续开展。第四，地方政府主导的协商、交易与合作补偿形式虽然效果显著，但毕竟是少数，并没有被普遍接受，缺乏制度化的激励机制和长久机制。比如，为了保障珠三角和香港地区的优质水源，保护东江源头水质，江西省以牺牲局部利益发展换取了下游区域的饮水安全，源头所在的安远、寻乌、定南3县的贫困人口占该源头地区总人口的42%，但至今使用东江水

的香港、广东地区对江西的补偿未见明确长久的协定。第五，补偿资金来源较少，缺乏社会公众的广泛参与。相关的企事业单位和个人都是生态效益的获益者，但补偿的责任主体却未明确体现他们的责任。

现实中生态补偿式扶贫还存在诸多问题，原因在于对贫困地区的生态补偿还受到多方面因素的制约，主要有，一是贫困地区提供的生态服务功能具有非市场性，缺乏价值评估标准。众多贫困地区退耕还林、封山育林、禁止或限制开发、保护水源、提供优美风景，牺牲了自己局部的利益换取了全局的利益，这是一种"积极"的、"正"的外部性经济行为。然而这种外部性经济由于缺乏市场价值和劳动资本的特征，难于进行价值评估。因此，市场无法实现自动补偿。只有通过政府的宏观调控，借助法律的力量，在市场的基础上，运用法律的强制力（如征收生态税等方式）实现对贫困地区的调控补偿。二是缺乏宣传，思想意识不强。贫困地区的生态保障、资源储备和风景建设的功能并未被国人充分认识，国家缺乏这方面的宣传教育。长久以来，国家或发达地区对贫困地区的补偿抱着"同情"或"恩赐"的态度，未认识到是其的责任，是贫困地区权利的回归。因此，其对贫困地区的生态补偿缺乏自觉性，需要加强认识，转变思想。三是发达地区与贫困地区的生态补偿缺乏利润空间，不具有吸引力。现实中发达地区主动对贫困地区进行生态补偿的情形还是较少的，已有的补偿实例或者是在地方立法强制下而为，或者是在双方政府的多次协商下达成，缺乏主动性。笔者认为，重要的原因是发达地区未得到实际的经济效益。良好的生态功能固然重要，但若实现经济效益和生态功能的"共赢"，肯定是发达地区乐于看到的。因此，要想摆脱贫困地区"一头热"的状况，拓展发达地区和贫困地区"双赢"的补偿模式非常重要。四是灾难性贫困具有偶发性，补偿呈现滞后性。一些贫困现象是历史长期遗留的产物，另一些贫困却是偶发性的自然和人为灾难带来的，从时序上看，事后的生态补偿具有滞后性，需要从预防的角度来设计贫困地区的生态补偿制度。

(二) 保障生态补偿扶贫的长效机制

贫困地区实施生态补偿，是扶贫新途径、新手段。政策上，我们可以转换思路，淡化生态补偿中"补偿"含义，而是从公平和共同协调发展的角度出发，以一种"目的导向性"的视角来审视对于贫困地区的生态补偿。将生态补偿当成一种"激励"机制，提供资金、技术、项目等多方面的支持，实现国家整体利益的最大化。

1. 完善贫困地区生态补偿的机制建设

贫困地区生态补偿必须强调机制建设，单一的生态补偿政策、措施难以保障补偿制度的长效性，贫困地区的生态补偿应该法律化、制度化。目前，我国生态补偿专门立法和反贫困立法都处于空白状态。一方面，我国还没有制定生态补偿专项的法律，生态补偿的精神和理念散见于各个相关的法律条文中，缺乏纲领性的指导，实施生态补偿的保障不足。另一方面，我国也没有反贫困的专门立法，有的只是相关政策，如《国家八七扶贫攻坚计划》（1994—2000）、《中国农村扶贫开发纲要（2001—2010）》和《中国农村扶贫开发纲要（2011—2020）》，虽然政策具有针对性强、反应及时的优势，但行政扶贫的临时性和不确定性会妨碍扶贫的长期和持续发展。法律具有强制力和稳定性，能克服行政扶贫的固有缺陷，反贫困立法应是长久之策。不管是生态补偿立法，还是反贫困立法，都应该设立专节或用专门条文规定贫困地区生态补偿责任、标准、方式等内容，使政策法律化。

贫困地区生态补偿机制的建设除了制定法律外，还应包括相关制度建设。与贫困地区生态补偿相关并具有补充、完善功能的制度主要有财政转移支付制度、激励制度、流域管理体制、环境税制度、水权交易制度、宣传教育制度等。"徒法不足以自行"，更重要的是要正确、有力的实施法律，这些制度建设和实施到位了，才能确实保护贫困者的权益。

2. 转变思想，强调"发展—带动"的补偿思路，积极开展双赢的补偿模式

我国早在20世纪70年代末，就通过"省际对口支援"的横向帮扶模式来解决贫困问题。主要是发达省份对贫困地区进行一对一的支援，提供物质、资金、技术等的援助，取得了显著的效果。但对口支援有其弊端，即贫困地区只是被动地接受帮助，缺乏主动参与的热情，因而，这种扶贫"治标不治本"，不能从根本解决贫困问题。我们需要转变思想，从根本上解决贫困问题。浙江金磐异地开发模式是一个很好的例证。贫困地区生态补偿应该摒弃简单的"受—接"思想，强调"发展—带动"的补偿思路，构建"参与式的生态扶贫"，如可以实施产业对接、产业转移、安置生态移民、提供就业、提供技术和资金等，通过联动实现贫困者自己致富，最终达到环境保护和经济发展的双赢。但是应该警惕"发展—带动"的补偿模式的弊端，劣质、污染型的产业转移应该严厉禁止，不能以牺牲环境来换取经济的发展。

3. 从预防的角度，建立自然和人为灾害生态补偿保证金制度

鉴于偶发性的灾难贫困生态补偿的滞后性，我们应该从预防的角度建立灾害生态补偿保证金机制。自然灾害和人为灾害都将造成严重的贫困，如汶

川地震造成数以万计的人无家可归、生计困难；生产企业不计后果地排放污染物，造成水体、大气等的污染，无数人因此陷入贫困，"癌症村"的出现就是深刻的教训。因此，对于难于预测的灾害，备灾和防灾成了应对良策。可以考虑建立灾害生态保证基金机制，在灾害发生后提供支持与帮助。资金主要应来源于国家财政和污染企业的保证金，同时吸收社会各方力量。

4. 拓展贫困地区生态补偿资金的筹集渠道

从贫困地区生态补偿的实践来看，资金渠道主要包含国家和各级财政的专项投入以及破坏流域生态环境的政府、企业、个人所缴纳的罚款。但是单靠政府的投入和罚款所得到的补偿资金非常有限，应该吸引社会和市场的参与，加大社会公益机构和广大民众对生态补偿的捐助和资助。同时积极吸收国际组织的项目资金，做大生态补偿资金的"蛋糕"。

四、结语

贫困与环境的关系错综复杂，常常形成贫困与环境的恶性循环。在扶贫工作中引入生态补偿的理念和做法，不仅有利于环境政策和环境法律的完善，也有利于反贫困理论的突破和扶贫制度的完善，有利于人与自然的和谐共处，有利于经济社会的可持续发展。

■ 参考文献

[1] ROWNTREE, BENJAMIN SEEBOHM. Poverty: A Study of Town life. London: Macmillan, 1901. 引自吴理财. 贫困的经济学分析及其分析的贫困 [J]. 经济评论, 2001 (4).

[2] 中华人民共和国国务院新闻办公室. 中国农村扶贫开发的新进展 [R]. 新华网 http://news.xinhuanet.com/2011-11/16/c_1111716 17.html, 2011 年 11 月 16 日.

[3] 熊理然, 成卓. 中国贫困地区的功能定位与反贫困战略调整研究 [J]. 农业经济问题, 2008 (2).

[4] 中国生态补偿机制与政策研究课题组. 中国生态补偿机制与政策研究 [M]. 北京: 科学出版社, 2007.

[5] 张峰. 生态补偿法律保障机制研究 [M]. 北京: 中国环境科学出版社, 2010.

[6] 张绪清. 欠发达资源富集区利益补偿与生态文明构建 [J]. 特区经济, 2010 (1).

[7] 高国力. 我国主体功能区划分与政策研究 [M]. 北京: 中国计划出版

社，2008.

[8] 丁文广，陈发虎，南忠仁. 自然—社会环境与贫困危机研究 [M]. 北京：科学出版社，2008.

[9] 韩乐悟. 生态补偿政策咋就执行走样了 [N]. 法治日报，2006-4-21（6）.

[10] 郑克强，谢海东. 建立中部地区经济补偿机制刍议——以江西的历史性贡献为例 [J]. 江西社会科学，2011（1）.

（原文出处：《求实》，2012 年第 10 期）

生态补偿式扶贫的合作博弈分析

/ 徐丽媛 郑克强 /

【摘　要】 长期以来，贫困地区在国家发展中实际承担了"生态保障""资源储备"和"风景建设"的角色，是贫困的生态系统服务提供者。对这些贫困地区或贫困农户实施生态补偿，是我国公平和谐发展精神的体现。生态补偿式扶贫中的主体、受体及其他参与者实际上是合作博弈的关系。激励他们合作需要每个博弈方在生态补偿式扶贫联盟博弈中所获得的收益不低于他"努力单干"所获得的收益。并且生态补偿式扶贫中合作参与者获得了最大的合作收益。要实现生态补偿式扶贫的稳定性，便要求博弈中各方主体的支付或效益分配做到公平、互惠、公开，并落实风险规避机制。要保障生态补偿式扶贫的实现，联盟博弈中必须保证各博弈方的表决权，特别是贫困农户的真正表决权。

【关键词】 生态补偿式；扶贫；贫困的生态系统服务提供者；联盟博弈

2013 年《中共中央关于全面深化改革若干重大问题的决定》明确指出，划定生态保护红线。对限制开发区域和生态脆弱的国家扶贫开发工作重点县取消地区生产总值考核。坚持谁受益、谁补偿原则，完善对重点生态功能区的生态补偿机制，推动地区间建立横向生态补偿制度。事实上，贫困地区在国家发展中实际承担了"生态保障""资源储备"和"风景建设"的角色，是贫困的生态系统服务提供者。重要的生态功能区、生态敏感区、生态脆弱区等区域多是经济相对落后地区。因此，对贫困地区实施生态补偿政策是以增进人民福祉为出发点和落脚点，符合我国关于全面深化改革的精神，体现了社会公平与正义。现实中，贫困地区生态补偿还存在诸多问题，如中央对贫困地区的生态补偿存有是否能稳定与持续的质疑，区域间的生态补偿存在协商难、成本高问题，已经实施的生态补偿存在是否真正满足被补偿者需求问题等。针对这些问题，本文结合扶贫的相关理论，从合作博弈的视角对贫困地区生态补偿的条件进行分析，以期对我国成功实现生态补偿的理论与实践有所裨益。

一、生态补偿式扶贫的界定

（一）生态补偿式扶贫的含义

扶贫，中国专有词汇，《现代汉语词典》定义为，"扶助贫困户或贫困地区发展生产，改变穷困面貌"。因此，扶贫主要体现一种具体行为和过程。与国际社会的反贫困概念接近，在国际范围内，反贫困的概念一般有三种表示：一是减少贫困（Poverty Reduction），二是减缓贫困（Poverty Alleviation），三是消除贫困（Poverty Eradication）。这三种概念从不同角度对反贫困进行解释。减少贫困注重减少贫困人口的数量，表现为行为；减缓贫困注重缓解贫困的程度，体现为过程；消除贫困则反映了反贫困的目的性。我国的扶贫与前两个概念更为相近，表示减少或减缓贫困的行为和过程，当然，最终的目的都是消除贫困。现今，我国的扶贫模式已由单一的救济式扶贫、开发式扶贫等向多渠道的开发式扶贫、参与式扶贫、科技扶贫和补偿式扶贫等并用转变。生态补偿式扶贫应该是我国扶贫模式的新兴的、重要的组成部分。其具体内涵是指，对贫困的生态系统服务提供者，运用生态补偿机制帮助其发展生产，改变穷困面貌，在促进人与自然和谐的同时实现贫困地区的可持续发展。

长期以来，贫困地区在国家发展中实际承担了"生态保障""资源储备"和"风景建设"的角色。2011年12月1日，《中国农村扶贫开发纲要（2011—2020年）》（下称《纲要》）正式发布，《纲要》发布以后十年间，扶贫攻坚14个主战场，其中11个是新"捆绑"出现的"连片特困地区"，包括六盘山区、秦巴山区、武陵山区、乌蒙山区、滇桂黔石漠化区、滇西边境山区、大兴安岭南麓山区、燕山—太行山区、吕梁山区、大别山区、罗霄山区。这11个连片特困地区覆盖了全国70%以上的贫困人口。但这些地区或过去，或现在，或将来都一定程度上承担了"贫困的生态系统服务提供者"的角色。如六盘山区是西北重要的水源涵养林基地和风景名胜区；秦巴山区是长江上游地区一个重要的生态屏障，水、热、林、草资源及矿藏等自然资源极为丰富；武陵山区内森林覆盖率达53%，是我国长江流域重要的水源涵养区和生态屏障，生物物种多样，素有"华中动植物基因库"之称；乌蒙山区作为国家重点建设的能矿基地，资源富集；滇西边境山区一方面肩负着固守国土的责任，另一方面又是重要的生态功能区；吕梁山区地上、地下资源丰富，富含多种矿产资源；罗霄山片区是我国南方重要的水源涵养区和生态屏障等。另外，国家"十一五"规划纲要确立了国家级自然保护区、国家森林公园等千余个禁止开发区域。然而全国 926 个自然保护区中有 224 个位于国家级贫困县，许多保护区处于贫困与环境问题的夹击之中，但恰是这些贫困地区为我们提供了绝佳的风景。因此，对这些贫困地区或贫困农户实施生态补偿，一定程度上改变其贫困状况，才符合我国公平和谐发展的精神。

（二）生态补偿与扶贫的关系

实际上，生态补偿与扶贫的关系存在很多争议。国际社会上，一些观察家认为，生态系统服务付费机制的设计应该具有高度的目标性，以便达到生态系统保护的目的。如果作为间接目标可以实现，还应该解决减贫的问题。另一些观察家建议，对于较为贫困及偏远的地区（如没有市场文化的土著社区），生态系统服务市场比产品市场提供机会更多。在国内，任勇等人著的《中国生态补偿理论与政策框架设计》一书认为，扶贫政策可以视为生态补偿的相关政策。因为，从某种意义上说，生态补偿政策可以通过给当地居民进行经济补偿而起到扶贫的作用；同时，扶贫政策的实施，可以通过经济的补偿来实现保护生态环境的目的。也有学者指出，"生态补偿与'扶贫'是有区别的"。的确，生态补偿不等同于扶贫，但需要指出的是，生态补偿与扶贫是两个联系十分密切的概念。

人们一度把贫困的原因主要归结为主观上——人的懒惰，客观上——经济开发力度不够，所以开发式扶贫一直以来被认为是扶贫解困的"金钥匙"。但随着贫困研究的深入，我们可以发现造成贫困的原因是复杂、多方面的，其中重要但一直被忽视的原因就是相当一部分贫困地区的农民实际上成了生态农民，生态农民的主要任务不是发展农业经济，而是保护和恢复生态环境。从这个角度看，生态补偿式扶贫应该成为扶贫的重要模式。我国贫困地区生态补偿的研究与实践开始于 20 世纪 90 年代初期。最早实施的最具影响的成功典例是退耕还林、退耕还草、退田还湖的生态补偿。发展到地方政府主导的贫困地区生态补偿，直至国际合作的生态扶贫项目进行的生态补偿。实践表明，生态补偿在扶贫中具有巨大的潜力和作用，对于消除贫困也有非常重要的作用。生态补偿是扶贫解困行之有效的新手段、新途径。贫困地区生态补偿虽然已有所成效，但在中国还处于初级阶段，仍有许多地方、许多方面的生态补偿未建立，生态补偿式扶贫系统中诸多主体间存在着较大的利益博弈。

二、生态补偿式扶贫的合作博弈分析

博弈理论上，根据博弈方的理性和行为逻辑的不同，可以将博弈论的模型分为非合作博弈（Noncooperative Game）和合作博弈（Cooperative

Game）两种类型。非合作博弈注重的是个体理性、个体最优决策；合作博弈注重的是集体理性，强调效率、公正与公平。两者的根本区别是是否允许存在自愿签订但有约束力的协议，合作博弈允许博弈中存在"有约束力的协议"，博弈方一旦签署了协议就必须遵守，有约束力的协议将使博弈方明确，如果执行这个协议，双方的得益是什么。这使得博弈中的战略结构显得无关紧要，重要的是得益。正如博弈大师肯·宾默尔指出，在合作博弈理论中，博弈的重点从博弈的策略空间转移到了得益空间。合作博弈由于博弈方数量的不同分为两大博弈类型，即两人讨价还价博弈和多人联盟博弈。

生态补偿的博弈问题，学者已论述得非常广泛和深入，刘兴元（2011）在其博士论文中用"囚徒困境"和"智猪博弈"等多种博弈模型分析了藏北高寒草地生态补偿问题；黄彬彬等人基于生态补偿构建了补偿方和被补偿方两阶段不完全信息动态博弈模型；徐大伟等人利用演化博弈分析流域生态补偿问题；还有相当多的学者利用博弈论分析了湿地生态补偿、水源地生态补偿、退耕还林生态补偿等问题。关于扶贫的博弈问题，论著较少，主要有刘冬梅利用委托与代理博弈模型分析了中央政府、地方政府与贫困农民在反贫困中的博弈现象。现有文献不管是生态补偿的博弈分析，还是扶贫方面的博弈分析，多数是构建了非合作博弈模型，即"零和博弈"，每个博弈方都从自己最大利益出发进行决策，因此成功持久的生态补偿和扶贫都略显困难，这反映了我国生态补偿和扶贫的一部分现实。

但是，我国现有政策和立法动向都表明，受益者对提供了生态系统服务的贫困地区进行生态补偿将是大势所趋，如《中国农村扶贫开发纲要（2011—2020年）》就明确要求，"建立生态补偿机制，并重点向贫困地区倾斜"。因此，采取合作而非对抗的方式将是生态系统服务的受益者和贫困的生态系统服务提供者的明智之选。在生态补偿式扶贫系统中，主体多样，如国家、受益地区、贫困地区政府、贫困地区农民、保险公司、银行等都承担着各自不同的角色，这些主体之间存在天然的合作基础。诸多主体间的利益是一致的，有着共同的目标，在保护生态环境、获得生态利益的同时又获得经济利益。但是多方主体间又有竞争与分歧，在达到同样效果的情况下，希望自己能付出较少（如补偿方希望较少补偿金额等），而其他人多付出。因此他们之间的合作将是效用大于零的合作博弈（而且是合作博弈中的联盟博弈），即属于"非零和博弈"的范畴。因此通过构建联盟博弈来分析生态补偿式扶贫的各种方案（包括相关补偿的主体、方式、数量等）是非常必要的。

（一）生态补偿式扶贫联盟博弈的激励性条件

假设生态补偿式扶贫中参与者集合 $N = \{1, 2, \cdots, n\}$，N 的任何一个子集称为联盟。对于任意 $S \in N$，用 $v(S)$ 表示联盟 S 中生态补偿式扶贫参与者通过合作所获得的收益。因而 $v(S)$ 可视为定义在 $\mathbf{N}$ 上取值于实数 $\mathbf{R}$ 的一个函数。称 $B = (N, v)$ 为一个联盟博弈，v 为该联盟博弈的特征函数。

特征函数值是联盟成员通过协调行为可保证实现的最大联盟总得益，也称为联盟的"保证水平"。特征函数具有超可加性，满足：对所有的 $S, T \in 2^N$（即 $S, T \subseteq N$），只要 $S \cap T = \varphi$，则有 $v(S \cup T) \geq v(S) + v(T)$ [$v(\varphi) = 0$]。其中 $v(S)$ 是联盟 S 在不与 T 联盟合作时至少可保证的最大收益。同样 $v(T)$ 是联盟 T 在不与 S 联盟合作时至少可保证的最大收益。整体而言，说明联盟博弈通过合作可使总收益不减少，而往往是增加。联盟博弈的理论就是所有局中人接受与竞争对手共同争取更多的收益。

由特征函数的超可加性可以推出 $v(N) \geq v(\{1\}) + \cdots + v(\{n\})$，其中 $n = |N|$，n 为局中人的个数。

定义1 对于生态补偿式扶贫联盟博弈 $B = (\mathbf{N}, v)$，如果存在 n 维向量 $x = (x_1, x_2 \cdots x_n)$ 满足：

(1) $x_i \geq v(\{i\})$，$i = 1, 2, \cdots, n$

(2) $\sum_{i=1}^{n} x_i = v(N)$

则称 x 为 B 的分配，其中 x_i 表示参加生态补偿式扶贫联盟的局中人 i 得到的份额，$v(\{i\})$ 是个体 i 未参加生态补偿式扶贫联盟时的收益。

其中条件（1）表明每个博弈方在生态补偿式扶贫联盟博弈中所获得的收益不应低于他"努力单干"所获得的收益。

条件（2）表明生态补偿式扶贫中合作参与者获得了最大的合作收益。

以上两个条件是生态补偿式扶贫中理性博弈方进行合作的必要条件，否者合作就相当困难了。

生态补偿式扶贫如果能为众多补偿者和被补偿者带来利益，实现三个"双赢"，即生态利益和经济利益的双赢、补偿者与被补偿者的双赢、个体理性与整体理性的双赢，甚至实现"1+1>2"的合作得益，这是生态补偿式扶贫参与者进行合作的基础。现阶段，我国贫困的生态系统服务提供者和受益者之间大多还处于非合作的博弈状态（如囚徒困境），如流域之间的生态补偿式扶贫问题。中下游地区希望在获得良好水资源的同时不付出或少付出，上游保护生态环境产生的水资源溢出效益被下游地区无偿占有；向下游提供优质水源的上游地区还处于绝对贫困状态（如东江源的江西赣州安远县、寻乌县是国家级贫困县，定南县是省级贫困县），强烈要求公平的发展权或得到补偿，源区群众思富心切，对开发本地矿产和森林资源等的愿望非常强烈，发展与保护的矛盾尖锐,生态环境面临巨大压力。生态补偿式扶贫迫在眉睫,但作为理性人,发达地区对贫困地区的生态补偿因缺乏利润空间,不具有吸引力。现实中发达地区主动对贫困地区进行生态补偿的情形还是较少的,已有的补偿实例或者是在地方立法强制下而为,或者是在双方政府的多次协商下达成,缺乏主动性。所以,要使生态补偿式扶贫合作模式良好运作,通过各种方式实现生态补偿式扶贫体系整体利益的最大化,并使各个参与者的利益不小于不补偿状态下的利益(不仅是被补偿者,补偿者的利益也是重点),这才是关键。

事实上,浙江省"金磐异地开发"就是成功的生态补偿式扶贫联盟博弈的最好例证。磐安县是浙江省有名的"贫困县",也是浙江省最重要的水源保护地之一。1994年,浙江省政府批准,在位于金华市的经济技术开发区内设立一个异地扶贫开发区,开发区的建立不仅解决了磐安县大量农民的就业问题,而且发展了磐安县的经济,增加了财政收入,同时生态环境也得到了明显的改善,实现了金华市和磐安县环境保护和经济发展的"双赢"。

生态补偿通过提供一种特别的、重要的新市场发展的机会,提供可持续的收入来源,真正促进贫困地区和农民的发展,实现贫困的"生态保障者"、贫困的"资源储备者"和贫困"风景建设者"与受益群体都获益。除了上述特殊的市场模式外,生态补偿式扶贫还可以在产业对接、产业转移、安置生态移民、提供就业、提供技术和资金等方面实现合作与共赢。

(二)生态补偿式扶贫联盟博弈的稳定性条件

生态补偿式扶贫中满足(1)(2)的分配方案(即补偿与被补偿方案)可能有许多,若要维持稳定、持久的合作关系,有必要探讨一下生态补偿式扶贫联盟博弈的稳定性条件。

定义 2(稳定集) 对于生态补偿式扶贫系统中 n 人联盟博弈 $B=(\mathbf{N},v)$,若分配集满足:

(3) 内部稳定性,即不存在 $x,y \in w$,使得 x 优超 y,即 $x > y$;

(4) 外部稳定性,即 $\forall_x \notin w$,$\exists_y \in w$,使得 y 优超 x,即 $y > x$,则分配集 w 称为这个联盟博弈的一个"稳定集"。

稳定集条件(3)表明在稳定集内部任何两个分配之间不存在优超关系,称为稳定集的内部稳定性;条件(4)表明稳定集外部的任一分配,至少被稳定集内部的某一分配优超,称为稳定集的外稳定性。合作联盟的稳定性条件,间接指出了防止联盟内部成员因为利益冲突而导致联盟解体的条件。稳定集的概念由冯·诺依曼(V. Neumann)和摩根斯坦(Morgenstern)提出,也称为联盟博弈的 VN-M 解。

要实现生态补偿式扶贫的内稳定性和外稳定性,求得联盟博弈的 VN-M 解,生态补偿的补偿方案非常关键。因此,在实现生态补偿式扶贫整体效益最大化时,还要体现利益分配的公平合理。如此便要求生态补偿式扶贫联盟博弈中各方主体的支付或利益分配做到公平互惠、公开,并落实风险规避机制。第一,公平要求参与联盟博弈的各方都"有利可图"、实现"互惠原则"。参与联盟所得到的利益应大于单独行动所获得的利益,参与这种分配方案联盟获得的利益要大于其他联盟分配所获得的利益,否则可能会出现中途退出的现象。第二,公开要求生态补偿式扶贫系统中各种信息公开透明。包括贫困的生态系统提供者的经济状况、生态保护的情况;受益者所获得的生态资源等级;国家的相关政策法律法规及环境标准等。这些信息的齐全与透明有利于生态补偿方案的达成,产生信任进而长久合作。第三,落实风险规避机制则要求贫困地区生态补偿的联盟中有保险公司、银行等中介服务机构的参与。受益者不愿意做出生态补偿,其中重要的一方面原因在于生态补偿之后的风险问题,担心贫困地区过度关心经济利益,得到补偿后不进行生态保护或生态保护不到位。反之,贫困地区也有类似担忧。因此,需要建立风险规避机制,有保险公司或银行等机构的参与,运用金融市场规则来降低风险指数。

(三) 生态补偿式扶贫联盟博弈的保障性条件——联盟博弈解之夏普利值

联盟博弈中分配方案有时难于形成稳定集(如所有的分配都能被优超,导致稳定集常常是空集),每个博弈方的收益难于确定,阻碍了合作联盟的形成。1953 年,夏普利从另一个角度分析了联盟博弈的解,即根据各个博弈方在联盟博弈中价值和贡献来进行分配,后人称为——夏普利值(Shapley value)。用公式表示如下:

$$\varphi_i = \sum_{s \in N} \frac{(n-k)!\ (k-1)!}{n!}[v(s) - v(S\setminus\{i\})]$$

其中,n 是联盟博弈的总人数,$k = |S|$ 为联盟 S 的规模,即 S 包含的博弈方数量。$v(s) - v(S\setminus\{i\})$ 代表博弈方 i 参与或不参与联盟对联盟 S 特征函数值的影响,正好反映博弈方 i 对联盟 S 的贡献。$\frac{(n-k)!\ (k-1)!}{n!}$ 指博弈方 i 以随机方式参与联盟时联盟 S 的概率。向量($\varphi_i,\cdots,\varphi_n$)称为联盟博弈 $B(N,v)$ 的"夏普利值",φ_i 是博弈方 i 的夏普利值。

夏普利值反映了各个博弈方在联盟博弈中的贡献与价值，使联盟博弈进行公平的分配，避免无休止的联盟对抗。联盟博弈中的贡献与价值可以通过表决权或话语权来体现，如果博弈一方没有表决权，则其对所有联盟的边际贡献都是0，夏普利值φ必然为0。因此，在生态补偿式扶贫联盟博弈中必须保证各博弈方的表决权，特别是贫困农户的真正表决权，不能让其夏普利值$\varphi = 0$，要保证贫困农户在生态补偿式扶贫中得到实在、公平的分配，以保证他们进行生态保护的积极性。

生态补偿式扶贫联盟博弈的谈判中，如何分配可以使贫困农户受益，主要可以从以下几方面着手：

①让农户充分参与到生态补偿式扶贫中分配与执行的协商过程。让农户提出自身成本最低的执行方案来提供生态服务，以提高可持续性。

②让农户对当地生态保障、资源储备和风景建设中的需求与问题进行自我评价，以便其与补偿者进行协商之前了解自身优势、机会与限制等。

③开展制定生态补偿的协议（合同）工作，保证当地农户生计与生态环境的双赢。

④使生态补偿协议（合同）尽可能具有灵活性，以适应不断发生的变化，保证其持续性。

⑤建立对生态保障、资源储备或风景建设等有贡献的贫困家庭的标准与档案，方便落实与实效。

⑥最后还要设计监测与认证系统，保证农户的生计与环境实现共赢。

三、结论

生态补偿式扶贫作为我国扶贫的新模式，具有巨大的潜力，生态补偿机制赋予农村居民一个新的社会角色——处于重压下的生态系统的生态服务提供者（生态保障者、资源储备者和风景建设者）。其实，通常情况下这些补偿水平不需要太高，它只构成家庭总收入的一部分，因为这些农村家庭已经具有保护并改善当地环境的动机。而生态补偿可以帮助他们实现这些目标，同时为他们提供一些经济支持，促使他们向更加适合的环境友好的生产方式过渡。

加入生态补偿式扶贫联盟的主体众多，包括国家、受益地区、贫困地区政府、贫困地区农民、保险公司、银行等，要使各博弈方采取符合集体利益最大化而不是符合个体利益最大化的策略，合作博弈所呈现的科学合理的利益分配方案至关重要。而这需要我们加强三方面的建设：一是协议制定，可以创建大体的灵活的协议模版，方便使用。因为联盟博弈的基础就是有一个有约束力的协议，可以强制执行。二是创建生态补偿协议谈判平台，方便不同地区、不同身份的人参与到协商谈判中。如果把生态补偿看作是一个"合同"，那么合同双方积极协商才有助于制定一个可持续的并且能够取得成效的合同，对于生态环境这一"公共物品"而言，合同各方都想为自己争取更多的服务，因此有必要建立一个对生态补偿协议进行磋商的平台。当然这种平台可以考虑由中立方提供，保证公平合理。三是加强法律制度建设，特别是合同法和环境法的建设，明确各方的权利和义务，在保障权利的同时确保有法律责任和惩罚机制来追究不履行义务方的责任。

■ 参考文献

[1] 中科院语言研究所词典编辑室. 现代汉语词典（修订本）[M]. 北京：商务印书馆，2000.

[2] 林晖. 六盘山区等11个连片特困地区覆盖全国70%以上贫困人口，新华网，http://news.xinhuanet.com/society/2011-12/06/c_111221655.htm，2011-12-6.

[3] 高国力. 我国主体功能区划分与政策研究 [M]. 北京：中国计划出版社，2008.

[4] PAGIPLAS. Payments for envirnmental services：from theory to practice [J]. Seminar at Michigan State University，2006，2.

[5] MICHAEL RICHARD. Common property resource institutions and foest management in latin America [J]. Development and Change，1997，28：95-117.

[6] 任勇，冯东方，俞海，等. 中国生态补偿理论与政策框架设计 [M]. 北京：中国环境科学出版社，2008.

[7] 张峰. 生态补偿法律保障机制研究 [M]. 北京：中国环境科学出版社，2010.

[8] 谢识予. 经济博弈论 [M]. 上海：复旦大学出版社，2011.

[9] 肯·宾默尔. 博弈论教程 [M]. 谢识予，等译. 上海：格致出版社，2010.

[10] 刘兴元. 藏北高寒草地生态系统服务功能及其价值评估与生态补偿机制研究 [D]. 兰州：兰州大学，2011.

[11] 黄彬彬，王先甲，桂发亮，等. 不完备信息下生态补偿中主客体的两阶段动态博弈 [J]. 系统工程理论与实践，2011（12）.

[12] 徐大伟，徐少云，常亮，等. 基于演化博弈的流域生态补偿利益冲突分析 [J]. 中国人口·资源与环境，2012（2）.

[13] 刘冬梅. 农村反贫困中的三方博弈 [J]. 中国经济快讯，2002（35）.

（原文出处：《江西社会科学》，2014年第8期）

■ 个人简介

　　金恩焘，男，1983年2月出生，景德镇浮梁人，南昌大学管理科学与工程博士研究生，主要研究方向为公共政策与社会治理、农业大数据应用等。近年来，主持省部级课题研究十余项，发表SCI一区文章一篇，在《山东社会科学》《公共行政评论》等重要期刊发表文章十余篇。自2016年至今，在中国供销电子商务有限公司江西省公司工作，历任副总经理、总经理。兼任南昌大学中国中部经济社会发展研究中心区域研究所研究员，江西省农村电子商务协会会长，江西省商务厅电子商务专家库专家。

■ 学术简介

学术研究的焦点主要集中在，一是围绕数字乡村战略下农产品流通体系创新相关理论和实践问题进行研究。之所以从事这方面的研究，与作者的专业背景和从事的企业管理实践工作有关。在本书中，主要选取《新时代农村电商治理机制、模式与路径》《21世纪以来中国城乡福祉差距的时空分异与政策研究》《中国农业生产效率区域差异演变及其驱动因素》等文章作为这方面研究的代表性成果。二是大数据时代食品安全舆情治理与智慧治理研究。目前，这方面的研究成果有《加强江西新媒体代表人士统战工作刍议》（获时任江西省省委书记强卫、省长鹿心社、省委宣传部部长姚亚平、省委统战部部长蔡晓明四位省领导批示，并得到省委统战部采纳吸收）《我国粮食安全与生态安全空间包容性实证研究——以粮食主产区为例》以及发表在 *Agricultural Water Management*（CSI 一区）上的一篇文章。

新时代农村电商治理机制、模式与路径

/ 金恩焘 郑克强 /

【摘 要】 农村电商是实现一二三产融合发展、助力乡村振兴的重要途径。根据新时代"三农"工作要求,从内涵、政策、市场、业态、投入五维模型梳理我国农村电商发展现状;分析限制农村电商发展的机制、模式、路径等核心问题;并从新时代我国农村电商发展的治理机制、治理模式和路径选择等方面提出对策建议。

【关键词】 乡村振兴战略;农业供给侧结构性改革;农村电商

农村电商连续四年被列为中央一号文件,2018年中央一号文件将农村电商归为乡村发展新动能,作为乡村振兴战略的重要组成部分,并明确支持供销、邮政等国有实体大力促进农村电子商务发展。2013—2017年期间是农村电商发展的第一个阶段,在政策引导、市场前景、资本投入等多种因素促进下,农村电商得到长足发展并初具规模。党的十九大后,实施乡村振兴战略,是新时代"三农"工作的总抓手,是农村电商发展的重大历史机遇,因此,系统研究新时代农村电商发展现状、问题并提出对策,对新时代农村电商发展的政策定位、管理机制、引导方向、发展模式等各方面发展均有一定参考价值。

一、我国农村电商发展现状五维模型分析

农村电商体系建设具有公益性与市场性双重属性,从内涵、政策、市场、业态、投入五个维度构建模型分析我国农村电商发展现状,有利于兼顾公益性的政策制定和市场性业态定位,如图1所示。

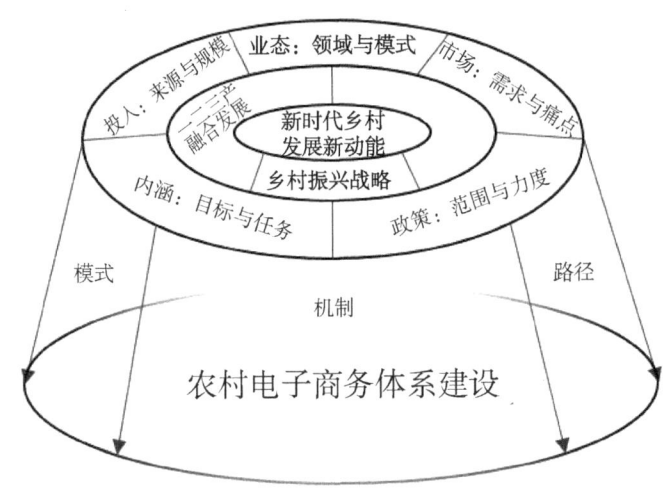

图 1　我国农村电商发展现状分析五维模型

（一）农村电商内涵与任务

农村电商的核心任务主要包括"工业品及服务下行，农产品上行及农村资源开发"，目前我国农村电商普遍偏重市场性需求，即"工业品下行，农产品上行"，而农村更需要的公益性需求：服务下行和农村资源开发却很少有项目涉及。工业品下行只能给农民带来便利或节省开支，而农民增收需要的是丰富的服务、农产品上行、农村资源开发，如农技服务、测土配方、农产品在线销售服务，农村优质土地、水源、山林等优势资源引入项目、人才、资金等对接服务，如表 1 所示。

表 1　农村电商核心任务分解

任务分类	具体内容（举例）	给农民、农村带来的效益和不利影响
工业品下行（市场性）	将城市生产的工业品、生活用品销售到农村（如农村淘宝、京东）	1）购物便利、更多选择性、节省开支 2）地方税收和资金流出较为严重
服务下行（公益性）	农技服务、测土配方、无人机喷洒等在线呼叫匹配服务	1）提高农民、农企生产效率、质量、信息对称度 2）没有互联网农民照常买各种日用品，但很难接触到丰富的服务
农产品上行（市场性、公益性兼具）	帮助农民进行零散农产品同城销售，帮助农业企业批量销售	1）电商减少农产品流通环节，为农民增收 2）更高的农产品销售价格有利于品质提高

续表

任务分类	具体内容（举例）	给农民、农村带来的效益和不利影响
农村资源开发（公益性）	农村优质土地、水源、山林等优势资源引入项目、人才、资金等对接服务（如把系列古村、农家乐设计成自驾游线路的电商项目）	1）导入人才、项目、资金 2）通过农村电商使农村自然禀赋资源的价值不断被挖掘出来

（二）农村电商政策范围与力度

商务部电商进农村综合示范活动在全国投入 125 亿元，覆盖 756 个县，建设 1051 个县级运营中心，5 万个村级电商站点，支持 15 个省建设了 304 个农产品仓储冷链中心，服务涉及 275 个贫困户。全国供销总社新网工程农村电商惠农工程连续 5 年持续投入 100 亿元，发展农产品电商、农资电商、为农电商服务中心等，包括服务网点的建设、物流体系的搭建、专家团队的巩固等，农资电商进入稳定发展期。农业部、科技部、邮政等部门逐步加大农村电商扶持政策力度。

（三）农村电商市场需求与痛点

我国县域人口约 9.6 亿人，占全国总人口的 70%，农村居民对网购接受程度达到了 84.41%。截至 2017 年 12 月，我国农村网民占比为 27.0%，规模为 2.09 亿人，农村地区互联网普及率为 35.4%，农村地区网民使用线下支付的比例为 47.1%。农村电商市场需求呈现出刚需并快速增长趋势，但农产品上行第一公里所需的冷链、冷库、农产品初加工、零度中央分拣配送中心等基础设施欠缺，严重限制了农村电商核心需求的满足。

（四）农村电商业态与模式

农村电商业态主要涉及新零售、生鲜电商、农资电商、农技服务、城乡末端物流配送、乡村旅游等。目前主要有 B2B、B2C、C2C、社交微商、区域电商等模式。2016 年，全国实现农产品网络零售额 1588.7 亿元，生鲜电商达到 913.9 亿元，同比增长 68.6%，预计到 2019 年，中国生鲜电商市场交易规模将达到 3506.08 亿元。2017 年全国农村实现网络零售额 12448.8 亿元，同比增长 39.1%。农村网店达 985.6 万家，同比增长 20.7%，带动就业人数超过 2800 万人。2017 年，东部、中部、西部、东北农村分别实现网络零售额 7904.5 亿元、2562.1 亿元、1700.5 亿元、281.8 亿元，同比分别增长 33.4%、46.2%、55.4%、60.9%。全国 832 个国家级贫困县实现网络零售额 1207.9 亿元，同比增长 52.1%。

(五) 农村电商投入与来源

农村电商是一片巨大的蓝海,当前正处在起步阶段,全国暂没有出现一家独大的独角兽企业。目前,农村电商发展的资金投入来源主要包括三个领域:政策性国有资本、外资风投、社会资本。农村电商建设发展的基础设施、农村电商服务站点等公益性投入,主要依托国有资本的供销 e 家、邮政 E 邮等国有企业,而外资、民营农村电商企业更多投入运营和营销体系建设中,如表 2 所示。

表 2 农村电商主要平台企业一览表

分类	平台名称(属地)	企业性质	业务重点
全国代表性农村电商平台	农村淘宝(杭州)	外资控股	工业品下行
	供销 e 家(北京)	国有全资	惠农服务、农产品上行、土地托管服务
	邮政 E 邮宝(北京)	国有	乡村物流、农产品上行
	益农信息社(北京)	民营	农业信息化
地方性农村电商平台	淘实惠(河南)	民营	工业品下行
	赶街网(浙江)	民营	工业品下行
	村掌柜(陕西)	民营	工业品下行
	乐村淘	民营	农产品上行
	村村乐	民营	上下行兼备

二、当前农村电商发展存在的关键问题

(一) 政策重叠,归口管理主体缺位

农村电商工作各个部门都在做,改委、扶贫办、商务、农业、工信委、科技、供销社等多个部门都相继出台各种支持政策,由于缺少归口管理主体,各部门政策重叠度非常高。由此,出现了系列奇怪的现象:各县里的电商企业整年忙于申报各类项目和接待各部门的考查、评估,完成各种授牌、挂牌、装修办公室等与电商生意本身无关的工作,甚至有原本在网上销售非常好的电商企业,在被政府部门遴选为示范企业后,逐步进入做材料、报项目、搞接待、做报告的循环之中,因而导致团队无法专注于网络运营。

(二) 店招繁荣,引导资金市场失灵

农村电商建设之初,困难重重,需要政府政策引导支持,目前各类财政

引导资金已经执行了近 3 年，效果却不佳，主要原因在于引导资金支持的方向脱离了电子商务发展的本质和市场规律，导致出现大量本末倒置的现象：农村电商变成农村店商，摆一台计算机、装修一个店铺门头补贴 1 万~3 万元，但却未能发挥买进来、卖出去的效果，而且今天这家有补贴挂一个门头，明天另外有补贴，又挂一个门头，甚至一个网点挂几个名字。店招繁荣只是引导资金市场失灵的一个缩影，农村电商其他务虚表面繁荣现象还有大量培训农民开淘宝做电商，农村电商不是让农民去做电商，而是发挥电商的平台作用去服务农民，帮助农民把生产搞好、把产品卖好，是要发挥三产服务二产，带动一产；批地修楼搞电商基地，电商基地不是修座楼，装修展示厅，而是聚集一批电商项目和运营团队。

(三) 模式不清，盲目重复建设严重

农村电商是一项系统工程，其要素主要包括电商平台、运营团队、县乡村物流配送体系、冷链设施、培训孵化等，其中电商平台的运营模式可分为 B2C、B2B、O2O、微商等。县域是农村电商的主战场，以县级运营中心为主要载体。农村电商建设过程中县政府规划引导起关键作用，但由于县域极度缺乏精通农村电商顶层设计团队和技术运营团队，导致模式不清，盲目、重复建设严重。目前，国内选择农村淘宝模式，与赶街网、聚超网等平台合作的县域都非常困难，处于被淘汰的边缘。

(四) 创新乏力，核心竞争力未显现

目前农村电商平台搭建多以实力较为薄弱的民营企业主导，尚未形成具有代表性的农村电商平台，多以传统电商平台为底层架构，未能真正适应"三农"实际需求。政府政策导向围绕入驻平台、开展培训、装修门店等，导致各地开展农村电商工作模式雷同，无明显差异，缺乏创新。技术研发支持投入较少，导致开展自主创新研发农村电商平台、挖掘发展新模式工作困难重重，无法形成核心竞争力。

(五) 领头羊少，独角兽团队待挖掘

农村电商氛围营造不仅需要政府支持，更需要行业领头企业带动引导，发挥领头羊的作用，树立标杆。目前农村电商领域领头羊少，很多企业相继开展农村电商业务，但皆围绕政策导向陷入模式雷同、无实际电商业绩的局面。亟须培育 2~3 个具有成为独角兽企业的农村电商领头羊队伍，从实际出发，培养专业运营团队，增强研发创新能力，树立行业标杆，带动行业发展。

三、新时代农村电商治理对策：机制、模式、路径

（一）治理机制：明确管理主体，划清职能分工

农村电商政策实施统一归口供销社管理。全国"互联网+"现代农业工作会议上明确强调，要重视发挥供销社在农村互联网发展中的特殊作用，努力打造一支农村电商服务的中坚力量。供销社具有行政与合作经济双重属性，能够有效兼顾农村电商为农服务的公益性职能。近两年，国家出台的一系列促进农村电商发展的文件中，都对供销合作社提出了明确要求，强调鼓励和支持供销合作社建设涉农电商平台，将具备条件的供销社基层经营服务网点改造成农村电商服务站，推动建立覆盖县、乡、村的电子商务运营网络。

（二）治理模式：完善扶持机制，变补贴为股权

将农村电商相关的财政补贴资金转变为"委托股权投资+委托贷款"模式，按照《公司法》及现代公司治理结构，大力支持混合所有制企业发展农村电商，大力推广 4∶3∶3 股权结构，即国有资本 40%，社会资本 30%，执行管理层 30% 的治理模式，国有股东不直接参与经营，完全按照市场规则经营，充分发挥财政资金的引导作用，调动社会资本参与积极性，保障执行团队持续凝聚力。

（三）路径选择：调整引导方向，重研发促创新

调整政府政策支持引导方向，从以电商培训、网点装修、电商基地建设等政策导向重研发、鼓励技术创新转变。严格制定政策扶持资金标准，考评指标加大企业研发投入、技术专利、团队结构、人才学历等比重，筛选重研发企业，促进本地企业创新能力。执行独角兽、领头羊计划，重点在生鲜电商、农资电商、乡村配送、农产品冷链加工、县域新零售等领域遴选具有原创性、创新能力、研发能力、市场运营能力，具有成为农村电商独角兽的项目团队，对其团队带头人给予大力、持续支持。

四、结束语

新时代发展农村电商应该坚持"盘活资源、吸引人才、抓住税收、留住资金"的原则顶层设计、统筹规划农村电商建设，即用农村电商真正盘活"好山、好水、好空气"的农村优质生态资源，出台政策吸引大量优秀电商人才投身农村电商，培养独角兽农村电商企业，抓住税收并把农村电商交易沉淀的海量资金留在"三农"领域和地区。我国农村电商发展存在的乱象亟待解决，抓住新时代发展机遇，改善农村电商发展环境，构建一二三产业交叉

融合的现代农村电商产业化服务体系，形成城乡一体化的农村发展新格局，促进农业增效、农民增收和农村繁荣。

■ 参考文献

[1] 中国国际电子商务中心研究院. 中国农村电子商务发展报告（2016—2017）[R]. 2017（10）.

[2] 王英. 基于农民专业合作社的农产品供应链运作模式分析 [J]. 农业经济，2018（4）.

[3] 黎明，杨庆华. 农村电商的发展现状及策略研究 [J]. 现代农村科技，2017（4）.

[4] CNNIC. 中国互联网络发展状况统计报告 [R]. 2018（1）.

（原文出处：《农业经济》，2019 年第 6 期）

21世纪以来中国城乡福祉差距的时空分异与政策研究

/金恩焘 郑克强 王圣云 姜 婧/

【摘 要】 努力缩小城乡区域福祉差距,是全面建成小康社会的重要任务。基于城乡比值指标构建我国城乡福祉差距测评指标体系,应用基尼系数、泰尔指数及因子分析等方法对2000—2017年中国城乡福祉差距的演变态势、不平衡特征及影响因素研究发现:2000—2017年,我国及四大区域城乡居民的福祉差距整体上逐步缩小,尤其在2003—2014年城乡福祉差距明显降低。我国城乡福祉差距的区域不平衡主要表现为区域间城乡福祉差距的差异扩大。东部地区城乡福祉差距的省际差异最大,东北部地区最小。中西部地区城乡福祉差距的省际差异整体趋于缩小。并从我国施政重点的角度,采取质性分析的方法阐释测评结果:认为我国城乡福祉差距持续改善源于国家坚持全面、连续、科学、系统的共同富裕政策体系。

【关键词】 城乡差距;福祉;区域差异;施政体系;质性分析

一、问题的提出

改革开放以来,我国经济社会发展取得了巨大成就,人民生活水平得到很大提升,但也造成了城乡福祉水平差距的扩大。当前,我国正处于全面小康社会建设的关键时期,也处于加快乡村振兴的重要战略时期,但整体来看,我国城乡及区域的福祉水平差距依然突出,尤其是城乡差距和区域差距叠加,城乡福祉水平发展不平衡问题成为影响我国全面建设小康社会的不和谐因素和最大难题,因此受到各界广泛关注。

实质上,促进城乡福祉均衡是统筹城乡协调发展的最终目标和宗旨,全面建设小康社会需以人民福祉为根本出发点和落脚点,着眼于民生福祉公平,使之惠及全国城乡区域。显然,促进城乡统筹不是单纯缩小城乡GDP指标的差距,不是经济指标的均等化,而是使生活在不同地区的城乡居民享有大体均等的生活水平(洪银兴,2008)。主流经济学通常认为收入和消费能较好反映个人效用,因而以收入和消费为基础的福祉评估是福利主义进行福祉测评的主流范式（阿马蒂亚·森，2002）。尤其是对于欠发达国家或地区而言，收入是居民获取福祉最有效的手段，收入无疑是福祉的重要组分。福祉与消费水平有关，促进和提高消费是提升福祉水平的有效手段（迈克尔·谢若登，2007）。福祉是一个反映人的良好生活状态的多维度概念，除包括收入和消费外，还包括居住条件等与居民生活状态有关的重要组分。就我国目前的城乡差距来看，除了收入差距外，最为突出的是消费差距及居住条件差距。

促进城乡区域均衡发展是我国区域协调发展的重要目标，努力缩小城乡区域基本公共服务差距，实现基本公共服务均等化，是全面建成小康社会的重要任务。中国不同地区的发展基础、发展战略、发展政策以及体制机制等方面均存在较大差异，各地区城乡福祉差距的特征和态势也有所不同。因此，正确衡量我国城乡福祉差距及其区域差异和施政分析，不仅有助于从福祉视角分析中国的城乡差距态势，而且可以揭示出我国城乡基本公共服务差距的区域差异状况，这是协调我国城乡关系、缩小城乡差距的基础，也是各地区选择城乡协调发展模式和制定城乡协调发展对策的前提。

二、已有文献回顾与评述

目前，关于城乡差异方面的研究文献很多，大量研究集中在城乡一体化测度方面以及城乡收入差距的影响因素研究等方面。一些研究从城乡一体化测度视角揭示城乡差距问题。段娟、文余源、鲁奇（2006）对中国省域1995—2004年的城乡互动发展水平进行了综合评价，并采用泰尔指数法对中国城乡互动发展水平的区域差异进行了分析，分析了中国城乡互动发展水平的地区差异及其变动趋势。研究得出，1995—2004年中国城乡互动发展总体水平不高，城乡互动发展水平的区域差异及其变动特征明显，地区间差异仍是中国城乡互动发展水平差异的突出问题。陈国生、向泽映、陈春泉（2009）通过构建城乡一体化发展指数评估指标体系，基于因子分析分析了湖南省的城乡一体化水平，认为湖南省地级市之间存在明显的城乡一体化水平差异。周江燕、白永秀（2014）构建了包含35个基础指标的城乡发展一体化指数，采用两步全局主成分分析法对2000—2011年中国城乡一体化水平演变及其地区差异进行了分析。结果表明，21世纪以来中国城乡发展一体化指数均不断提高，城乡发展一体化水平差异较大，但呈收敛趋势，中国城乡发展一体化水平差异的主要体现为西部地区与东部地区内部差异较大。

在城乡收入差距的影响因素研究方面，成果众多，但研究观点存在不少争议。郭兴方（2004）从城乡人均消费和储蓄的角度，对城乡收入差距进行了动态分析，认为固有的产业结构和资产使我国城乡差距越来越大。田新民、王少国、杨永恒（2009）认为城乡收入差距并不单由工业化速度决定，城乡收入差距还取决于农村剩余劳动力向城市迁移的壁垒因素以及城市公共建设投资因素。张文、李昌文、徐小琴（2015）分析了城乡收入差距的影响因素，认为提高第一、第三产业劳动生产率能显著缩小城乡收入差距。王小鲁、樊纲（2005）通过计量模型检验库兹涅茨曲线证明收入差距继续上升，发现经济增长因素、收入再分配和社会保障、公共产品和基础设施以及制度因素对收入差距有重要影响。贺建风、黄钦炼（2011）指出，我国城市化不断推进，技术进步程度日益提高，但城乡收入差距依旧有突出的矛盾。然后基于向量自回归（VAR）模型，利用 Granger 因果检验和脉冲响应函数，从城市化和技术进步方面揭示了城乡收入差距变化的影响因素，发现城市化和技术进步对城乡收入差距的长期冲击效应均为正。曾鹏、吴功亮、张晓君（2016）采用计量软件对中国 23 大城市群数据进行了实证检验，从城市群视角分析了城市化和技术进步因素对城乡收入差距的影响，研究发现，就中国城市群而言，技术进步会扩大城乡收入差距，城市化缩小城乡收入差距。董春、张红历（2018）采用局部回归模型，从时空异质性角度分析了城镇化、工业化对城乡收入差距的影响。研究发现，四川省城镇化、工业化对城乡收入差距均产生显著影响。王雪霁（2013）认为城市化与城乡收入差距扩大之间存在某种联系，从城市化对就业结构、总需求、收入结构和人口结构的影响等方面构建了城市化对城乡收入差距的作用机制理论框架和枷锁，利用我国 1978—2010 年的时间序列数据，分析了城市化对城乡收入差距的影响。程开明、李金昌（2007）根据 1978—2004 年的时序数据，从动态分析的视角探究了城市偏向、城市化对城乡收入差距的作用机制。结果发现，城市化与城市偏向对城乡差距扩大产生正向冲击。城乡收入差距是城市化水平上升的原因，对城市化产生负向冲击。姜扬（2018）运用中国 2003—2013 年的省级面板数据，实证检验了民生性财政支出对城乡收入差距的门槛效应。研究发现，当城镇化水平在 39.3%~53.3%时，民生性财政支出增加会拉大城乡收入差距；当城镇化水平超过 53.3%时，民生性财政支出的增加则会有效缩小城乡收入差距。孙文杰（2008）分析了地方政府财政支出结构对城乡差距的影响。研究认为，地方政府在支农支出、教育和医疗等公共产品上的财政支出存在明显的城乡差异，形成城乡收入差距的重要原因是现有财政体制的城市倾向造成农村公共产品投入不足，农民较多负担了本应由地方政府承担的公共产品支出。陈工、何鹏飞（2016）利用中国 27 个省 2007—2012 年省级面板数据构建动态面板模型，分析了民生财政支出分权因素对中国城乡收入差距的影响。研究发现，医疗卫生、社会保障的财政分权可以缩小城乡收入差距，而教育财政分权反而扩大城乡收入差距。刘飞、王欣亮、白永秀（2018）构建多重面板门槛模型，揭示了城乡社会保障差异对城乡居民消费差距的影响。研究发现，全国的城乡社会保障扭曲与居民消费差距间呈倒"U"型关系。城乡收入和财富差异约束社会保障扭曲对消费差距的影响作用，优化城乡社会保障支出对平衡城乡消费差距具有效用。

此外，随着我国基本公共服务均等化战略的不断推进，出现了一些城乡公共服务或生活水平差异的研究成果。城乡公共服务具备社会空间属性，我国存在城乡公共服务的社会空间分异现象（罗敏、祝小宁 2010）。马晓冬、沈正平、宋潇君（2014）分析了江苏省城乡公共服务发展差距及其障碍因素。认为江苏省城乡公共服务发展水平的区域分部明显。基础教育服务城乡差距明显，医疗卫生服务乡村远落后于城市，生态环境服务城乡差距相对较小，基础设施服务城乡差距位居中。城乡基础教育和医疗卫生等服务领域发展水平差距是影响多数省辖市城乡公共服务协调发展的最大障碍因素。还有一些研究关注了城乡贫困或幸福感差异。张伟进、方振瑞、黄敬翔（2015）基于经济周期视角分析了城乡居民生活水平差距及其变化，认为城乡生活水平周期性差距在 2002—2004 年间扩大及 2011 年之后减缓。王朝明、姚毅（2010）基于中国"营养与健康调查" 1990—2005 年家庭微观调查数据，采用贫困指标束和转移矩阵的方法，分析了中国城乡贫困动态演化特征。研究显示，中国城乡贫困整体不断上升，城乡总体脱贫返贫概率变动趋势较为一致，都呈现明显的状态依赖特征。高艳云（2012）认为仅用收入或消费来衡量贫困的方法只能提供单一信息，从多维角度则能够较全面地认识贫困。利用 CHNS 数据库，对中国城乡多维贫困进行了测度及分解，认为总体上城乡贫困程度有所减轻，农村贫困比城市严重。罗楚亮（2006）对城乡之间以及城镇失业与就业居民之间的主观幸福感差异进行了比较分析，发现农村居民的主观幸福感高于城镇居民主要是由于预期的满足程度、收入变化、对生活状态改善的评价等差异所引起的；城镇失业与就业居民的主观幸福感差异则主要是由收入效应导致的。吕洁华、刘飞、夏彩云（2015）基于哈尔滨、郑州、南昌的城乡居民调查数据，通过因子分析、结构方程模型对城乡居民生活幸福感差异进行了比较研究，发现社会环境因子与工作情况因子、身体健康因子与个人发展因子之间相关程度较大。

综观已有研究可知：其一，在城乡福祉差距方面的测度研究较少，尤其是探究中国城乡福祉差距区域差异演变与影响因素的研究更不多见；其二，相关研究多采用已有的微观调查数据，较少进行宏观视角的区域比较分析，且城乡差距的维度或指标选取较少，不能反映多方面的城乡福祉维度；其三，已有影响因素分析着眼于对城乡收入差距的分析，缺少对城乡福祉差距的分析。为此，本文首先应用城乡比值指标构建我国城乡福祉差距测评指标体系，实证分析 2000—2017 年中国城乡福祉差距的演变态势和空间格局；应用基尼系数和泰尔指数分解等方法分析中国城乡福祉差距的空间不平衡状况；最后采取质性研究方法，对我国 2000—2017 年施政重点进行分析，归纳中国城乡福祉差距变化的施政重点及政策体系。

三、研究方法和数据说明

（一）中国城乡福祉差距测度指标体系构建

基于城乡收入差距、消费差距和住房差距，选取城乡居民收入比、城乡居民家庭恩格尔系数比、城乡居民家庭人均消费水平比、城乡居民交通通信支出比、城乡居民家庭设备及用品支出比、城乡居民文教娱乐支出比、城乡居民医疗保健支出比、城乡厕所普及率之比 8 项指标构建我国城乡福祉差距指数。其中，城乡居民收入比反映收入维度的福祉差距；选取城乡居民家庭恩格尔系数比、城乡居民家庭人均消费水平比、城乡居民交通通信支出比、城乡居民家庭设备及用品支出比、城乡居民文教娱乐支出比、城乡居民医疗保健支出比等指标反映消费维度的福祉差距；考虑到城乡人均居住面积指标并不能反映我国居民的真实居住福祉水平，因此选用城乡厕所普及率之比指标，该指标越大，说明城乡居住福祉差距越大。

（二）AHP-Entropy 组合赋权法和城乡福祉差距测评模型构建

层次分析法（AHP）确定权重的方法是一种主观权重确定方法。在专家咨询基础上构造判断矩阵，应用 AHP 方法计算得到指标 j 的主观权重 w_a。熵值法（Entropy）是一种依据各项指标信息量的大小来确定指标权重的方法，是一种客观权重判定方法，计算过程如下：

首先对原始数据进行标准化处理。设有 n 个待评价的省区，m 个评价指标，x_{ij} 为第 i 个省区的第 j 评价指标的观测值，z_{ij} 为标准化后的指标值。数据标准化方法如下：

$$z_{ij} = \frac{x_{ij} - \min(x_{ij})}{\max(x_{ij}) - \min(x_{ij})} (正向指标) \quad (1)$$

$$z_{ij} = \frac{\max(x_{ij}) - x_{ij}}{\max(x_{ij}) - \min(x_{ij})} (负向指标)$$

再计算第 j 项指标标准化数据的历年均值，T 为末期，t_0 为初期：

$$Z_{jt} = \frac{\sum_{t=t_0}^{T} z_{ij}}{T - t_0} \quad (2)$$

然后计算指标的熵值：

$$e_j = -k \sum_{i=1}^{n} Z_{ij} ln Z_{ij} \quad (3)$$

$$k = \frac{1}{ln(n)} \quad (4)$$

接着计算第 j 项指标的差异系数：

$$g_j = 1 - e_j \quad (5)$$

归一化得到指标 j 的熵权：

$$w_e = \frac{g_j}{\sum_{j=1}^{m} g_j} \quad (6)$$

考虑到主、客观赋权法的优缺点，组合应用 AHP 和 Entropy 确定指标权重。根据参考文献，计算指标 j 的组合权重（见表1）：

$$w = \frac{1}{2}(w_a + w_e) \quad (7)$$

最后计算城乡福祉差距指数：

$$y_i = \sum_{j=1}^{m} w z_{ij} \quad (8)$$

表 1 指标权重

	主观权重（AHP）	客观权重（Entropy）	组合权重
城乡居民收入比	0.1872	0.1444	0.1658
城乡居民家庭恩格尔系数比	0.0998	0.0321	0.0660
城乡居民家庭人均消费水平比	0.2087	0.1149	0.1618
城乡居民交通通信支出比	0.0893	0.1843	0.1368
城乡居民家庭设备及用品支出比	0.0505	0.0655	0.0580
城乡居民文教娱乐支出比	0.0856	0.2893	0.1875
城乡居民医疗保健支出比	0.1853	0.0856	0.1355
城乡厕所普及率之比	0.0936	0.0838	0.0887

（三）空间基尼系数、人口加权变异系数和泰尔指数分解方法

采用基尼平均差方法计算基尼系数，考虑不同地区人口权重，基尼系数计算公式为：

$$\text{Gini} = \left[\sum_{i=1}^{n}\sum_{j=1}^{n}|c_i-c_j|p_ip_j\right]/2\mu \tag{9}$$

泰尔指数（Theil）：

$$\text{Theil} = \sum_{i=1}^{n}p_i(c_i/\mu)lg[(c_i/\mu)] \tag{10}$$

其中，Gini 是城乡福祉差距指数的空间基尼系数，CV 是城乡福祉差距指数的人口加权变异系数，Theil 是城乡福祉差距指数的泰尔指数。c_i 是 i 地区的城乡福祉差距指数，p_i 是 i 地区人口占全国人口比重，μ 是人口加权的平均城乡福祉差距指数。

泰尔指数具有空间可分解性，总体区域差异可分解成不同空间尺度的内部差异和外部差异。据此，中国城乡福祉差距的区域差异可划分为东部、中部、西部、东北四大区域之间的差距和区域内部的差距。泰尔指数分解计算公式如下：

$$\text{Theil} = T_{inter} + \sum\left(\frac{C_i}{C}\right)T_{i(intra)} \tag{11}$$

$$T_{(inter)} = \sum(C_i/C)lg[(C_i/C)/(X_i/X)] \tag{12}$$

$$T_{i(intra)} = \sum (c_j/C_i) \, lg \, [(c_j/C_i)/(x_j/X_i)] \qquad (13)$$

其中，C 表示全国城乡福祉差距总量，X 表示全国人口总量。C_i 表示 i 区域的城乡福祉差距总量，X_i 表示 i 区域的人口总量，$C_i = \sum c_j$，$X_i = \sum x_j$，$j \in i$，$i = 1,2,3,4$，j 表示属于 i 区域 j 省（区）。其中，全国城乡福祉差距总量等于各省城乡福祉差距指数乘以各省人口总量的加总，区域的算法同理。$T_{(inter)}$ 表示四大区域之间的差异，$T_{i(intra)}$ 表示区域内部差距。

四、结果分析

（一）中国城乡福祉差距的省区格局演变：2000—2017 年

从表2可以看出：从全国省域层面来看，30 个省（自治区、直辖市）的城乡福祉差距在 2000—2017 年均有缩小，但差异明显，增速排前两名的省（市）有贵州、天津。2017 年各省（自治区、直辖市）城乡福祉差距相较于 2000 年均有明显的缩小，其中天津城乡福祉差距最小为 0.069，即天津的城乡福祉最为均衡，而新疆是 2017 年城乡福祉差距最大的，得分为 0.228，但其差距仍然缩小了 54.65%。上海市 2017 年的城乡福祉差距指数为 0.079，排第 27 名，说明其城乡福祉均衡程度在全国范围排名前三，但其缩小幅度小，仅缩小 35.12%。江西城乡福祉差距指数从 2000 年的 0.188 降低到 2013 年的 0.113，虽然城乡福祉差距略有缩小，其城乡福祉差距缩小速度跟不上其他省份，其排名从第 25 名到 2017 年的第 19 名。

我国城乡福祉差距降幅较大的省（自治区、直辖市）有贵州、天津、四川、湖北、云南、重庆、黑龙江、广东等，其中贵州省从 2000 年的 0.769 降低到 2017 年的 0.204，降低了两倍之多，虽然贵州省在 2000—2017 年城乡福祉差距排名一直处于前 4 位，但其城乡福祉差距下降最快，降速了 73.51%，城乡均衡方面取得明显成效。天津城乡福祉差距从 2000 年的 0.255 降为 2017 年的 0.069，城乡福祉差距全国最小，且降幅为 73.00%，仅低于贵州，由此可知，天津的城乡福祉最为均衡；北京在 2000—2017 年城乡福祉差距得分一直较低，表明北京在 2000—2017 年城乡福祉差距一直处于较为均衡的状态，2017 年的城乡福祉差距为 0.071，仅次于天津；四川、云南和湖北省降幅都超过 70%，城乡统筹均取得可喜成绩；此外，宁夏、青海、重庆的城乡福祉差距尽管依然较大，但降幅明显，分析表明宁夏、青海、重庆等省（自治区、直辖市）城乡一体化发展富有成效。

表2 中国各省（自治区、直辖市）城乡福祉差距指数及其排名变化：2000—2017年

地区	2000年	排名	2005年	排名	2010年	排名	2017年	排名	2000—2017年增长率
北京	0.175	27	0.159	29	0.116	29	0.071	29	−59.66
天津	0.255	19	0.291	16	0.304	13	0.069	30	−73.00
河北	0.327	12	0.303	14	0.233	23	0.115	16	−64.65
山西	0.395	8	0.363	8	0.265	17	0.170	6	−57.00
内蒙古	0.227	22	0.290	17	0.329	8	0.123	14	−45.56
辽宁	0.203	24	0.186	27	0.236	21	0.101	22	−50.12
吉林	0.228	21	0.254	21	0.217	25	0.100	23	−56.39
黑龙江	0.226	23	0.198	25	0.134	28	0.073	28	−67.57
上海	0.122	30	0.110	30	0.101	30	0.079	27	−35.12
江苏	0.155	29	0.196	26	0.152	26	0.091	24	−41.10
浙江	0.169	28	0.166	28	0.146	27	0.083	25	−50.68
安徽	0.326	13	0.254	20	0.284	15	0.115	17	−64.62
福建	0.188	26	0.239	22	0.263	19	0.110	20	−41.54
江西	0.188	25	0.216	24	0.261	20	0.113	19	−39.94
山东	0.252	20	0.230	23	0.232	24	0.130	13	−48.33
河南	0.305	17	0.357	9	0.297	14	0.118	15	−61.28
湖北	0.273	18	0.271	19	0.263	18	0.080	26	−70.71
湖南	0.323	15	0.308	13	0.312	12	0.138	11	−57.32
广东	0.326	14	0.278	18	0.235	22	0.106	21	−67.53
广西	0.374	10	0.369	7	0.468	2	0.114	18	−69.64
海南	0.308	16	0.296	15	0.330	7	0.142	9	−53.76
重庆	0.480	5	0.518	3	0.436	3	0.145	8	−69.73
四川	0.467	6	0.353	11	0.352	6	0.136	12	−70.85
贵州	0.769	1	0.569	1	0.488	1	0.204	4	−73.51
云南	0.691	2	0.561	2	0.408	4	0.205	3	−70.40
陕西	0.388	9	0.395	6	0.317	11	0.170	7	−56.23
甘肃	0.452	7	0.416	5	0.404	5	0.218	2	−51.85
青海	0.499	4	0.450	4	0.278	16	0.184	5	−63.20
宁夏	0.361	11	0.346	12	0.321	10	0.140	10	−61.14
新疆	0.502	3	0.353	10	0.328	9	0.228	1	−54.65

从图1可以看出，城乡福祉差距指数得分以0.150、0.400、0.600为界，可将2000—2017年我国城乡福祉差距分为较为均衡、差距较小、差距较大、差距很大四级梯队。其中，2000年我国城乡福祉差距共有四级梯队类型，2005、2010年我国城乡福祉差距有三级梯队类型，2017年我国城乡福祉差距只有两级梯队类型。具体来看，2000年，云南和贵州的城乡福祉差距很大，得分在0.600以上，处于"第四梯队"；西部的新疆、青海、甘肃、四川、重庆、宁夏城乡福祉差距较大，得分介于0.400与0.600之间，属于"第三梯队"；上海的城乡福祉较为均衡，得分低于0.100，属于"第一梯队"；其余省（自治区、直辖市）城乡福祉差距较小，均介于0.151~0.400之间，属于"第二梯队"。2005年，云南和贵州均从第四梯队进入第三梯队，贵州的城乡福祉差距指数由2000年的0.769降为2005年的0.569，云南的城乡福祉差距指数由2000年的0.691降为2005年的0.561；新疆、四川从第三梯队进入第二梯队，上述四省（自治区、直辖市）城乡福祉差距明显缩小。上海的城乡福祉差距进一步缩小，仍属于第一梯队；其他省（自治区、直辖市）都属于第二梯队。2010年，我国城乡福祉差距整体上进一步缩小，空间分布更趋均衡。青海由第三梯队成为第二梯队，北京、浙江、黑龙江开始进入第一梯队，但广西由第二梯队进入了第三梯队。2017年，所有省（自治区、直辖市）的城乡福祉差距类型只有两种；除新疆、甘肃、青海、山西、陕西、云南、贵州外的省（自治区、直辖市）都跃入第一梯队。甘肃、云南、贵州从第三梯队进入第二梯队，四川省从第二梯队进入第一梯队，重庆则是由第三梯队直接跃升至第一梯队，广西城乡福祉差距缩小，又变为第二梯队；2017年城乡福祉差距分值来看，我国大部分省（自治区、直辖市）城乡福祉较为均衡，进入第一梯队；而云南、贵州等省的城乡福祉差距较大。由此可知，我国西部欠发达地区的城乡福祉差距较大，但可以看出逐年都有明显改善。

（二）中国城乡福祉差距的四大区域格局演变：2000—2017年

根据省区平均值近似衡量我国四大区域城乡福祉差距的整体状况，从图2可以看出，2000—2017年我国及四大区域城乡福祉差距的演变过程大致分为三个阶段：2000—2002年我国城乡福祉差距不断扩大，2003—2014年我国城乡福祉差距在波动中明显缩小，2014—2017年我国城乡福祉差距平缓缩小。

整体来看，我国及四大区域城乡福祉差距呈递减态势，民生领域的城乡一体化取得了明显成效。我国城乡福祉差距指数从2000年的0.332降低为2017年的0.129；东部地区我国城乡福祉差距指数从2000年的0.228降低为

2017 年的 0.091；东北地区从 2000 年的 0.219 降低为 2017 年的 0.099；中部地区从 2000 年的 0.302 降低为 2017 年的 0.122；西部地区从 2000 年的 0.473 降为 2017 年的 0.170。此外，西部地区的城乡福祉差距最大，中部地区次之；东部地区城乡福祉差距最小，东北地区次之。从图 2 可知，西部地区的城乡福祉差距水平明显高于我国城乡福祉差距的平均水平，而中部地区的城乡福祉差距水平与全国相接近。由此表明，我国中西部地区，尤其是西部地区城乡福祉差距仍然较大，尽管我国城乡福祉差距整体上逐步缩小，但我国城乡福祉差距的区域不平衡问题仍然突出。

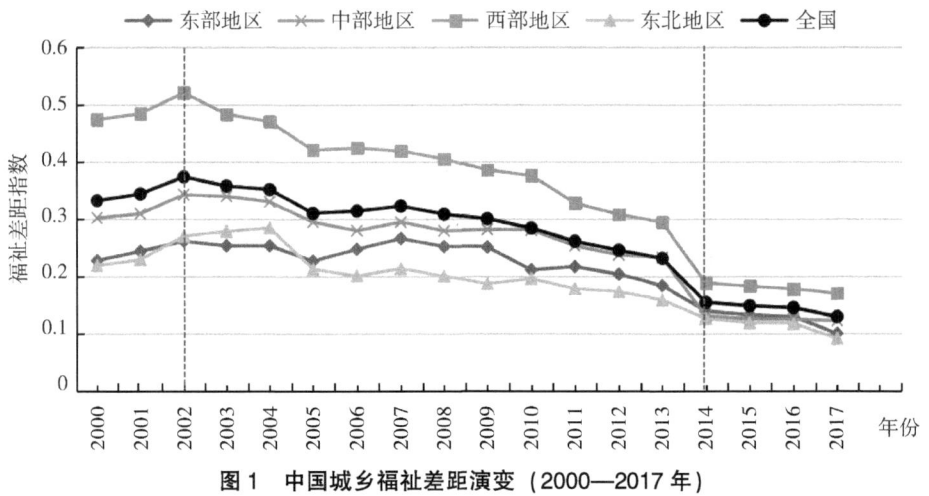

图 1　中国城乡福祉差距演变（2000—2017 年）

（三）中国城乡福祉差距的空间不平衡分析：2000—2017 年

从表 3 来看，2000—2017 年基尼系数和 Theil 指数整体上都经历了一个平稳降低的过程，表明中国城乡福祉差距的省际差异呈现出逐年缩小的态势，且空间格局变化小而稳定。

再从 Theil 指数分解结果来看，我国城乡福祉差距的空间不平衡在 2000—2006 年主要来源于区域间的差异，而在 2006 年之后四大区域间的差异越来越小，区域间的差异对全国城乡福祉差距的差异的贡献率也逐步下降，相对而言，四大区域内部的差异贡献率呈上升的趋势，2007—2017 年我国城乡福祉差距的空间差异主要原因转变为区域内部的不平衡问题。

表 3 中国城乡福祉差距的空间不平衡演进：2000—2017 年

	Gini 全国	Theil 全国	Theil 区域内	Theil 区域间	区域内贡献率	区域间贡献率
2000 年	0.2520	0.0365	0.0149	0.0216	40.75%	59.25%
2001 年	0.2428	0.0340	0.0123	0.0217	36.24%	63.76%
2002 年	0.2355	0.0324	0.0130	0.0194	40.17%	59.83%
2003 年	0.2118	0.0264	0.0109	0.0155	41.22%	58.78%
2004 年	0.2087	0.0247	0.0109	0.0139	43.90%	56.10%
2005 年	0.2086	0.0239	0.0091	0.0149	37.88%	62.12%
2006 年	0.2125	0.0260	0.0092	0.0169	35.20%	64.80%
2007 年	0.2006	0.0249	0.0152	0.0097	61.05%	38.95%
2008 年	0.1952	0.0237	0.0153	0.0084	64.63%	35.37%
2009 年	0.1936	0.0238	0.0155	0.0083	65.04%	34.96%
2010 年	0.1967	0.0235	0.0072	0.0163	30.75%	69.25%
2011 年	0.1828	0.0227	0.0137	0.0089	60.55%	39.45%
2012 年	0.1890	0.0230	0.0147	0.0083	63.90%	36.10%
2013 年	0.1838	0.0222	0.0114	0.0108	51.50%	48.50%
2014 年	0.1639	0.0152	0.0093	0.0059	61.21%	38.79%
2015 年	0.1742	0.0167	0.0114	0.0053	68.18%	31.82%
2016 年	0.1733	0.0168	0.0110	0.0058	65.48%	34.52%
2017 年	0.1760	0.0164	0.0111	0.0053	67.68%	32.32%

从图 2 我国及四大区域城乡福祉差距的 Theil 指数变化来看，东北地区内部省域差异最小，中部地区次之，东部地区与西部地区内部城乡福祉差距的差异在 2000—2006 年接近，但在 2007 年开始东部地区内部差异突增，到 2013 年四大区域内部差异开始呈现趋同态势。据笔者统计，2016 年东部地区人类发展指数最高的是北京市，达到 0.912，最低的是河北省，为 0.834，两者相差 0.092。而东北地区黑龙江省、吉林省、辽宁省的人类发展指数分别为 0.830、0.843、0.848，相差很小。不仅如此，东部省份在城乡人均消费水平、城乡文化娱乐水平、城乡人均社保支出、人均公共财政支出方面的省际差异都是最大的，东北三省的差距比较小。因此，促进中国城乡福祉空间均

衡要重视各大区域内部省份的城乡福祉差异不均衡问题。

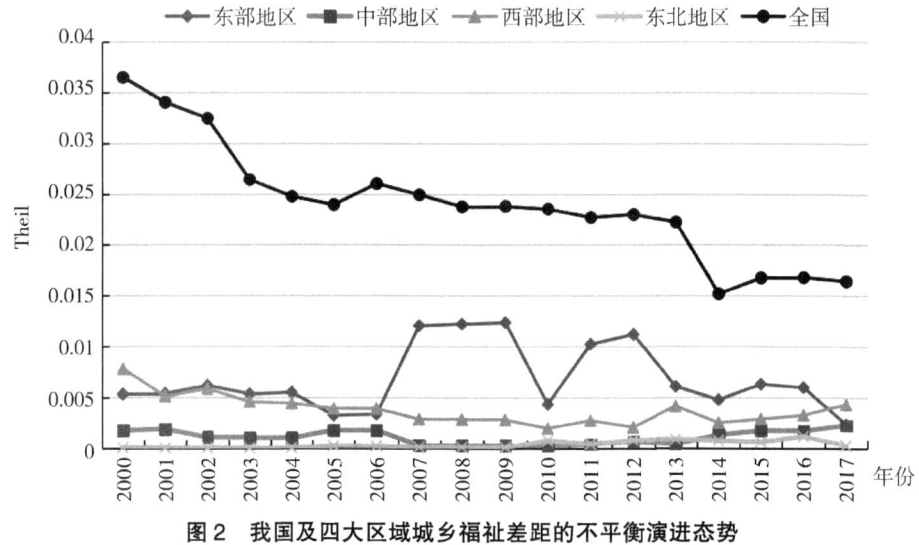

图2 我国及四大区域城乡福祉差距的不平衡演进态势

五、影响我国城乡福祉差距格局演变的重点政策分析

现有文献对城乡福祉差距的阐释视角各异，更多的是从技术层面、具体化地分析城乡福祉差距的影响因素，本文试图围绕国家长期的宏观政策，用质性分析方法，从我国重点施政的视角阐释研究结论，探寻城乡福祉差距逐步改善的重点政策体系及其内在本源。对2000—2017年国务院的政府工作报告、中发一号文件、历届党的代表大会报告等国家层面的重要政策文件，采取主轴编码、提炼主范畴的办法，构建我国城乡福祉差距格局变化的重点施政体系，主要包括城乡一体化政策体系、社会保障政策体系、区域协同发展政策体系、"三农"优先政策体系四个主范畴。

第一，长期坚持城乡一体化政策体系。在十七大期间，中央将城乡发展一体化作为解决"三农"问题的根本途径。2000年以来，我国始终坚持完善城乡居民最低生活保障制度、城乡劳动者平等就业等制度，着力在城乡规划、基础设施、公共服务等方面推进一体化，促进城乡要素平等交换和公共资源均衡配置，形成以工促农、以城带乡、工农互惠、城乡一体的新型工农、城乡关系。城乡一体化政策有利于改善四大区域内差距。第二，长期坚持完善社会保障政策体系。我国逐步形成以社会保险、社会救助、社会福利为基础，以基本养老、基本医疗、最低生活保障制度为重点，以慈善事业、商业保险为补充的较为完整的社会保障政策体系。包括城镇职工基本养老保险和城乡居民基本养老保险制度，统一的城乡居民基本医疗保险制度和大病保险制度，失业、工伤保险制度，社会救助、社会福利、慈善事业、优抚安置等制度。党的十八大后加大农村养老保险制度、新型农村合作医疗制度、城乡免费义务教育制度、保障性住房建设、全面实施全民参保计划，多主体供给、多渠道保障、租购并举的住房制度等制度建设和执行力度。社会保障政策体系有利于整体改善低水平群体福祉，整体缩小福祉差距，这与研究结论相符。第三，长期坚持区域协同发展政策。我国长期推动基本公共服务均等化、实施区域发展总体战略，包括西部开发、东北振兴、中部崛起、东部率先发展等大区域发展战略，也包括京津冀、长江经济带、粤港澳大湾区等城市群发展战略，还包括革命老区、民族地区、边疆地区、贫困地区倾斜改革发展战略。三个维度的区域协同发展政策有利于缩小区域内福祉差距，但东部区域的广东发达地区与江西革命老区的省际差距依然较大，因此要进一步加大区域内革命老区、民族地区的扶持力度。第四，长期坚持"三农"优先政策。中国政府始终坚持农业农村优先发展。从社会主义新农村建设、美丽乡村建设、特色小镇建设、脱贫攻坚战到实施乡村振兴战略；从农村税费改革试点到改革征地制度，提高农民在土地增值收益中的分配比例；从农村基本经营制度，承包地"三权"分置制度、农村集体产权制度、农村一二三产业融合发展政策到学生资助制度，使绝大多数城乡新增劳动力接受高中阶段教育、接受高等教育。从八七扶贫攻坚计划，到21世纪前十年农村扶贫开发纲要，再到精准脱贫攻坚战，十八大以来，六千多万贫困人口稳定脱贫，贫困发生率从10.2%下降到4%以下。长期坚持"三农"优先政策有利于缩小城乡间福祉差距，是中国特色社会主义制度优越性的重要体现。

质性分析上述四个主范畴，虽然无法定量阐释研究结论，但通过质性研究可知，2000年以来我国已经形成一套完整、可持续、努力缩小城乡福祉差距的政策制度体系，并呈现连续性、递进性、科学性、系统性等特征。上述四个主范畴的政策体系对我国城乡福祉差距总体水平缩小均有积极贡献。在全国统筹基础上，各省城乡一体化政策体系、社会保障政策体系实施水平和标准差异较大，因此，这两个主范畴对缩小省内城乡福祉差距格局演变贡献更大；而长期坚持区域协同发展政策体系和"三农"优先政策体系对缩小区域内省与省之间城乡福祉差距格局演变贡献更大，尤其十八大以来，全国上下持续坚持脱贫攻坚战以及系列精准扶贫政策，对缩小东西部区域之间城乡福祉差距贡献突出。

为什么我国能够形成这样长期坚持的政策体系和施政重点，究其根源，应该源于我国坚持中国特色社会主义制度所展现的优势，源于不断追求共同富裕的社会发展目标，尤其是党的十八大以来，我国进入以习近平新时代中国特色社会主义思想为指导，为决胜全面建成小康社会、夺取新时代中国特色社会主义伟大胜利，为把我国建设成为富强民主文明和谐美丽的社会主义现代化强国、实现中华民族伟大复兴的中国梦的新的发展阶段，进一步加快缩小区域间、区域内的城乡福祉差距将是新时代的必然要求。

六、主要结论与政策启示

（一）研究结论

2000—2017年，我国四大区域城乡福祉差距整体缩小，尤其在2003—2014年我国城乡福祉差距缩小趋势更为明显。尽管城乡福祉差距整体上在逐步缩小，但我国城乡福祉差距存在的区域不平衡特征较为突出，东部地区城乡福祉差距最小，西部地区城乡福祉差距最大。我国城乡福祉差距的区域不平衡特征主要表现为我国四大区域之间城乡福祉差距的扩大趋势，但四大区域内部的城乡福祉差距趋于缩小。可以看出，21世纪以来我国城乡福祉均衡取得了明显成效，但西部地区城乡福祉差距仍旧有待进一步缩小。

中国城乡福祉差距指数的省际空间差异表明中国城乡福祉差距的省际差异呈现出逐年缩小的态势，且空间格局变化小而稳定。我国城乡福祉差距的空间不平衡在2000—2006年主要源自区域间的差异，2007—2017年我国城乡福祉差距的空间差异主要原因转变为区域内部的不平衡问题。中国城乡福祉差距呈现出明显的区域差异，尽管东部地区城乡福祉差距最小，但东部发达省际城乡福祉差距相对较大。

分析发现，2017年和2000年相比，经济增长、城镇化水平、社会保障经费投入、公共教育经费投入、公共卫生经费投入等因素对我国城乡福祉差距的影响更加显著。尤其是经济增长、城镇化水平和科技投入对缩小我国城乡福祉差距的影响明显增强且至关重要。人均社会保障投入在2000年缩小了我国城乡福祉差距，在2017年对缩小我国城乡福祉差距的影响更加显著。

源于坚持中国特色社会主义制度所展现的优势，源于不断追求共同富裕的社会发展目标，我国长期坚持的城乡一体化政策体系、社会保障政策体系、区域协同发展政策体系、"三农"优先政策体系等社会均等化发展政策，对缩小区域间、省际、省内的城乡福祉差距具有系统性、持续性的积极影响。在进入习近平新时代中国特色社会主义发展阶段，全面、深度、精准脱贫攻坚，全面实施乡村振兴战略、全面打赢环保攻坚战等重大政策实施后，我国城乡福祉差距缩小趋势将更加明显。

(二) 政策启示

第一，出台区域协调发展政策要将缩小西部地区城乡福祉差距作为统筹我国区域城乡发展的重点任务。要进一步推进我国城乡区域基本公共服务均等化，以此促进我国四大区域之间城乡福祉均衡发展，这是全面建成小康社会进程中非常迫切的任务。第二，我国四大区域板块要实现差异化的城乡福祉均衡政策。东部地区要在继续缩小城乡福祉差距的基础上，避免东部地区省与省之间城乡福祉差距的进一步拉大。中西部地区城乡福祉差距的省际差异演变呈趋同趋势。东北三省之间的城乡福祉差距最小。为此，尤其要围绕我国城乡福祉差距的地域特征，针对我国城乡之间、区域之间福祉差距现状，增强我国城乡区域福祉均衡的协调性，推进福祉提升与福祉城乡区域差距缩小的平衡发展。第三，逐步均衡我国城乡区域之间基本公共服务水平，优先实现我国城乡生活条件趋同发展。在我国二元经济结构背景下，在短期内缩小城乡经济差距很难实现。步入新时代，要借助乡村振兴战略这一契机，消除城乡户籍分割，并着力解决城乡居民在教育、医疗条件、社会保障、文化设施等方面的差距问题，同时要加大与此相关的社会保障制度、公共财政制度、户籍制度和就业制度等改革的力度。地方公共财政资源配置决定着城乡福祉公平，因此尤其要加大城乡公共财政制度改革，进一步从更高层次推进我国城乡基本公共服务均等化。通过进一步促进乡村地区经济增长、产业结构调整和创新创业环境的培育，加大政府转移支付调整和对乡村建设的投入等，加快欠发达地区乡村经济发展，这是实现我国城乡福祉均衡协调发展的重要条件。加大公共产品投入，持续扩大人均社会保障投入，优先实现我国城乡生活条件趋同。不能忽视我国城乡福祉差距的区域差异，要因地制宜地在宏观政策层面调整和制定我国社会保障支出份额，切实发挥好社会保障投入的城乡福祉均衡效应。

■ 参考文献

[1] 阿马蒂亚·森. 以自由看待发展 [M]. 北京：中国人民大学出版社，2002.

[2] 陈国生，向泽映，陈春泉. 基于因子分析的湖南省城乡一体化发展研究 [J]. 经济地理，2009 (6).

[3] 陈工，何鹏飞. 民生财政支出分权与中国城乡收入差距 [J]. 财贸研究，2016 (2).

[4] 程开明，李金昌. 城市偏向、城市化与城乡收入差距的作用机制及动态分析

[J]. 数量经济技术经济研究, 2007 (7).

[5] 段娟, 文余源, 鲁奇. 中国城乡互动发展水平的地区差异及其变动趋势研究 [J]. 中国软科学, 2006 (9).

[6] 董春, 张红历. 四川省城镇化、工业化对城乡收入差距影响的时空异质性 [J]. 财经科学, 2018 (6).

[7] 郭兴方. 城乡收入差距的新估计——一种动态解释 [J]. 上海经济研究, 2004 (12).

[8] 高艳云. 中国城乡多维贫困的测度及比较 [J]. 统计研究, 2012 (11).

[9] 洪银兴. 城乡差距和城乡统筹发展的优先次序 [J]. 当代经济研究, 2008 (1).

[10] 贺建风, 黄钦炼. 城市化、技术进步与城乡收入差距的动态分析 [J]. 科技管理研究, 2011 (14).

[11] 姜扬. 民生性财政支出、门槛效应与城乡收入差距 [J]. 社会科学战线, 2018 (5).

[12] 罗敏, 祝小宁. 城乡公共服务的社会空间均衡研究 [J]. 社会科学研究, 2010 (4).

[13] 罗楚亮. 城乡分割、就业状况与主观幸福感差异 [J]. 经济学（季刊）, 2006 (2).

[14] 刘飞, 王欣亮, 白永秀. 城乡协调分异、社会保障扭曲与居民消费差距 [J]. 当代经济科学, 2018 (3).

[15] 迈克尔·谢若登. 资产与穷人——一项新的美国福利政策 [M]. 北京: 商务印书馆, 2007.

[16] 马晓冬, 沈正平, 宋潇君. 江苏省城乡公共服务发展差距及其障碍因素分 [J]. 人文地理, 2014 (1).

[17] 孙文杰. 地方政府财政支出结构与公共品供给机制剖析——基于城乡差异视角的实证研究 [J]. 当代财经, 2008 (1).

[18] 田新民, 王少国, 杨永恒. 城乡收入差距变动及其对经济效率的影响 [J]. 经济研究, 2009 (7).

[19] 吕洁华, 刘飞, 夏彩云. 城乡居民生活幸福感指数的对比分析 [J]. 统计与决策, 2015 (5).

[20] 王朝明, 姚毅. 中国城乡贫困动态演化的实证研究: 1990—2005 年 [J]. 数量经济技术经济研究, 2010 (3).

[21] 王雪霁. 城市化影响城乡收入差距的机制研究 [J]. 财经理论研究, 2013 (5).

[22] 王小鲁,樊纲. 中国收入差距的走势和影响因素分析 [J]. 经济研究, 2005 (10).
[23] 张文,李昌文,徐小琴. 区域城乡收入差距的主要影响因素分析——基于1985—2012 年的江西数据 [J]. 华东经济管理, 2015 (1).
[24] 张伟进,方振瑞,黄敬翔. 城乡居民生活水平差距的变化——基于经济周期视角分析 [J]. 经济学 (季刊), 2015 (1).
[25] 周江燕,白永秀. 中国城乡发展一体化水平的时序变化与地区差异分析 [J]. 中国工业经济, 2014 (2).
[26] 曾鹏,吴功亮,张晓君. 技术进步、城市化与城乡收入差距关系研究——基于中国城市群的经验分析 [J]. 华东经济管理, 2016 (2).

(原文出处:《公共行政评论》, 2019 年第 4 期)

加强江西新媒体代表人士统战工作刍议

/ 金恩焘　郑克强 /

统战工作是党的三大法宝之一，在革命和建设时期发挥了巨大作用。在新的历史时期，中国共产党肩负着中华民族伟大复兴的历史使命，面对更加开放复杂的世界环境，承担更加艰巨繁重的建设任务，统战工作的对象及工作方式需要发生相应的变化。

2015年5月18日—20日，中央统战工作会议在北京召开，这是党的十八大以来中央层面首次召开统战工作会议。习近平总书记在此次会议上发表重要讲话，将统战工作上升到国家整个发展战略上来，提出了许多新表述、新思路、新要求，成为新形势下指导统一战线事业发展的纲领性文献。

一、认真了解新的三种统战对象的基本情况

习近平在讲话中特别提到：留学人员、新媒体中的代表性人士、非公有制经济人士特别是年轻一代，这三方面人士将成为未来统战工作重点对象。我们知道，传统的统战工作对象是在中国共产党夺取全国政权过程中形成的，主要以知识分子为主的8个民主党派为代表，他们在国共斗争中产生并发挥巨大作用，今后仍将在现代化建设中继续发挥重要作用。而新的三类统战对象，与传统的统战人士产生的时代背景、立场观点、行为特征等有很大不同。与时俱进地分析新的形势、确定新的统战对象，才能有的放矢地开创统战工作新局面。

（一）留学人员

根据教育部统计，从1978—2014年年底，我国各类出国留学人员总数达351.84万人；截至2014年年底，以留学身份出国在外的留学人员有170.88万人，有74.48%的留学人员学成后选择回国发展，留学回国人员总数达180.96万人，其中100万人是过去三年回来的。根据江西省教育厅工作人员统计，1978年至今，江西省出国留学人员数总计有5万余人，学成回国人员约为3.5万人；2012年以来，江西省出国留学人数以年均20%左右的速度增

长，并有可能持续增长。

留学人员在国外接受高等教育，学习先进知识，多具有现代眼光和国际视野，他们回国参加工作、就业创业，在教育、科技、经济、文化及社会各个方面，发挥着越来越积极的作用。

（二）新媒体中的代表人士

以大数据、云计算、可穿戴智能终端为依托的新媒体时代已经到来，微博、微信、移动APP等新媒体平台及工具逐渐成为人们日常生活须臾难离的"器官"。中国目前具有世界上最大规模的新媒体用户群，截至2014年6月30日，我国网民数达到6.32亿人、手机网民数5.27亿人；社交网站用户达2.57亿人，博客和个人空间用户达4.44亿人，微博用户达2.75亿人，微信和WeChat（微信海外版）合并月活跃账户数达4.38亿个。

根据新浪、腾讯、人民网三个平台近三年数据分析，江西省新媒体发展大致排名在全国17位左右，处于中间水平；江西省公务微博发展较好，排名14位左右；公务人员个人微博发展较弱，排名22位左右。网络意见人士方面，江西省具有全国影响力的"网络大V"较少，粉丝数在10万人以上、比较关注时评政论、具有较高活跃度的新媒体代表人士大概有20位。对100名江西省新媒体人士的新浪微博、腾讯微博进行统计，截至2015年5月，粉丝总数达到1.2亿人，微博数超过74.5万条。

由于网络上有组织的、规范的、有序的发展比自媒体问世之初自主的、凌乱的、迅速的膨胀滞后一步，在自媒体中产生的代表人士常常具有较强的网络发声能力，粉丝（跟随者）众多，占据了不容忽视的"意见领袖"地位。积极引导这些人士传递正能量，有利于弘扬社会主义核心价值观，掌控舆论主动权，更好地推动社会治理模式的创新发展。

（三）非公有制经济人士特别是年轻一代

改革开放以来，非公有制经济发展迅速，至2012年，全国非公有制企业产值超过GDP总量的60%，利润总额达到1.82万亿，非公有制经济税收贡献超过50%，就业贡献超过80%。2014年，江西省非公有制经济实现经济增加值占全省GDP总量预计超过58%，上缴税收占全省税收总额超过70%，非公有制经济已然成为江西省经济的"大块头"。随着全面改革的深入发展和"中国制造2025""大众创业、万众创新"等国家战略的推进，非公有制经济必将迎来新一轮的快速成长。

非公有制经济的发展使一部分人先富起来，他们具有相对雄厚的经济实力，在保持市场活力、解决就业问题、激活创新等方面承担了一定的社会责任，其中不少人已成为我们统战工作的重要对象。现在，新一代的非公有制经济人士已经成长起来，越来越多的"富二代""富三代"正在逐步接班，开始掌握巨量的资产资源，且必然会相应提出新的政治诉求。非公有制经济人士的年轻一代理应纳入统战工作的范畴，但因其成长过程受多元价值观、世界观、人生观的影响，成为新形势下统战工作的难点。

二、增强新媒体代表人士统战工作的紧迫感

在习近平总书记提出的三类新统战对象中，新媒体代表人士是全新的统战对象。加强和改善对新媒体中代表人士的工作，争取最广泛地团结新媒体代表人士，通过他们在新媒体平台传播正能量，是统战工作新的紧迫而重要的任务。

（一）新的形势考验我们党的执政能力

改革开放40多年我们在经济发展上取得的成绩举世公认，为中国现代化事业和中国共产党长期执政奠定了雄厚的物质基础。但是，有些方面发展的不配套、不均衡、不全面所产生的问题日益突出，一方面，初次劳动分配不公、有些地区行业收入差距增大、资源环境遭到破坏及部分干部工作作风和腐败等问题，由此而引发的社会矛盾较多；另一方面，近年来互联网技术发展突飞猛进，新媒体平台和工具不断涌现，普通人的意见表达越来越便捷，使得个别案例很容易在网络上扩大为公共舆情事件，如7.23动车追尾事件、乌坎事件、郭美美与红会事件、庆安枪击事件及江西省宜黄拆迁自焚事件等，网络围观、人肉搜索、激情抨击等现象越来越普遍，有的甚至超越社会底线造谣生事，大大增加了一些问题处理的复杂性和难度。

社会矛盾凸显与互联网迅速发展两者同时出现、互为交织，对各级干部的社会治理能力提出了新的要求，传统的自上而下、一呼百应的垂直化为主管理模式，急切需要适应网络环境下向扁平化治理模式的转型过渡，但思想认识不足、实战经验不足、干部力量不足等问题，严重影响了社会治理工作的主动性、时效性，对我们党长期执政带来了严峻挑战和重大考验。

（二）寻求社会最大公约数成当务之急

新媒体的爆炸裂变式发展，使人人掌握"麦克风"，随时随地都可以发声，公众对社会治理的知情权、表达权、参与权、监督权有了更高的要求，国内舆论场格局因此发生了重大变化：在传统舆论场艰难前行的同时，新媒体舆论场迅速扩大。由于新媒体具有碎片化、隐蔽性、跨时空、即时性等网络特征，与传统媒体居高临下、口径一致等宣传特征格格不入，致使两个舆

论场相对隔离，甚至互相对立。同时我们还需要看到，受国际国内复杂的政治背景影响，新媒体舆论场内出现了一些极左和极右的所谓"意见领袖"，他们人数虽少但能量不小，从极端的情感和认识角度出发，曲解党的方针政策，忽悠许多盲从的网民，将价值判断的对立演化为社会族群的撕裂，后果非常严重。

及时沟通与正确处理不同舆论场及舆论场内部对立的新情况、新问题，关键要按照习近平总书记强调指出的那样：找到全社会意愿和要求的最大公约数是人民民主的真谛。比如实现中华民族伟大复兴的"中国梦"、坚持社会主义核心价值观、依法治国、惩治腐败、保护环境等能够为最广大的民众所共同接受的理念，并努力使之成为网络上的主流话语。"共识度"越广，社会和谐度越强，这是寻求社会"纳什均衡"的必要前提，也是网络环境下统战工作与宣传工作进行有机结合的必然要求。

(三)"网络统战"意识与工作亟待加强

将留学人员、新媒体中的代表人士、年轻一代的非公有制经济人士纳入新的统战工作对象，这是我党统战理论和工作的创新，其中尤以做好新媒体代表人士统战工作更具挑战性。从目前情况看，统战部门虽已做了大量的工作，但离中央提出的新要求还有较大差距，主要表现为：网络统战意识较弱，如有的同志不懂网甚至不上网，有的同志对运用网络做好统战工作不重视，有的同志畏惧网络或者存在一些极端的想法；网络统战经验欠缺，如对新媒体代表人士的特征、范围、影响力、价值取向等要件认识不足，有关信息掌握不清，习惯于采取"封堵删"措施，有效的统战方法不多等。

加强网络统战意识与网络统战工作，是中央赋予统战部门的一项艰巨而重要的全新任务。它要求我们创新领导方式，努力走进网络，由过去的传统思维向互联网思维转变，由传统的统战方式向现代的网络统战方式转变。通过卓有成效的工作，最大限度地团结一批拥护党的领导、能够传播正能量的新媒体代表人士，孤立社会撕裂力量，净化网络空间、凝聚社会共识，弘扬社会主义主旋律。

三、做好新媒体代表人士统战工作的几点建议

对于如何做好新媒体代表人士的统战工作，习近平总书记明确指示：建立经常性联系渠道，加强线上互动、线下沟通，让他们在净化网络空间、弘扬主旋律等方面展现正能量。据此，我们提出以下若干具体建议：

（一）确定统战工作重点对象的新媒体代表人士

新媒体代表人士大致可分为两类：一类是新媒体平台的经营者，一般可称为"新媒体从业人员"，如新媒体企业出资人（包括技术入股）、经营管理人员、技术人员等；另一类是新媒体上的内容制造者，可统称为"网络意见人士"，主要包括政务新媒体采编人员、自媒体中的"网络大V""意见领袖"等。新媒体代表人士一般具有知识层次高、思维活跃、文笔较好、粉丝众多等特点，其中党外人士占比较大，他们在维护网络安全、影响社会舆论等方面发挥着重要作用。

根据江西省的实际情况，新媒体代表人士中的网络意见人士似应列为重要的统战对象，并可细分为三个子类：

1. 扶持对象：系指江西省内已经形成一定影响力，粉丝数在10万人以上，活跃度较高的"网络大V"。这个群体身在江西、热爱江西，有较广泛的受众基础，应该团结这批代表人士，充分发挥他们的示范带动效应。

2. 培养对象：系指江西省内目前在网络上影响力一般，粉丝数在1万~10万人、有一定活跃度的新媒体人士。可以培养这个群体逐步壮大，不断提升他们的影响力，扩大江西省网络正能量的声势。

3. 动员对象：系指目前在网络上未发声或不太活跃，但有较好的知识基础、文字能力，有可能成为"网络大V"的，在现实中有较大影响力的江西学者专家。这个群体是潜在的新媒体代表人士，随着新媒体的发展，拟动员他们使用新媒体，将其已有的社会影响力进一步转化为网络影响力。

根据上述分类，应该及早启动江西省新媒体代表人士信息库建设，对有关信息进行全面、准确、及时的收集和研究，为进一步开展后续工作打好基础。

（二）推动新媒体代表人士传播正能量

从实践上看，由统战部门新建线上互动平台比较困难，难以产生参与感，可能造成建而不用的问题。应该充分利用现有的QQ、短信、微博、微信等平台开展相关工作。一是有计划地扶持、培养、动员一批拥护党的领导、热心江西省建设发展的"网络大V"和"意见领袖"，与他们建立密切的日常联系：传达领导指示、进行工作部署和网络讨论等；二是围绕省委、省政府提出的"发展升级、小康提速、绿色崛起、实干兴赣"战略，先易后难地设置若干中心话题，如新旅游景点的开发、环境资源的保护、中三角的互联互通等，组织新媒体代表人士实地考察，集中开展网上宣传；三是开展系列联谊活动，组织专题培训班、联系新闻采访、安排领导会见和相关评比等，帮助他们提高正面形象，使之成为引导江西省新媒体舆论的中坚力量。

应使大家在宪法和法律的范围内畅所欲言，允许新媒体代表人士运用习惯的网络语言，保持适宜的网络姿态，不随意打棍子、扣帽子、抓辫子；要尊重新媒体代表人士的网络行为特点，对他们"小骂大帮忙"的情况应予以理解和包容，防止将他们改造成"官方代言人"。通过线上互动与线下沟通的有机结合，弘扬江西省发展的正能量。

（三）构建高效的网络统战工作保障机制

做好新媒体代表人士的统战工作，面临许多新的问题，需要有针对性地加以解决。一是加强领导，拟在各级统战部门内设立相应机构，专司此职；二是选拔一批年富力强、具有较高知识水平、了解新媒体规律、熟悉新媒体代表人士的新生力量，参与江西省新媒体代表人士统战工作；三是加大有关平台建设及科研工作的资金投入。

加强新媒体代表人士的统战工作，全国基本都处于同一起跑线上，江西省有条件、有能力，也应该有信心做好党中央提出的这项新任务。只要提高认识、明确任务，把握机遇，真抓实干，就一定能够开创江西省统战工作新的局面。

（原文出处：《内部论坛》，2015年6月）

我国粮食安全与生态安全空间包容性实证研究

——以粮食主产区为例

/金恩焘 郑克强 宋 焱 罗海平/

【摘 要】 13个粮食主产区是我国重要的粮食安全和生态安全保障区,本文运用空间自相关模型对粮食主产区粮食安全和生态安全空间包容性进行了实证测算和评估。研究发现:粮食主产区生态系统服务价值和粮食产能存在显著的单变量空间聚集效应;粮食主产区粮食安全与生态安全地位存在较大的空间偏离;粮食产量、粮食单产与生态系统服务价值存在较为显著的空间负相关。研究者认为,我国粮食主产区粮食安全与生态安全包容性较为脆弱,粮食安全保障存在生态支撑隐患。受生态资源约束,粮食安全保障主体正呈现由北向南的空间迁移态势。

【关键词】 粮食产能;生态系统服务价值;空间自相关

"确保国家粮食安全,把中国人的饭碗牢牢端在自己手中。"这掷地有声的话语,是习近平总书记对新时代实施乡村振兴战略的谆谆教导。自我国实行农村家庭联产责任承包制以来,河南、河北、内蒙古、辽宁、吉林、黑龙江、江苏、山东、湖北、湖南、江西、安徽、四川13个粮食主产省(自治区)粮食产量基本保持在全国70%左右,历年全国粮食增产贡献率达95%,是国家粮食安全最重要的保障区。2010年国务院印发的《全国主体功能区规划》中提到,上述13个粮食主产区同时也是中国最重要的生态屏障区,肩负国家粮食安全和生态安全主体功能。但是,由于长期以来对生态环境的漠视,中国主要粮食产区均存在不同程度的生态破坏或生态失调,给我国的粮食安全带来了隐患。为此,2016年中央一号文件提出加强资源保护和生态修复,实现粮食生产与农田生态系统的协调与可持续发展。2017年中央一号文件要求"积极推进农业供给侧结构性改革"、实现从量到质的粮食安全战略转换,而实现新的粮食安全战略离不开生态安全的支撑。党的十九大报告更是提出"优化生态安全屏障体系"的要求。

有关粮食安全与生态安全问题的研究由来已久。莱斯特·布朗(1995)曾就中国耕地资源短缺和农田生态问题提出"谁来养活中国?"的质疑,一时间,中国粮食安全成为全球关注的焦点。富兰克林·H.金(2011)也指出粮食安全保障不能超出生态生产潜力,不能对整个生态系统构成威胁。联合国粮农组织(FAO)和经合组织(OECD)在《Agricultural Outlook 2013—2022》中预言,在资源环境约束下生态安全和粮食安全的矛盾将不断加深。鉴于粮食生态安全面临的严峻形势,对粮食生态安全进行实证测算与评估成为新的研究热点。在测量方法上,Lautenbach等人(2011)提出生态系统服务价值(ESV)概念,根据ESV定义,提供粮食和原材料食物是区域生态系统的直接价值。从而为区域粮食安全和生态安全两者关系的量化研究提供了较好范式。针对中国粮食安全与生态安全关系,田克明等人(2005)研究了土地生态安全对粮食安全和经济安全的影响和作用机制,构建了农用地生态安全评价方法。刘渝、张俊飚(2010)研究了水资源生态安全与粮食安全关系,并制定了双重安全评价体系。何玲、贾启建等人(2016)以河北省黄骅市为研究样本,利用生态系统服务价值和粮食安全标准进行了生态安全底线测算。姜俊红、金玲等人(2005)通过实证评估和测算发现,粮食生产活动对土地生态服务价值存在较强反作用关系,单位面积土地生态系统服务价值呈现"沼泽>水域>林地>草地>耕地"的递减趋势。不仅如此,粮食作物种植和生长会带来耕地以及生态系统服务价值损失。在粮食生产和生态环境关系的实证研究上,学术界主要集中对耕地变化对粮食生产的影响、粮食生产与生态可持续性问题以及粮食生产的资源环境成本问题等进行研究。

总体来看,学术界对粮食安全和生态安全关系的研究越来越重视,但在实证研究中,粮食问题研究中"生态因素"往往被视为"环境变量",研究缺乏生态产出(生态系统服务价值)和粮食产能空间关系的实证考察。为此,有必要就我国13个粮食主产区粮食产能与生态系统服务价值空间包容性进行实证评估,从而探寻粮食安全和生态安全可能存在的隐患。这无疑对确保粮食主产区实现粮食安全和生态安全双重国家主体功能具有重要意义。

一、研究方法与模型构建

区域粮食安全和生态安全空间包容性最常见的研究方法是基于Tobler地理学第一定律的空间自相关模型。空间自相关特指空间中某空间单元与其周围单元就某种空间属性而言潜在的相互依赖性,即Tobler提出的地理学第一定律,事物彼此关联,但较近的事物比较远的关联性更强。空间自相关模型已广泛应用于空间数据挖掘、区域经济空间差异等分析。

本研究从粮食和生态的"产出"及"产能"的视角进行研究变量的选择，其中粮食侧指标选择有两个：一是"粮食产量"，是代表粮食产出总量和规模的"年度粮食总产量"；二是代表粮食种植和产出效率的单位耕地面积的粮食产量，即"粮食单产"。而生态侧选择具有"生态产出"意义的"生态系统服务价值"作为实证用指标，以表征生态价值。实证逻辑与研究框架如图1所示。

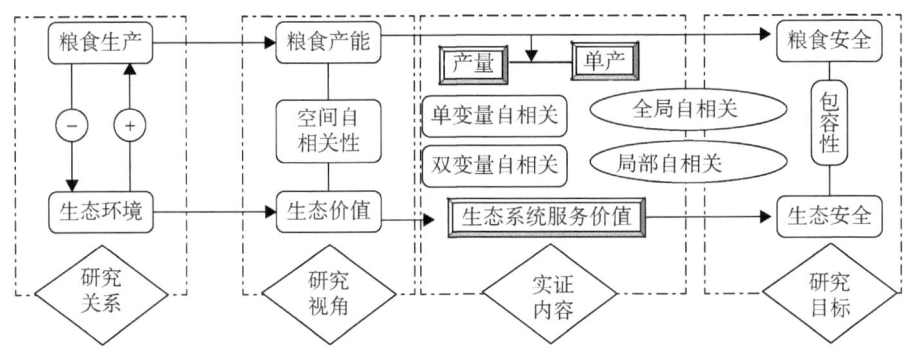

图 1　实证逻辑与研究框架

（一）全局空间自相关

全局空间自相关用来检验整个研究域某一空间属性是否存在空间依赖性，分析所有对象之间的平均空间关联、空间分布模式及其显著性。一般用莫兰指数（Moran's I）表示，其中 Moran's I 计算公式为：

$$I = \frac{\sum_{i=1}^{n}\sum_{j=1,j\neq i}^{n} W_{ij}(Y_i - \bar{Y})(Y_j - \bar{Y})}{S^2 \sum_{i=1}^{n}\sum_{j=1,j\neq i}^{n} w_{ij}} \tag{1}$$

$$z_I = \frac{I - E(I)}{\sqrt{Var(I)}} \tag{2}$$

Moran's I 取值范围是[-1,1]，当 $z_I > 1.96$ 时，表示观测值之间存在显著空间正相关，即高观测值与高观测值空间聚集（H—H 聚集）或低观测值与低观测值空间聚集（L—L 聚集），呈现空间聚集格局；当 $z_I < -1.96$ 时，表示观测值之间存在显著负相关，高观测值与低观测值聚集（H—L 异常），低观测值与高观测值聚集（L—H 异常），呈现空间异常格局。

(二) 局部空间自相关

局部空间自相关性可以研究不同地理位置上可能存在的空间关联模式，从而发现局部区域空间聚集性和分异性（Anselin.L，1995）。局部空间自相关一般用 Local Moran's I 指数表示，计算公式为：

$$I_i = \frac{Y_i - \bar{Y}}{S^2} \sum_{j=1, j \neq i}^{n} W_{ij}(Y_j - \bar{Y}) \qquad (3)$$

(1)(2)(3)式中，$S^2 = \frac{1}{n}\sum_{i=1}^{n}(Y_i - \bar{Y})^2$；$\bar{Y} = \frac{1}{n}\sum_{i=1}^{n}Y_i$；$Y_i$ 和 Y_j 分别表示第 i 个区域第 j 个地区的属性值，I_i 是第 i 个区域 Local Moran's I 指数，n 为地区总数（本文中地区划分为 13 个），W_{ij} 是基于地区 i、j 空间邻接关系建立的权重矩阵，$E(I)$ 是 Moran's I 指数期望，$Var(I)$ 是 Moran's I 指数方差。

(三) 双变量空间自相关分析

为了分析多个变量之间的空间关联性，Anselin.L 等人提出双变量空间自相关分析方法（Anselin.L，2002）。双变量空间自相关分析所产生的 Moran's I 值是用所有相邻位置的加权平均值评估一个位置变量值与其他变量的相关程度。其定义为：

$$I_{lm}^i = z_l^i \sum_{j=1}^{n} w_{ij} z_m^j \qquad (4)$$

式中，w_{ij} 是基于区域 i 和 j 空间邻接关系建立的权重矩阵，$z_l^i = \frac{X_l^i - \bar{X}_l}{\sigma_l}$，$z_m^j = \frac{X_m^j - \bar{X}_m}{\sigma_m}$，$X_l^i$ 是空间单元 i 属性 l 的值、X_m^j 是空间单元 j 属性 m 的值，$\bar{X}_l$、$\bar{X}_m$ 是属性 l、m 的平均值，σ_l、σ_m 是属性 l、m 的方差。

二、数据来源与处理

采用粮食产量（单位：千吨）、粮食单产（即单位耕地面积的粮食产量，单位：千吨/km²）作为反映粮食主产区各省（区）粮食产能的变量。以生态系统服务价值（ESV）作为区域生态产出价值变量。ESV（单位：10⁷ 元）采取 Costanza 模型进行测算。模型以 1hm² 全国平均产量的农田每年自然粮食产

量的经济价值设定为当量"1",其他生态类型根据生态服务价值与当量经济价值的比值计算出当量因子:

$$Ea = \frac{1}{7}\sum_{i=1}^{n}\frac{m_i p_i q_i}{M} \quad (i = 1,2,3,\cdots,n) \tag{5}$$

式中,i 为作物种类(主要包括稻谷、小麦、玉米);P_i 为第 i 种作物的全国平均价格(元/t);q_i 为第 i 种作物单产(t/hm²);m_i 为第 i 种作物的粮食播种面积(hm²);M 为粮食作物播种总面积(hm²)。结合不同地区每个当量的经济价值和当量因子表 e_{ij}(肖玉、谢高地,2003)可得出各省其他生态系统或其他服务功能的单价,进而根据 Costanza 模型计算出各类生态系统的服务价值、各项服务功能的价值和生态服务总价值:

$$E_{ij} = e_{ij}E_a \quad (i = 1,2,\cdots,9; j = 1,2,\cdots,6) \tag{6}$$

$$V_j = \sum_{i=1}^{9} A_j E_{ij} \quad (i = 1,2,\cdots,9; j = 1,2,\cdots,6) \tag{7}$$

$$V_i = \sum_{j=1}^{6} A_j E_{ij} \quad (i = 1,2,\cdots,9; j = 1,2,\cdots,6) \tag{8}$$

$$V = \sum_{i=1}^{9}\sum_{j=1}^{6} A_j E_{ij} \quad (i = 1,2,\cdots,9; j = 1,2,\cdots,6) \tag{9}$$

式中,E_{ij} 为第 j 种(包含林地、草地、耕地、湿地、水体和未利用地 6 种陆地生态系统)生态系统的第 i 种生态服务功能(包含食物生产、原材料供给、气体调节、气候调节、水源涵养、废物处理、土壤形成与保护、生物多样性保护和娱乐文化 9 种生态系统服务功能)的单价(元/hm²);e_{ij} 为第 j 种生态系统第 i 种生态服务功能相对于农田生态系统提供生态服务单价的当量因子。V_j、V_i、V 分别为第 j 类生态系统的生态系统服务价值、第 i 项服务功能的价值和生态系统服务的总价值,A_j 为第 j 类生态系统的面积。本实证研究测算用土地利用、粮食产量等原始数据均来源于 2016 年《中国统计年鉴》,粮食价格数据来源于 wind 数据库。粮食主产区空间自相关模型测算用数据如表 1(部分)所示。

表1 13个粮食主产省（自治区）粮食产能与生态系统服务价值（部分）

粮食主产区	粮食产能		生态系统服务价值（ESV）				
	粮食产量（千吨）	粮食单产（千吨/km$_2$）	ESV总值	ESV当量	耕地ESV	食物生产价值ESV	原材料供给ESV
河北	33638	5.26	47708.27	1643	8566.68	1184.31	2285.29
内蒙古	28270	4.94	281330.54	1389	9936.86	5902.58	13847.43
辽宁	20025	6.07	56445.61	1933	6780.02	1755.45	4535.34
吉林	36470	7.18	86904.67	2264	12282.76	2642.41	6645.16
黑龙江	63240	5.38	177153.51	1720	21311.59	4676.04	12511.82
江苏	35613	6.57	54647.1	2340	8378.12	1791.85	2221.57
河南	60671	5.91	46821	1960	12049.4	1590.53	2347.24
山东	47127	6.29	47736.01	2005	11801.26	1891.42	2434.46
湖北	27033	6.05	83555.76	2192	8917.2	1460.5	5111.37
湖南	30029	6.07	99713.07	2278	7393.93	1657.4	6393.86
江西	21487	5.8	89160.83	2211	5399.67	1405.12	6207.49
安徽	35381	5.33	40322.88	1856	8338.13	986.5	2204.77
四川	34428	5.33	134085.85	1573	8222.08	2107.44	7858.67

注：ESV（单位10^7元）。

三、生态服务价值与粮食产能空间自相关及分异实证分析

（一）单变量空间自相关

传统的空间权重矩阵可按照空间边界邻近关系来分析，或者从区域中心出发，依照一定距离设置空间关系矩阵，探索在不同空间范围内所形成的空间组织关系。所以本文采用基于距离标准的方法建立空间权重矩阵，运用Arcgis软件建立含有主产区各省份质心经纬度、各指标属性的shp文件，然后导入Geoda中进行单变量全局空间自相关与局部空间自相关分析。得到全局空间自相关指数Moran's I，如表2所示。

表 2 单变量全局空间自相关结果

实证结果	生态价值	粮食产能	
		粮食产量（千吨）	粮食单产（千吨/km²）
Moran's I	0.1786	0.9278	0.6055
P 值	<0.001	<0.001	<0.001
Z (I)	22.95	72.88	48.45

注：P 表示概率，$Z(I)$ 为检验值，$Z<-1.96$ 或 $Z>1.96$ 时，$P<0.05$，置信度大于95%。

Moran's I > 0，表示空间正相关性，其值越大，空间相关性越明显；Moran's I < 0，表示空间负相关性，其值越小，空间差异越大；否则，Moran's I = 0，空间呈随机性。由表可知，我国粮食主产区生态系统服务价值、粮食总产量、粮食单产三个单一变量的 Moran's I 均为正，且 P 值小于 0.01。表明中国粮食主产区粮食产量、单产以及生态系统服务价值等单一变量分布不具有随机性，而是呈现空间自相关性，具有一定聚集效应，其中粮食产量的空间集聚性最高，Moran's I 达到 0.9278，其次是粮食单产，而生态系统服务价值的空间自相关性相对较小，Moran's I 仅为 0.1786。说明我国 13 个粮食主产区生态差异性较为突出，生态价值聚集关联不够高。

从粮食主产区生态系统服务价值看，主要呈现两个聚集区，一是内蒙古、黑龙江、吉林、四川、湖南、湖北、江西高生态价值聚集区，二是山东、河南、河北、安徽等低生态价值组团。而从生态系统服务价值当量来看，我国东北的黑龙江、吉林、辽宁，长江流域的湖南、湖北、江西依然是高价值聚集区，位处我国东中部的山东、河南、河北、安徽生态系统价值当量则较低，属低价值组团。从地域空间土地利用情况来看，东北三省、内蒙古以及长江流域各省，森林、湿地、草原、水体面积总体和比例较大，而河北、河南、安徽、山东四省因耕地面积较大，林地、草地、湿地面积相对较小，耕地分布数量对生态系统总的价值量影响较为明显。

从粮食主产区的粮食产能来看，粮食产量形成了黑龙江、吉林以及河南、山东、江苏、安徽高价值聚集区，其中黑龙江、河南的粮食产量分别为 6242.2 万吨和 5772.3 万吨，远远高于周边各省。从粮食单产方面来看，从高到低排序依次为：吉林>江苏>山东>湖南>湖北>江西>河南>辽宁>黑龙江>河北>四川>安徽>内蒙古。粮食产量最高的黑龙江和河南在粮食单产排名位于中游，粮食单产高的省份集中分布在中、东部四省、长江流域三省和吉林。综合来看，我国粮食主产区粮食产能总体上呈现较强的空间自相性，但粮食产能空间分异依然较为显著。

(二) 双变量全局空间自相关

基于距离标准的方法建立空间权重矩阵，分别计算粮食产能与全域和耕地生态系统服务价值的全局空间自相关 Moran's I（见表3）。根据全域生态系统实证结果，粮食产量、粮食单产与生态服务价值的双变量 Moran's I 指数均小于0，且均通过了显著性检验，说明粮食产量、粮食单产与整个陆地生态系统的生态服务价值存在显著的空间负相关。其中粮食产量与生态服务价值的负相关性较强，Moran's I 值数为-0.2592。从粮食生产对生态系统服务功能结构的影响及关系来看，粮食产能与生态服务价值中食物生产、废物处理功能呈空间正相关，与生态的气体调节价值呈现空间负相关。粮食产量与耕地不同类型生态服务价值的双变量 Moran's I 均小于0，粮食单产与耕地不同类型生态服务价值的双变量 Moran's I 均大于0，表明粮食产量增加会对区域耕地生态环境产生负影响，而粮食单产提升会对耕地生态价值产生正影响。这是因为，粮食总产量反映粮食生产的规模，增大耕地面积以及施用化肥、农药是提升粮食总产量的主要手段，所以粮食总量的增大势必会驱动区域土地利用发生较为剧烈的变化，造成林地、草地、水域、湿地等高生态服务价值的土地类型向生态价值较低的耕地转变，而化肥、农药的滥用同样会导致生态服务价值的损失，导致粮食单产的提高对区域生态环境的负影响要远远小于粮食总产量的提升。

表3 粮食产能与生态系统服务价值的双变量空间自相关 Moran's I

比较域	粮食产能	生态系统服务功能								
		食物生产	原材料	气体调节	气候调节	水源涵养	废物处理	土壤形成与保护	生物多样性保护	娱乐文化
全域	粮食产量	0.0613 **	-0.3152 **	-0.3780 **	-0.2041 **	-0.1583 **	0.0175 *	-0.3750 **	-0.3516 **	-0.3091 **
	粮食单产	0.1448 **	-0.1413 **	-0.2150 **	-0.0572 **	-0.0097 **	0.1266 **	-0.2243 **	-0.1950 **	-0.1527 **
耕地	粮食产量	-0.0149 **	-0.0144 **	-0.0151 **	-0.0158 **	-0.0154 **	-0.0155 **	-0.0176 **	-0.0156 **	-0.0163 **
	粮食单产	0.0103 **	0.0096 **	0.0107 **	0.0066 **	0.0116 **	0.0105 **	0.0171 **	0.0126 **	0.0135 **

注：＊＊和＊分别表示在置信度为99%和95%时，相关性是显著的。

综合上述实证结果，该结论与谢高地（2010）、宋利娜（2013）、齐月等人（2016）学术研究的基本结论具有一致性，即我国粮食主产区同样存在粮食种植与生态系统服务价值的负相关性。但就中国粮食主产区而言，这种负相关关系较为突出地表现在原材料供给、气候调节、水源涵养、土壤形成与保护以及生物多样性保护等生态功能。而就耕地本身的生态系统服务价值而言，粮食单产的提升对耕地生态价值的提升具有正相关性。为此，提升粮食生产效率才是区域保持粮食安全、生态安全的有效途径。

（三）双变量局部空间自相关

在 Z 检验的基础上（$P=0.05$）绘制双变量局部空间自相关 LISA 聚集图（见图2），用于表征区域生态服务价值与其邻域粮食产能均值之间的局域空间关系，即高—高（high—high）、低—低（low—low）的空间正相关和低—高（low—high）、高—低（high—low）的空间负相关。生态服务价值与粮食总产量呈高—低空间负相关的地区有内蒙古、吉林和辽宁，呈低—高空间负相关的地区有河北、河南和山东，这些空间负相关均达到 99% 置信水平。生态服务价值与粮食总产量有很强的空间异质性。粮食单产与生态服务价值呈高—高空间聚集的地区有黑龙江、四川和湖北，呈高—低空间负相关的地区有内蒙古、吉林和辽宁，呈低—高空间负相关的地区有河北、河南、山东和安徽，这些空间相关性均达到95%置信水平。

生态服务价值与粮食总产量、粮食单产的双变量 LISA 分布图分异明显，但整体上空间分异很相似。低—高聚集区集中分布在河北、河南、山东和安徽四省，表明这些区域粮食安全的生态压力过重，粮食安全地位明显高于生态安全地位。高—低聚集区集中分布在中国北方的内蒙古、吉林和辽宁，生态服务价值较邻近省份高、粮食产能较邻近省份低，表明这些区域粮食安全的生态资源及潜力较好，粮食产能地位还有待进一步提高。高—高聚集区指生态和粮食地位均较为突出，该区域集中分布在长江流域各省和黑龙江。

四、研究结论与启示

本文基于生态系统服务价值的视角，运用空间自相关模型 Morans's I 对中国粮食主产区粮食产能与生态价值的空间相关性进行了实证测算和评估，初步形成如下研究结论：

（1）粮食主产区生态服务价值、粮食产能空间聚集效应明显。生态服务价值、粮食总产量、粮食单产全局空间自相关 Moran's I 分别为 0.1786、

0.9278、0.6055，局部空间分异图聚集现象明显。生态服务价值、粮食产能空间属性相同的区域会趋向聚集到一起，呈现同向外溢趋势。

（2）生态服务价值、粮食产能空间分异显著，存在空间滞后异常。除黑龙江、四川两省在生态价值和粮食产能呈现"高—高"价值聚集外，其他粮食主产区均表现出不同程度的粮食产能与生态价值的地位以及资源配置上的空间偏离。"高—低"空间自相关的有内蒙古、吉林和辽宁，"低—高"自相关的有河北、河南、山东和安徽。

（3）粮食主产区的粮食种植对生态系统服务价值具有显著影响。粮食产量、粮食单产与整个陆地生态系统的生态服务价值存在显著的空间负相关。其中，粮食产量与生态服务价值的负相关性较强。粮食产能与生态系统废物处理功能呈空间正相关，与生态的气体、气候调节、土壤形成、水源保护、生物多样性等生态功能的服务价值呈现空间负相关。对耕地而言，粮食产量增加会对区域耕地生态环境产生负影响，而粮食单产却具有正影响。可见，粮食生产率提升是确保粮食安全和生态安全双重目标的理论途径。粮食安全应立足于粮食生产率，而不应单纯依靠粮食产量的提高。

（4）受地貌、土地利用结构等复杂因素影响，粮食主产区中某些省区存在粮食产能、生态价值的空间分异，以及两者地位的空间滞后异常，使得粮食主产区在确保粮食安全和生态安全功能时难以包容，粮食安全与生态安全的包容性较为脆弱。

以上研究结论的主要政策启示有：加强农田生态资源保护和修复，通过农业和生态的科技进步推动提高耕地产粮效率，建立农田生态补偿机制，促进农业的供给侧改革。研究认为，坚持粮食生产与生态服务功能协调发展是实现粮食安全和生态安全双重目标的根本路径。同时该研究亦论证并支撑了我国粮食安全战略由北向南转移的必然性和必要性，这是我国未来粮食安全战略形成的一个重要启示。

■ 参考文献

[1] L R BROWN. Who Will Feed China? [M]. New York：Nortn&Company，1995.

[2] 富兰克林·H. 金. 四千年农夫：中国、朝鲜和日本的永续农业 [M]. 程存旺，石嫣，译. 北京：东方出版社，2011.

[3] LAUTENBACH S, KUGEL C, LAUSCH A, et al. Analysis of historic changes in regional ecosystem service provisioning using land use data [J]. Ecological Indicators，2011，11（2）：676-687.

[4] 田克明，王国强. 我国农用地生态安全评价及其方法探讨 [J]. 地域研究与

开发，2005（4）．

[5] 刘渝，张俊飚．中国水资源生态安全与粮食安全状态评价［J］．资源科学，2010（12）．

[6] 何玲，贾启建，等．基于生态系统服务价值与粮食安全的生态安全底线核算［J］．应用生态学报，2016（1）．

[7] 姜俊红，金玲，等．农业活动对农田生态系统物种多样性的影响［J］．中国农学通报，2005（7）．

[8] 孟斌，王劲峰，等．基于空间分析方法的中国区域差异研究［J］．地理科学，2005（4）．

[9] ANSELIN. L. Local Indicators of Spatial Association LISA［J］. Geographical Analysis，1995，27（2）．

[10] ANSELIN. L, SYABRI I, SMIRNOV O. Visualizing multivariate spatial correlation with dynamically linked windows［C］. Ansenlin L, REY S. New Tools for Spatial Data Analysis：Proceedings of the Specialist Meeting. Center for Spatially Integrated Social Science（CSISS），University of California，Santa Barbara，CD-ROM，2002.

[11] COSTANZA R, D'ARGE R, GROOT R D, et al. The value of the world's ecosystem services and natural capital［J］. Nature，1997，387（6630）．

[12] 谢高地，鲁春霞，等．青藏高原高寒草地生态系统服务价值评估［J］．山地学报，2003（1）．

[13] 肖玉，谢高地，等．青藏高原生态系统土壤保持功能及其价值［J］．生态学报，2003（11）．

[14] 罗海平，宋焱，等．基于Costanza模型的我国粮食主产区生态服务价值评估研究［J］．长江流域资源与环境，2017（4）．

[15] 刘旭华，王劲峰．空间权重矩阵的生成方法分析与实验［J］．地球信息科学，2002（2）．

（原文出处：《山东社会科学》，2019年第2期）

中国农业生产效率区域差异演变及其驱动因素

/金恩焘 郑克强 林玉娟 王圣云/

【摘 要】 运用DEA方法、Malmquist指数法对2000—2015年我国农业生产效率进行测算,使用Ward聚类法对我国各省份农业生产效率进行聚类分析,并构建随机效应Tobit模型对影响我国农业生产Malmquist指数因素进行分析,研究发现:(1)2000—2015年我国的农业生产综合效率整体提高快速,全国农业生产纯技术效率变化较小,农业生产规模效率对全国农业生产综合效率提升作用较大;(2)我国农业生产Malmquist指数值呈周期性上升与下降交替波动,这是由于我国农业生产纯技术效率变化与农业生产规模技术变化波动趋势相反所致;(3)2000—2015年我国农业年生产Malmquist指数总体差异呈缩小趋势,但是我国东部、中部、西部区域内农业生产Malmquist指数差异较大。全国31个省、直辖市、自治区分为农业生产高效率区域、中效率区域和低效率区域三类:广东、河北、河南、江苏、四川为农业生产高效率区域,安徽、广西、湖北、湖南、江西、山东为农业生产低效率区域,其他省、直辖市、自治区为农业生产中效率区域;(4)随机效应Tobit模型显示,受灾率、农业市场化程度、机械密度、财政支农力度、农村劳动力文化水平等因素对我国高效率区域的农业生产全要素生产率具有显著影响,农业市场化程度、财政支农力度以及农村劳动力文化水平对我国高效率区域农业生产全要素生产率具有显著影响,受灾率和农村劳动力文化水平对低效率区域农业生产全要素生产率具有显著影响。

【关键词】 农业生产效率;DEA;Malmquist指数;区域差异;驱动因素

一、引 言

提高农业生产效率是我国实现由农业大国向农业强国转变的关键,也是我国实现乡村振兴的重要途径。目前,关于中国农业生产效率的研究成果主要包括以下三个方面,一是关于我国农业生产效率评价研究。从我国农业生产效率的评价指标来看,主要包括投入指标与产出指标。投入指标选取较为多样，李周和于法稳（2005）选取了化肥施用量、耕地面积、农业机械总动力、有效灌溉面积、农林牧渔业劳动力。罗富民和段豫川（2013）选取了农作物播种面积、农林牧渔业劳动力、农业机械总动力、有效灌溉面积、化肥施用量，叶文忠和刘俞希（2018）选取了农作物播种面积、第一产业从业人员数、农业机械总动力、化肥施用量。而产出指标选取相对单一。杨朔等人（2018）选取了种植业产值，余玉敏等人（2018）选取了粮食产量和农业增加值。从我国农业生产效率测度模型来看，既有单阶段模型，又有多阶段模型。朱纪广等人（2013）运用单阶段DEA模型对黄淮海平原县域单元的农业综合效率进行测算，李雪松（2015）运用DEA-Malmquist指数法对1978—2011年中国省级TFP进行了测算与分解，宋增基等人运用DEA模型对2005年中国31个省、自治区、直辖市农业生产效率进行测评。贺志亮和刘成玉（2015）运用三阶段DEA模型分析了2012年我国农业生产效率，郭军华等人（2010）运用三阶段DEA模型对我国2008年农业生产效率进行了研究。二是关于我国农业生产效率的地区差异分析。相关文献集中于以下四类，（1）农业生产效率时空差异分析。丘雯文和杨子生（2016）研究了云南省耕地生产效率的区域差异。余玉敏等人（2018）研究了河南省空间相邻县域农业生产效率的空间集聚分布态势。（2）农业生产效率的收敛性分析。傅东平和王鑫（2017）研究发现广西壮族自治区各地级市农业生产效率存在收敛。马林静等人（2015）研究发现全国和粮食主产区、平衡区粮食生产效率存在 α 收敛、绝对 β 收敛和条件 β 收敛。（3）农业生产效率类型划分。张平平等人（2018）依据自然断点法划分了黄土高原县域农业生产效率。方大春（2011）将我国农业生产综合效率划分为四个等级。三是关于我国农业生产效率的影响因素研究。李文华（2018）应用面板数据模型对影响中国农业全要素生产率的相关因素进行了分析。孙炜等人（2018）利用Tobit模型对我国五大玉米主产区玉米生产效率的驱动因素进行了分析。唐建（2016）采用两步法分析了我国粮食生产技术效率影响因素。

综上可知，学界已经在我国农业生产效率方面积累了较为丰富的研究成果。但目前一些关于我国农业生产效率评价模型未能较好地分解我国农业生产效率的动态变化特征。少量研究对我国农业生产效率的地区差异进行了简单分析，或分析了农业生产效率时空分布特征或收敛性，较少对我国农业生产效率的区域类型进行划分，忽视了不同区域类型农业生产效率的差异，没有深入分析我国不同农业生产效率类型区域的驱动因素差异及其政策含义。同时，现有研究对近年来我国省级区域农业生产效率评价缺少关注，探究我国省级区域农业生产效率时空差异格局演变及其驱动因素的研究成果尚不多见，因而未能揭示我国省级区域农业生产效率变动趋势与类型差异及其驱动因素。为此，本文应用 DEA-Malmquist 模型对 2000—2015 年我国省级区域农业生产效率进行评价；运用 Ward 聚类分析法对我国农业生产效率进行省级区域聚类分析；基于泰尔指数及其分解方法对我国农业生产效率区域差异进行分析；进一步探究影响我国不同类型区域农业生产效率变化的因素。这不仅有利于根据农业生产效率情况优化农业资源的配置，促进农业生产要素的有效供给，而且可为我国实现由农业大国向农业强国转变进行分类指导和精准施策提供决策参考。

二、研究方法

（一）农业生产效率评价指标体系构建

农业生产分为农业投入与农业产出两方面。根据柯布道格拉斯生产函数，本文将农业投入要素分为土地、劳动力和资本三种。其中，土地投入为农业生产的基础条件，采用农作物总播种面积（千公顷）衡量农业生产的土地投入状况；劳动力在农业生产中是关键因素，选取农林牧渔业从业人员数（万人）衡量农业生产的劳动力投入状况；资本在农业生产中具有多种表现形式，从农业生产技术与农业生产动力两方面选取农用化肥施用择纯量（万吨）、农药使用量（万吨）、农用塑料薄膜使用量（吨）、农业机械总动力（万千瓦时）和农村用电量（亿千瓦时）指标。农业产出选取农林牧渔业总产值（亿元）指标（见表1），按 2000 年为基期进行可比价换算处理。

表 1 农业生产效率指标体系

	具体指标	统计指标解释
投入指标	农作物播种面积（千公顷）	农业生产经营者应在日历年度内收货农作物在全部土地（耕地或非耕地）上播种或移植面积
	农林牧渔业从业人员数（万人）	直接参加农林牧渔业生产的从业人员以及直接从事采集、捕猎劳动的从业人员数量
	农用化肥用择纯量（万吨）	当年内实际用于农业生产（择纯）的化肥数量
	农药使用量（万吨）	当年内实际用于农业生产的农药数量
	农用塑料薄膜使用量（吨）	指在农业生产过程中为防寒、保温、保湿等使用的塑料薄膜，包括温室塑料大棚和地膜使用量
	农业机械总动力（万千瓦时）	全部农业机械动力的额定功率之和
	农村用电量（亿千瓦小时）	指本年度内，扣除在农村中的国有经济单位的用电量以后的农村生产和生活的全年用电总量

续表

具体指标	统计指标解释
产出指标 农林牧渔业总产值（亿元）	以货币表现的农、林、牧、渔业全部产品和农林牧渔业生产活动进行的各种支持性服务活动的价值总量

注：统计指标解释来源于《中国统计年鉴》。

本文研究范围为中国大陆地区 31 个省、自治区和直辖市，东部地区、中部地区、西部地区划分根据 2016 年《中国统计年鉴》。选取的数据年段为 2000—2015 年。农作物播种面积、农用化肥施用择纯量、农药使用量、农用塑料薄膜使用量、农业机械总动力、农村用电量、农林牧渔业总产值等指标数据来源于 2001—2016 年《中国统计年鉴》。2000—2012 年农林牧渔从业人员数来源于 2001—2013 年《中国统计年鉴》，2013—2015 年农林牧渔业从业人员数来自各省、市、自治区统计年鉴。

（二）数据包络分析法

数据包络分析（Data Envelopment Analysis，DEA）是美国著名运筹学家 Charnes 等人提出的一种效率评价方法。数据包络分析法有 C^2R 和 BC^2 两个基础模型，C^2R 模型为假设有 n 个具有可比性的部门或单位（称为决策单元，简记为 DMU），$j=1,2,\cdots,n$，每个 DMU 都有 X 种类型的"输入"，以及 Y 种类型的"输出"，其中 $X_j=(x_{1j},x_{2j}\cdots x_{mj})^T \geq 0$，$Y_j=(y_{1j},y_{2j}\cdots y_{rj})^T \geq 0$，以所有决策单元的效率指数 $h_j \leq 1$ 为约束，构成最优模型（成刚，2014）。

（三）Malmquist 指数法

Malmquist 全要素生产率（Total Factor Productivity，TFP）指数可分解为以下两方面的变化：一是被评价 DMU 在两个时期内的技术效率变化（Technical Efficiency Change，EC），二是生产技术的变化（Technological Change，TC）。将 EC 进一步分解为纯技术效率变化（PEC）和规模效率变化（SEEC）。TC 进一步分解为纯技术变化（PTC）和规模技术变化（SETC），即 MI = PEC * SEEC * PTC * SETC（成刚，2014）。运用 MaxDEA 软件对 2000—2015 年中国 31 个省、市、自治区农业生产效率、Malmquist 指数及其分解进行测算。

（四）泰尔指数及其分解方法

泰尔指数是测量区域差异的常用方法，测量区域差异具有可分解的优势，泰尔指数及其分解计算公式如下：

$$T_0 = \frac{1}{n}\sum_{i \in n}\ln\frac{u}{z_i}$$

$$T_0 = \frac{1}{n}\sum_{k=1}^{m}\sum_{i \in n_k}\ln\frac{u}{z_i} = \sum_{k=1}^{m}\frac{n_k}{n}\frac{1}{n_k}\sum_{i \in n_k}\ln\frac{u_k}{z_i} = \sum_{k=1}^{m}f_k T_0(z^k) + \sum_{k=1}^{m}f_k \ln\frac{u}{u_k}$$

$$T_{0W} = \sum_{k=1}^{m}f_k T_0(z^k) + \sum_{k}^{m}$$

$$T_{0b}\sum_{k=1}^{m}f_k \ln\frac{u}{u_k}$$

式中，n 为样本数量；z_i 为升序排序第 i 个省、市、自治区农业生产 Malmquist 指数值；u 为全国农业生产 Malmquist 指数平均值；m 为分组数；u_k 为第 k 组农业生产 Malmquist 指数平均值，f_k 为第 k 组省份个数与 31 个省、市、自治区的比值；T_{0W} 为组内差异；T_{0B} 为组间差异。

三、结果分析

(一) 中国农业生产效率测度

从全国农业生产综合效率变化趋势来看，2000—2015 年中国农业生产综合效率整体上明显提高。2000—2001 年全国农业生产综合效率小幅下降，2002—2009 年全国农业生产综合效率持续上升，2009 年全国农业生产综合效率达到最高值 0.93，2010—2015 年年底我国农业生产综合效率值保持在 0.9 左右，趋于平稳，如图 1 所示。

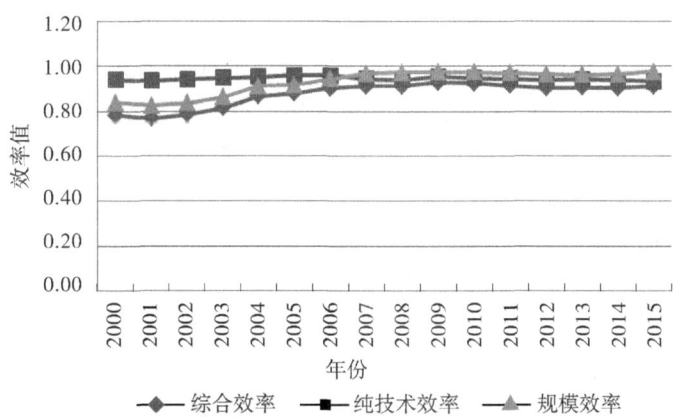

图 1　2000—2015 年全国农业生产综合效率、纯技术效率、规模效率变化

2000—2015 年我国农业生产纯技术效率波动较小，说明我国农业生产技术稳定。农业技术进步是我国农业生产的重要推力，从农业良种选育，农业的机械化操作，农业信息技术的发展，再到人工智能作业，农业技术进步大幅提高了农业资源投入的利用效率。2000—2015 年全国农业生产规模效率呈上升趋势，其中 2000—2007 年上升明显，2008—2015 年增速放缓，至 2015 年达到最高值 0.98。我国农业生产规模扩大一是由于国家土地流转政策改变，二是农业机械化、产业化和集约化发展的要求。我国农业生产规模效率对我国农业生产综合效率的贡献较大，2000—2015 年农业生产规模效率走势与农业生产综合效率基本一致。可见，农业生产规模效率提升是我国农业生产综合效率提升的关键，但我国农业生产规模效率提高的同时，农业生产纯技术效率却没有得到相应提升。

从中国省、市、自治区农业生产综合效率演进来看，2000 年，新疆、西藏、内蒙古、黑龙江、贵州、海南、天津、北京、上海、浙江、福建为第一梯队；到 2005 年，四川、重庆、陕西、吉林、江苏、广西、广东进入第二梯队；到 2010 年，青海、湖北、湖南、山东进入第一梯队；2015 年河北进入第一梯队。整体呈现由沿边到沿海，由西部到中部，高农业生产综合效率省份随时间在空间上扩展特征。

从图 3 关于 2000—2015 年中国 31 个省、自治区、直辖市农业生产规模报酬变动情况可以看出，2000—2010 年规模报酬不变的省份个数不断增加，2010—2015 年农业生产规模报酬不变的省份个数呈下降趋势。其中农业生产规模报酬递增为农业生产处于规模收益递增阶段，继续增加农业投入带来更多的产出；农业生产规模报酬递减为农业生产中农业投入过多，需减少农业投入才能获得高的产出；农业生产规模报酬不变为农业投入与产出已达到最优水平。总的来看，我国农业生产中仍有不少省份处于农业生产规模报酬递减阶段，需通过减少农业生产要素投入，获得农业产出最大化。

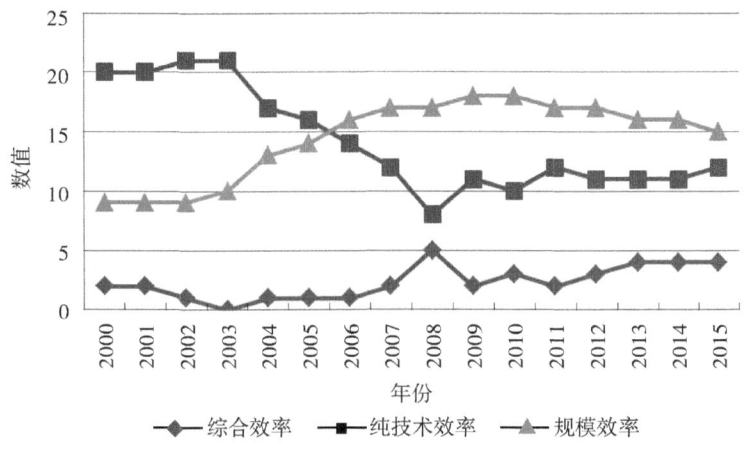

图 3　中国 31 个省、自治区、直辖市农业生产规模报酬变化情况

2000—2015 年，仅北京、海南、上海、西藏的农业生产效率为 DEA 有效，其他省、市、自治区存在 DEA 无效年份。选取 2000 年、2005 年、2010 年、2015 年四个年份对我国农业综合效率进行动态比较分析，从表 2 可以看出：2000 年农业生产综合效率为 1 的省、市、自治区有北京、贵州、海南、黑龙江、内蒙古、上海、天津、西藏、新疆。2015 年农业生产效率为 1 的省、市、自治区为北京、福建、广东、广西、贵州、海南、河北、黑龙江、湖北、湖南、江苏、青海、上海、四川、西藏。2000 年、2005 年、2010 年、2015 年农业生产综合效率最低的省份分别为山西、山西、甘肃和山西，其农业生产综合效率值分别仅为 0.43、0.49、0.62 和 0.6，山西、甘肃是我国农业生产综合效率的"洼地"。农业生产综合效率高的省份数明显增加，我国农业生产综合效率快速提升。

表 2　中国各省、市、自治区农业生产综合效率演进：2000—2015 年

年份 省市	2000 年	2005 年	2010 年	2015 年	均值	年份 省份	2000 年	2005 年	2010 年	2015 年	均值
安徽	0.51	0.66	0.83	0.77	0.72	辽宁	0.91	0.84	0.77	0.67	0.80
北京	1.00	1.00	1.00	1.00	1.00	内蒙古	1.00	1.00	1.00	0.95	1.00
福建	0.99	1.00	1.00	1.00	1.00	宁夏	0.72	0.87	0.92	0.88	0.83
甘肃	0.59	0.54	0.62	0.62	0.58	青海	0.58	0.91	1.00	1.00	0.91
广东	0.86	1.00	1.00	1.00	0.97	山东	0.57	0.75	1.00	0.96	0.82

续表

年份 省市	2000年	2005年	2010年	2015年	均值	年份 省份	2000年	2005年	2010年	2015年	均值
广西	0.61	1.00	1.00	1.00	0.89	山西	0.43	0.49	0.68	0.60	0.53
贵州	1.00	1.00	0.94	1.00	0.97	陕西	0.84	1.00	1.00	0.97	0.96
海南	1.00	1.00	1.00	1.00	1.00	上海	1.00	1.00	1.00	1.00	1.00
河北	0.63	0.70	0.85	1.00	0.75	四川	0.79	1.00	1.00	1.00	0.97
河南	0.56	0.75	0.83	0.72	0.71	天津	1.00	1.00	0.89	0.83	0.92
黑龙江	1.00	0.76	0.93	1.00	0.88	西藏	1.00	1.00	1.00	1.00	1.00
湖北	0.54	0.81	1.00	1.00	0.87	新疆	1.00	1.00	1.00	0.95	1.00
湖南	0.52	0.82	1.00	1.00	0.87	云南	0.72	0.84	0.70	0.69	0.74
吉林	0.90	0.92	1.00	0.94	0.92	浙江	0.92	1.00	1.00	0.98	0.99
江苏	0.72	1.00	1.00	1.00	0.93	重庆	0.72	0.86	0.76	0.82	0.77
江西	0.59	0.74	0.89	0.90	0.82	均值	0.78	0.88	0.92	0.91	0.87

计算中国各省份农业生产纯技术效率和规模效率增长率可以发现，我国农业生产纯技术效率负增长的省、市、自治区有安徽、甘肃、河南、吉林、江西、辽宁、内蒙古、天津、新疆、云南，其中云南最低。农业生产纯技术效率正增长的有宁夏、青海、山西、陕西、重庆，其中青海最高。我国农业生产纯技术效率呈负增长的省、市、自治区居多，因此各省、市、自治区需继续增加对农业生产技术的研究开发与运用，提高农业生产纯技术效率。农业生产规模效率除辽宁、天津、新疆为负增长外，其他省、市、自治区都有不同程度增长（见表3）。

表 3 中国各省、市、自治区农业生产纯技术效率和规模效率变化

省市	纯技术效率 2000年	纯技术效率 2015年	增长率（%）	规模效率 2000年	规模效率 2015年	增长率（%）	省市	纯技术效率 2000年	纯技术效率 2015年	增长率（%）	规模效率 2000年	规模效率 2015年	增长率（%）
安徽	1.00	0.79	-21	0.51	0.98	91	辽宁	1.00	0.89	-11	0.91	0.75	-18
北京	1.00	1.00	0	1.00	1.00	0	内蒙古	1.00	0.95	-5	1.00	1.00	0
福建	1.00	1.00	0	0.99	1.00	1	宁夏	0.73	0.88	21	0.99	1.00	1
甘肃	0.65	0.62	-4	0.90	1.00	11	青海	0.63	1.00	58	0.91	1.00	10
广东	1.00	1.00	0	0.86	1.00	16	山东	1.00	1.00	0	0.57	0.96	67
广西	1.00	1.00	0	0.61	1.00	64	山西	0.49	0.60	21	0.87	1.00	15
贵州	1.00	1.00	0	1.00	1.00	0	陕西	0.95	1.00	5	0.89	0.97	9
海南	1.00	1.00	0	1.00	1.00	0	上海	1.00	1.00	0	1.00	1.00	0
河北	1.00	1.00	0	0.63	1.00	59	四川	1.00	1.00	0	0.79	1.00	27
河南	1.00	0.95	-5	0.56	0.76	36	天津	1.00	0.87	-14	1.00	0.96	-4
黑龙江	1.00	1.00	0	1.00	1.00	0	西藏	1.00	1.00	0	1.00	1.00	0
湖北	1.00	1.00	0	0.54	1.00	86	新疆	1.00	0.97	-3	1.00	0.97	-3
湖南	1.00	0.94	-6	0.52	1.00	92	云南	0.92	0.71	-23	0.79	0.97	24
吉林	1.00	0.94	-6	0.90	0.99	10	浙江	1.00	1.00	0	0.92	0.98	6
江苏	1.00	1.00	0	0.72	1.00	39	重庆	0.75	0.84	12	0.96	0.98	2
江西	0.96	0.90	-6	0.61	0.99	62	均值	0.94	0.93	-1	0.84	0.98	17

注：增长率（%）计算公式为：纯技术效率增长率=（2015年纯技术效率-2000年纯技术效率）/2000年纯技术效率，规模效率增长率=（2015年规模效率-2000年规模效率）/2000年规模效率。

(二) 中国农业生产 Malmquist 指数分解

从图 4 可知，2000—2015 年我国农业生产 Malmquist 指数大致呈上升与下降交替周期性波动变化特征。2000—2015 年农业生产纯技术效率（PTC）与 Malmquist 指数波动趋势较为一致，而我国农业生产规模技术变化（SETC）与 Malmquist 指数、PTC 的波动方向相反。2000—2015 年我国 PTC 与 SETC 对 Malmquist 指数影响较大，表明我国农业生产效率主要由技术驱动。

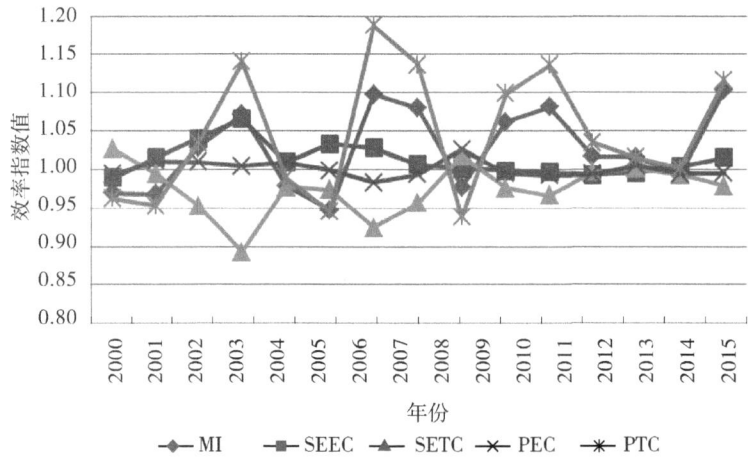

图 4　2000—2015 年中国农业生产 Malmquist 指数及其分解变化

Malmquist 指数及其分解效率值大于 1 表示效率提高，反之表示效率下降。从表 4 可知，2000—2015 年中国农业生产 Malmquist 指数及其分解效率值在 0.9～1.2 范围内。2014—2015 年与 2000—2001 年相比，我国农业生产 Malmquist 指数及其分解效率的区域差异明显。Malmquist 指数增长最快的为西部地区，增长率达到 37%；其次为中部地区；东部地区则出现负增长。以增长率 5% 为界，东部地区增长率 5% 以上的省、市有上海（5%）和山东（5%）；中部地区增长率 5% 以上的省份有江西（5%）和湖北（23%）；西部地区增长率 5% 以上的省、市、自治区有四川（324%）、西藏（146%）、陕西（16%）、重庆（12%）、青海（9%）。而规模效率（SEEC）增长最快的为东部地区（4%），其次为中部地区，西部地区增长最慢。除中部地区 SETC 保持稳定外，东、西部均有不同程度下降。纯效率（PEC）中部地区出现了下降，东部地区纯技术（PTC）增长最快。

表4 中国各省、市、自治区 Malmquist 指数及其分解

	年份 省份	2000—2001					2014—2015					增长率（%）				
		MI	SEEC	SETC	PEC	PTC	MI	SEEC	SETC	PEC	PTC	MI	SEEC	SETC	PEC	PTC
东部地区	北京	0.99	1.00	1.00	1.00	1.11	0.97	1.00	1.00	1.00	1.06	-2	0	0	0	-5
	天津	0.99	1.00	1.00	1.00	1.15	0.97	1.02	1.04	0.99	1.05	-2	2	4	-1	-8
	河北	1.00	0.96	1.03	1.00	1.02	1.02	1.28	0.73	1.09	4.22	2	32	-29	9	315
	辽宁	1.03	0.95	1.05	1.00	0.99	0.98	1.00	0.97	0.97	1.03	-4	6	-8	-3	4
	上海	0.88	1.00	1.00	1.00	1.00	0.92	1.00	1.00	1.00	1.02	5	0	0	0	2
	江苏	1.03	0.96	1.06	1.00	0.99	1.01	1.04	0.91	1.00	1.18	-2	9	-14	0	19
	浙江	0.89	1.01	1.00	1.00	1.01	0.99	0.98	1.00	1.00	1.04	11	-4	-1	0	3
	福建	0.97	1.01	1.04	1.00	0.94	0.93	1.00	0.99	1.00	1.01	-5	-1	-5	0	7
	山东	0.96	0.98	1.04	1.00	0.98	1.01	1.01	0.98	1.00	1.01	5	2	-6	0	3
	广东	1.08	1.00	1.09	1.00	0.88	0.88	1.00	0.95	1.00	1.07	-18	0	-13	0	21
	海南	0.97	1.00	1.35	1.00	0.65	0.96	1.00	1.01	1.00	0.92	-2	0	-25	0	41
	均值	0.98	0.99	1.06	1.00	0.98	0.97	1.03	0.96	1.00	1.33	-1	4	-9	0	36
中部地区	山西	0.95	0.98	0.99	0.96	1.05	0.96	1.04	0.96	0.96	1.03	1	5	-3	0	-2
	吉林	0.96	0.89	1.04	1.00	0.96	0.94	1.02	0.99	1.00	0.97	-2	14	-5	0	1
	黑龙江	1.15	0.70	1.07	0.92	0.57	1.11	1.00	1.01	1.00	0.96	-3	42	-6	9	70
	安徽	0.97	1.01	1.02	1.00	1.00	0.98	1.01	0.98	0.97	1.02	0	0	-3	-3	2
	江西	0.98	1.05	0.95	1.04	0.94	1.04	1.00	1.00	0.98	1.00	5	-5	5	-6	6
	河南	1.07	0.97	1.04	1.00	0.98	1.02	1.00	0.95	1.00	1.00	-4	3	-5	-5	2
	湖北	0.78	1.11	0.90	1.00	1.01	0.96	1.00	1.00	1.00	0.98	23	-10	11	0	-3
	湖南	1.00	1.11	0.91	1.00	0.98	0.96	1.00	0.97	1.00	1.04	-3	-10	7	0	7
	均值	0.98	0.98	0.99	0.99	0.94	1.00	1.01	0.99	0.98	1.00	1	3	0	-1	7
西部地区	内蒙古	1.11	1.00	0.99	1.00	0.98	1.06	1.00	1.00	0.95	0.98	-5	0	1	-5	-1
	广西	1.01	0.94	1.05	1.00	0.96	1.00	1.00	1.00	1.00	0.97	-1	6	-5	0	1
	重庆	1.00	0.99	1.01	0.99	0.99	1.12	1.00	1.01	1.02	1.00	12	1	0	3	1
	四川	1.01	1.06	0.97	1.00	1.04	1.03	1.00	0.97	1.00	1.06	2	-6	0	0	2
	贵州	0.98	1.00	0.99	1.00	0.99	0.99	1.00	0.93	1.00	1.22	0	0	-6	0	22
	云南	0.99	0.96	1.03	1.00	0.97	1.02	1.02	0.99	0.95	0.98	3	5	-4	-5	1
	西藏	0.39	1.00	1.22	1.00	0.64	0.97	1.00	1.02	1.00	0.95	146	0	-17	0	49
	陕西	0.98	0.97	0.97	1.02	1.01	1.14	0.97	1.04	1.00	0.96	16	-1	7	-2	-5

续表

省份	年份	2000—2001					2014—2015					增长率（%）				
		MI	SEEC	SETC	PEC	PTC	MI	SEEC	SETC	PEC	PTC	MI	SEEC	SETC	PEC	PTC
西部地区	甘肃	0.98	0.99	0.98	0.92	1.02	1.02	1.06	0.94	0.98	1.01	4	7	-4	7	-1
	青海	0.92	1.04	1.02	1.02	0.99	1.00	1.00	0.99	1.00	0.89	9	-4	-3	-2	-10
	宁夏	1.00	1.01	0.99	0.94	1.04	1.00	1.02	0.99	1.07	0.95	0	1	0	13	-9
	新疆	1.02	1.00	1.02	1.02	0.97	0.98	1.00	0.97	0.97	1.02	-4	0	-5	-3	4
	均值	0.95	1.00	1.02	0.99	0.97	1.30	1.01	0.99	1.00	1.00	37	1	-3	0	3

比较2014—2015年与2000—2001年增长率，我国各省、市、自治区除SETC增长率和PEC增长率相差较小外，Malmquist指数增长率、SEEC增长率、PTC增长率差距较大。我国Mamquist指数变动主要受纯技术效率和规模技术效率影响较大。各省、市、自治区要更加关注农业生产新技术研发，提高农业生产中技术使用效率。

(三) 中国农业生产全要素的区域差异分析

1. 区域差异演变

计算我国三大地区农业生产差异动态演变的泰尔指数及其分解指数（见表5）。2000—2015年我国农业生产Malmquist指数的总体空间差异呈缩小趋势，农业生产全要素生产率趋向均衡。中西部地区农业生产Malmquist指数比东部地区差异更大。2000—2015年我国农业生产Malmquist指数的区域内差异缩小，区域间差异略有扩大，但区域内差异大于区域间差异，即东、中、西部各自内部的农业生产全要素生产率省际差异大于三大地区之间的农业生产全要素生产率。随着我国农业生产技术进步与技术扩散，我国农业生产全要素生产率整体提高，三大地区之间农业生产Malmquist指数差异逐渐缩小。然而我国东、中、西部地区由于农业自然条件、农业生产水平、农业政策等差异，农业生产全要素生产率的空间内异质性明显，有必要据此对我国农业生产全要素生产率的区域类型进行划分。

表5 2000—2015年三大类型区域农业生产Malmquist指数差异及其分解

年份	东部地区	中部地区	西部地区	区域内差异	区域间差异	总体差异
2000—2001年	0.01534	0.00103	0.00041	0.01222	0.00014	0.01235
2001—2002年	0.01534	0.00103	0.00041	0.00587	0.00049	0.00636
2002—2003年	0.00341	0.00251	0.00085	0.00218	0.0009	0.00227

续表

年份	东部地区	中部地区	西部地区	区域内差异	区域间差异	总体差异
2003—2004年	0.00075	0.00487	0.00259	0.00253	0.00018	0.00270
2004—2005年	0.00378	0.00022	0.00098	0.00020	0.00197	0.00197
2005—2006年	0.00213	0.00172	0.00211	0.00202	0.00011	0.00212
2006—2007年	0.00212	0.00130	0.00131	0.00160	0.00014	0.00173
2007—2008年	0.00068	0.001362	0.00103	0.00099	0.00017	0.00116
2008—2009年	0.00177	0.00185	0.00153	0.00364	0.00037	0.00401
2009—2010年	0.00203	0.00185	0.00071	0.00372	0.00095	0.00467
2010—2011年	0.00059	0.01055	0.00087	0.00327	0.00338	0.00665
2011—2012年	0.00084	0.00279	0.00047	0.00120	0.00475	0.00595
2012—2013年	0.00221	0.00139	0.00080	0.00103	0.00016	0.00118
2013—2014年	0.00024	0.00091	0.00143	0.00087	0.00015	0.00102
2014—2015年	0.00092	0.00139	0.00115	0.00113	0.00031	0.00144

2. 类型划分

运用Ward聚类法将2000—2015年我国31个省级区域农业生产Malmquist指数聚类为三类（见表6）。其中，高效率区域类型包括广东、河北、江苏、河南、四川5个省份，其农业生产的Malmquist指数值较高，纯技术效率变化较大，但规模技术变化较小。这些省份农业生产自然条件优越，多为我国粮食主产区，农业生产优势明显。农业生产技术提高很快，但农业技术使用及技术资源配置能力尚需提升。中效率区域类型包括北京、福建、海南、辽宁、上海、天津、浙江、黑龙江、吉林、山西、甘肃、贵州、内蒙古、陕西、西藏、新疆、云南、重庆、宁夏、青海20个省份，其农业生产规模技术变化较大。低效率区域类型包括安徽、湖北、湖南、江西、山东、广西6个省份，其Malmquist指数较小，但规模效率变化较大。由分布可见，我国东部省份基本为高、中效率区域类型，中部省份基本为中、低效率区域，西部省份多为中效率区域。东部地区经济发达，科技对农业生产的支撑强劲，集约化的现代农业发展较强；中部地区多为农业大省，但资金、技术向工业倾斜；西部有些省份农业生产自然条件不及东部、中部，但获得了国家更大力度的支持。

表 6 2000—2015 年中国省域农业生产效率类型划分

类型	省（市、自治区）	特征
高效率区域	广东、河北、河南、江苏、四川	Malmquist 指数值较高，纯技术效率变化值较高，规模技术变化较低
中效率区域	北京、福建、甘肃、贵州、海南、黑龙江、吉林、辽宁、内蒙古、陕西、上海、天津、西藏、新疆、云南、浙江、重庆、宁夏、青海、山西	规模技术变化较高
低效率区域	安徽、广西、湖北、湖南、江西、山东	Malmquist 指数值较低，规模效率变化较高

(四) 中国农业生产效率变化的驱动因素分析

参考贺志亮、余玉敏等人的研究成果，并考虑农业生产受自然基础条件、社会经济环境、农业生产技术、人力资本水平等因素，探究 2000—2015 年我国农业生产 Malmquist 指数变动的驱动因素。本文选取受灾率、农业市场化程度、机械密度、财政支农力度、农业劳动力文化水平 5 个指标为自变量，以 Malmquist 指数为因变量，构建我国农业生产效率变化驱动因素的计量模型 (见表 7)。由于 Malmquist 指数表示由 t 时期到 $t+1$ 时期的变化，将 Malmquist 指数以基期 2000 年效率指数为 1 进行累计转换。同时 Malmquist 指数值具有非负截断性特征，运用 OLS 方法估计结果有偏，用 Tobit 模型更为适合，但固定效应 Tobit 模型通常不能得到一致、无偏的估计量，建立随机效应模型更好：

$$MI_{it} = \alpha_0 + \alpha_1 IR + \alpha_2 DI_{it} + \alpha_3 MA_{it} + \alpha_4 FI_{it} + \alpha_5 PGDP_{it} + \alpha_6 ME_{it} + \alpha_7 ED_{it} + v_i + \varepsilon_{it}$$

式中，MI_{it} 表示第 i 个省份第 t 年的农业生产 Malmquist 指数，$i=1,2,\cdots,31$，$t=2000,2001,\cdots,2015$；α 为解释变量待估参数；v 为个体误差，ε 为随机误差。

表 7　我国农业生产 Malmquist 指数驱动因素

变量类型	变量名称	变量释义	变量符号	预期方向
自然基础条件	受灾率	农作物受灾面积与农作物播种面积的比重	DI	-
社会经济环境	农业市场化程度	农民经营性纯收入与农民纯收入的比重	MA	+
社会经济环境	财政支农力度	农业税事务支出占地方财政支出的比重	FI	+
农业生产技术	机械密度	农业机械总动力与农作物播种面积的比重	ME	+
人力资本水平	农业劳动力文化水平	采用农村家庭劳动力平均受教育年限来衡量，平均受教育年限=文盲（半文盲）比例×1+小学比例×6+初中比例×9+高中比例×12+中专比例×12+大专及以上比例×15.5	ED	+

由于我国各个省份农业生产 Malmquist 指数差异较大，对 2000—2015 年我国农业生产高效率区域、中效率区域、低效率区域农业生产效率变化的驱动因素分别进行回归分析，结果如表 8 所示。

表 8　农业生产 Malmquist 指数驱动因素分析

解释变量	高效率区域	中效率区域	低效率区域
受灾率	-1.288*** (0.284)	-0.025 (0.115)	-0.645** (0.262)
农业市场化程度	-0.782*** (0.105)	0.862*** (0.134)	-0.255 (0.263)
财政支农力度	0.398*** (0.111)	0.420*** (0.083)	-0.736 (0.123)
机械密度	1.322*** (0.154)	0.008 (0.060)	0.148 (0.136)
农村劳动力文化水平	-0.457*** (0.105)	0.102*** (0.018)	0.161** (0.081)

注：**、***分别表示通过了 5%、1%显著性检验。

表 8 中五个驱动因素在高效率区域都通过了 1%的显著性检验，中效率区域有三个驱动因素通过了 1%的显著性检验，而低效率区域只有两个驱动因素

通过了5%的显著性检验。其中，受灾率对高效率区域与低效率区域都是负向的显著影响，而中效率区域不显著，农业生产与自然条件密不可分，受到自然环境约束，受灾率提高给农业生产损失，中效率区域受灾率不显著，相较于高效率区域与低效率区域，中效率区域农业生产对受灾率的敏感度可能较低，因此受灾率对农业生产的影响较小。农业市场化程度对高效率区域农业生产 Malmquist 指数有显著负向影响，中效率区域具有显著正向影响，而对低效率区域农业生产 Malmquist 指数影响不显著。农业市场化水平提高并没有促进我国的农业生产，农业市场化程度较高区域，耕地可能并不是用于粮食生产，而是用于支撑非农产业，中效率区域农业市场化水平呈现显著正向影响，表明我国绝大部分省份农业市场化对农业生产效率提高具有促进作用。财政支农力度对高效率区域与中效率区域都有显著的正向影响，低效率区域为不显著的负向影响，说明财政支农力度对高效率区域和中效率区域具有积极作用，而在低效率区域财政支农力度对农业生产效率提升的作用是负向的。机械密度对高效率区域有显著正向影响，对中效率区域与低效率地区影响不显著。机械密度反映一个地区农业生产技术水平，农用机械使用节约时间人力，提高农业生产效率。农村劳动力文化水平对高效率区域具有显著负向影响，对中效率区域和低效率区域具有显著正向影响。高效率区域不仅农业生产技术较高，而且经济较为发达，城镇化水平较高，受教育程度较高的农村人口向城市和非农产业转移，抑制了当地农业生产效率。中效率区域与低效率区域的农村劳动力文化水平提高则是促进先进农业生产技术使用，提高其农业生产效率的有效手段。

四、结论和政策含义

（1）2000年以来我国农业生产综合效率整体上得到了快速提高，农业生产的规模效率对综合效率的提升作用较为显著，而纯技术效率对综合效率的提升作用不明显。因此，我国农业生产中要注重农业生产规模效率与农业生产纯技术效率同步提升，既要注重农业资源的优化组合与农业生产规模化，同时还要继续加强对农业生产的资金、技术、政策支持，推进农业生产技术前沿，加强对先进农业生产技术的研发、推广、应用，鼓励农业生产技术创新，促进农业生产技术进步。

（2）粗放型的农业生产资源投入对我国农业生产效率的推动作用不断下降，农业生产技术改进以及农业生产技术使用效率提高将会是未来我国农业生产效率提升的重要途径。为此，我国要加强农业基础设施建设，改善农业生产条件，政府通过财政补贴等途径引导农民加大对农业生产技术设备的引入，并加大先进农业生产技术的宣传和普及，推行现代化集约型的农业生产模式。

（3）我国农业生产 Malmquist 指数的地区差异呈缩小趋势，农业生产全要素生产率的空间异质性明显。东、中、西部内部的农业生产全要素生产率省际差异大于三大地区之间的农业生产全要素生产率。我国 31 个省级区域农业生产 Malmquist 指数聚类分为三类：高效率区域类型包括广东、河北、江苏、河南、四川 5 个省份，农业生产优势明显，农业生产技术提高很快，但农业技术使用及技术资源配置能力尚需提升。低效率区域类型包括安徽、湖北、湖南、江西、山东、广西 6 个省、自治区，Malmquist 指数较小，但规模效率变化较大。其他 20 个省、市、自治区为中效率区域类型。因此，我国在提高农业生产效率时要注意因地制宜和分类指导相结合。东部地区省、市、自治区在农业生产技术提高的同时兼顾农业生产资源的优化配置；中部地区省、市、自治区的农业生产要注重农业资源集约投入，吸收推广东部地区先进农业生产技术，更为重要的是中部地区省、市、自治区的资金、技术、人才要向农业领域多倾斜，以提高当地农业生产技术水平；西部地区省、市、自治区农业生产除了要依靠国家大力支持外，还应根据地区特点，发展优势特色农业，积极研发适应本地区条件的农业生产技术。

（4）我国高、中、低三种农业生产全要素生产率区域的驱动因素存在差异，要根据其类型和特征差异实行不同的政策。受灾率和农村劳动力文化水平关系着我国低效率区域的农业生产全要素生产率，低效率地区不仅要完善农业生产基础设施，提高农业抗灾能力，而且要加强农业科技知识普及，努力提升农业劳动力文化水平。农业市场化程度、财政支农力度以及农村劳动力文化水平是影响我国中效率区域农业生产全要素生产率的重要因素，中效率区域不仅要进一步加强财政支农力度和增加农村教育投入，还要着力改进农业市场化环境。受灾率、农业市场化程度、机械密度、财政支农力度、农业劳动力文化水平是影响我国高效率区域农业生产全要素生产率的重要因素，高效率区域除了要进一步提升农业生产抗灾能力，壮大农业市场主体，建立健全农业生产要素流通市场、农业金融服务体系之外，还需要在提高农户农机购买补助标准、加强农业机械化人才培养以及增加农业就业人员收入等方面加大投入力度。

■ 参考文献

[1] 李周, 余法稳. 西部地区农业生产效率的 DEA 分析 [J]. 中国农村观察, 2005 (6).

[2] 罗富民, 段豫川. 分工演进对山区农业生产效率的影响研究——基于川南山区县级数据的空间计量分析 [J]. 软科学, 2013, 27 (7).

[3] 叶文忠, 刘俞希. 长江经济带农业生产效率及其影响因素研究 [J]. 华东经济管理, 2018, 32 (3).

[4] 杨朔, 郭春香, 赵国平, 等. 种植业不同经营主体耕地生产效率研究——基于关中 24 个旱作农业高产县（区）的调查数据 [J]. 干旱区资源与环境, 2018, 32 (12).

[5] 余玉敏, 陈万旭, 朱丽君, 等. 河南省农业生产效率测度及其影响因素 [J]. 水土保持研究, 2018, 25 (5).

[6] 朱纪广, 李二玲, 李小建, 等. 黄淮海平原农业综合效率及其分解的时空格局 [J]. 地理科学, 2013, 33 (12).

[7] 李雪松. 中国农业生产效率变动的驱动因素研究 [J]. 重庆大学学报（社会科学版）, 2015 (4).

[8] 宋增基, 徐叶琴, 张宗益. 基于 DEA 模型的中国农业效率评价 [J]. 重庆大学学报（社会科学版）, 2008, 14 (3).

[9] 贺志亮, 刘成玉. 我国农业生产效率及效率影响因素研究——基于三阶段 DEA 模型的实证分析 [J]. 农村经济, 2015 (6).

[10] 郭军华, 倪明, 李帮义. 基于三阶段 DEA 模型的农业生产效率研究 [J]. 数量经济技术经济研究, 2010 (12).

[11] 丘雯文, 杨子生. 云南省耕地生产效率的时空差异及影响因素 [J]. 长江流域资源与环境, 2016, 25 (5).

[12] 傅东平, 王鑫. 农业生产效率、收敛性与气候变化——以广西为例 [J]. 生态经济, 2017, 33 (5).

[13] 马林静, 王雅鹏, 吴娟. 中国粮食生产技术效率的空间非均衡与收敛性分析 [J]. 农业技术经济, 2015 (4).

[14] 张平平, 王飞, 王蕾钦, 等. 黄土高原县域农业生产效率时空变化分析 [J]. 干旱地区农业研究, 2018, 32 (2).

[15] 方大春. 我国农业生产效率的时空特征：基于 DEA 模型分析 [J]. 经济体制改革, 2011 (3).

[16] 李文华. 基于 DEA-Malmquist 指数的中国农业全要素生产率时空差异及影

响因素分析[J]. 农业经济, 2018 (2).

[17] 孙炜, 李谷成, 高雪. 玉米生产成本效率的地区差异及其影响因素——基于17个主产省2004—2015年的数据[J]. 湖南农业大学学报（社会科学版）, 2018, 19 (2).

[18] 唐建. 粮食生产技术效率及影响因素研究[J]. 农业技术经济, 2016 (9).

[19] 王钰, 宋文飞, 韩先锋. 中国地区农业生产全要素生产率及其影响因素的空间计量分析——基于1992—2007年省域空间面板数据[J]. 中国农村经济, 2010 (8).

[20] 成刚. 数据包络分析方法与MaxDEA软件[M]. 北京: 知识产权出版社, 2014.

[21] 陆远权, 张德刚. 我国区域金融效率测度及效率差异研究[J]. 经济地理, 2012, 32 (1).

[22] 余玉敏, 陈万旭, 朱丽君, 等. 河南省农业生产效率测度及影响因素[J]. 水土保持研究, 2018, 25 (5).

[23] 王维国, 范丹. 中国区域全要素能源效率收敛性及影响因素分析——基于Malmquist-Luenberger指数法[J]. 资源科学, 2012, 32 (10).

[24] 杜江, 王锐, 王新华. 环境全要素生产率与农业增长: 基于DEA-GML指数与面板Tobit模型的两阶段分析[J]. 中国农村经济, 2016 (3).

[25] 杜雯翠, 张平淡, 朱松. 农业市场化、农业现代化与环境污染[J]. 北京理工大学学报（社会科学版）, 2016, 18 (1).

（原文出处：《统计与决策》, 2020年第6期）

跋

  本书由罗序斌、王志平收集、整理、编辑，郑克强在他们工作的基础上做了一些"微调"，编务工作由张蓉负责，南昌大学给予资助，知识产权出版社栾晓航担任责任编辑，在此，一并表示诚挚的谢意。

2019 年 12 月 31 日